作者简介

尚光一 男,河南孟州人,文学博士,福建师范大学文学院文化产业系讲师,中国新闻出版研究院海峡分院特约研究员,研究领域为文化产业。曾发表《海西文化创意产业的挑战与机遇》、《后现代视野中的学术产业》、《宋代娱乐产业与宋词审美情趣》、《书坊出版业视阈中的宋诗审美趣味》等十余篇学术论文,出版文化产业合著《文化产业经营管理案例》,主持厦门市2012社会科学调研课题"厦门市加快发展创意设计产业集群的路径与措施"。

本书由教育部高等学校社会科学发展研究中心资助出版并列入
《高校人文学术成果文库》

宋代文化市场与文学审美俗趣

SongDai WenHua ShiChang Yu
WenXue ShenMei SuQu

尚光一 著

中国书籍出版社
China Book Press

图书在版编目(CIP)数据

宋代文化市场与文学审美俗趣/尚光一著.—北京：
中国书籍出版社,2013
ISBN 978－7－5068－3454－4

Ⅰ.①宋… Ⅱ.①尚… Ⅲ.①文化市场—研究—中国
—宋代②文艺美学—研究—中国—宋代 Ⅳ.①G129②I206.2

中国版本图书馆 CIP 数据核字(2013)第 076753 号

责任编辑/ 杨　莹
责任印制/ 孙马飞　张智勇
封面设计/ 中联华文
出版发行/ 中国书籍出版社
　　　地　　址/ 北京市丰台区三路居路 97 号(邮编:100073)
　　　电　　话/ (010)52257143(总编室)　(010)52257153(发行部)
　　　电子邮箱/ chinabp@ vip.sina.com
经　　销/ 全国新华书店
印　　刷/ 北京彩虹伟业印刷有限公司
开　　本/ 710 毫米×1000 毫米　1/16
印　　张/ 14
字　　数/ 214 千字
版　　次/ 2015 年 9 月第 1 版第 2 次印刷
书　　号/ ISBN 978－7－5068－3454－4
定　　价/ 68.00 元

版权所有　　翻印必究

前　言

　　宋代商品经济的繁荣为文化市场的繁荣提供了时代基础。在商品经济繁荣的时代基础之上，宋代文化市场取得了长足的发展。宋代文化市场的繁荣对宋代文学审美俗趣的凸显产生了关键性的影响，是宋代文学审美俗趣凸显的直接原因。

　　宋代娱乐业对商品词审美俗趣的凸显产生了关键性影响。"商品词"是指体现了大众审美趣味、具有商品属性、在文化市场上用于商业活动的词作，包括部分文人词和众多民间词。宋代商品词产业链对推崇通俗的审美趣味产生了关键性影响。宋代商品词格调的市场取向对推崇柔美的审美趣味产生了关键性影响。宋代商品词演唱的娱乐性对推崇真情的审美趣味产生了关键性影响。

　　宋戏曲与宋代文化市场中的演艺业有着最为密切的关系，演艺业的繁荣对宋戏曲审美俗趣的凸显产生了关键性影响。宋代演艺业的繁荣主要表现在宋代演艺业具有了专业演出团体和创作团体、具有了固定的演出场地、具有了广泛的观众群、受到了官方的支持四个方面。宋戏曲演出的市场机制对宋戏曲的民间性产生了关键性影响。宋戏曲创作演出的功利追求对宋戏曲的娱乐性产生了关键性影响。受众的审美趣味对宋戏曲的通俗性产生了关键性影响。

　　宋话本与宋代文化市场中的说书业有着最为密切的关系，说书业对宋话本审美俗趣的凸显产生了关键性影响。宋代说书业最主要的说话是"讲史"和"小说"，它们的底本"平话"和"小说"构成了宋话本的主体部分。宋代说书业对宋话本思想上的娱乐取向产生了关键性影响。宋代说书业对宋话本内容上的以俗为美产生了关键性影响。宋代说书业对宋话本语言上的通俗易懂产生了关键性影响。

宋诗文的审美趣味并不由文化市场所决定,但文化市场氛围对宋诗文审美俗趣的凸显产生了关键性影响。文化市场氛围包括宋诗文直接参与交易的文化市场以及无处不在的市场氛围。文化市场氛围对宋诗审美俗趣的凸显产生了关键性影响,具体表现在对日常事物的描写明显增多、对生活场景的描写明显增多、表达直白的情形明显增多以及采用俗词口语的情形明显增多。文化市场氛围对宋文审美俗趣的凸显也产生了关键性影响,具体表现在宋文常常表现凡俗生活、宋文语言表达趋于直白、宋文中存在着许多俗赋。

目 录
CONTENTS

绪 论 …………………………………………………………… 1
 第一节 本论题的意义与研究现状 1
 第二节 本论题的研究方法、目标与创新性 13
 第三节 关于宋代文化市场的界定 14

第一章 宋代文化市场繁荣的时代基础 …………………… 23
 第一节 宋代城市的崛起和市民阶层的壮大 25
 第二节 宋代城市格局的巨变 32
 第三节 宋代经商群体的壮大 34
 第四节 宋代市场的繁荣 39

第二章 宋代文化市场繁荣的具体表现 …………………… 52
 第一节 宋代的图书市场 53
 第二节 宋代的工艺品市场 60

第三章 宋代娱乐业与商品词的审美俗趣 ………………… 64
 第一节 关于宋代娱乐业 64

第二节　关于宋代商品词　70
第三节　宋代娱乐业对商品词审美俗趣的影响　76

第四章　宋代演艺业与宋戏曲的审美俗趣 …………………… 93
第一节　宋代演艺业的繁荣　94
第二节　关于宋戏曲　106
第三节　宋代演艺业对宋戏曲审美情趣的影响　114

第五章　宋代说书业与宋话本的审美俗趣 …………………… 121
第一节　宋代说书业的繁荣　121
第二节　关于宋话本　123
第三节　宋代说书业对宋话本审美情趣的影响　128

第六章　宋代文化市场氛围与宋诗文的审美俗趣 …………… 136
第一节　宋诗文所在的文化市场　137
第二节　宋诗文所处的市场氛围　145
第三节　文化市场氛围中宋诗审美俗趣的凸显　147
第四节　文化市场氛围中宋文审美俗趣的凸显　173

结　语 …………………………………………………………… 194
第一节　本论题的主要内容和观点　194
第二节　本论题的思考与展望　201

主要参考文献　205

后　记　213

攻读博士期间的主要学术成果　215

绪　论

第一节　本论题的意义与研究现状

历史唯物主义认为,经济基础决定上层建筑。宋代文学中审美俗趣的凸显,归根结底是由于宋代的经济状况与前代相比发生了重大变化,从而促使上层建筑随之发生相应改变。正如马克思、恩格斯所说:"随着经济基础的变更,全部庞大的上层建筑也或慢或快地发生变革。"①当然,文学发展并不一定和经济发展同步,但经济基础依然是文学发展的决定性力量。正如有论者指出:"文学的发展与物质生产的发展虽然不成正比,艺术生产与物质生产常常会出现不平衡的现象,但归根到底经济对文学会起着决定性的作用。宋代经济的发展,对文学起了非常重要的作用。"②从历史状况可以看出,宋代经济发展的时代特色对宋代文学产生了深远的影响。

从总体上看,宋代是一个经济繁荣的时代,商品经济发达是宋代社会最鲜明的特点,这一点在学界已有共识。国内学者方面,例如《中国大百科全书·中国历史》对宋代评论道:"宋代社会生产迅猛发展,其农业、手工业、商业等的发

---

① [德]马克思、恩格斯:《马克思恩格斯选集》第二卷,北京:人民出版社1995年版,第32~33页。
② 王毅:《宋代经济与宋代文学家庭》,《湖南文理学院学报(社会科学版)》2006年第5期,第25页。

展水平,大大超过唐朝,成为战国秦汉以后,中国经济发展的又一高峰期。"①《宋代经济:从传统向现代转变的首次启动》指出:"与汉唐相比,宋代经济最引人注目的特点,就是商品经济成分在传统社会母胎中的急速成长。"②《宋代经济的历史地位评价辨析》认为:"宋代,在我国经济发展史上是较繁荣昌盛的时期,不但农业比较发达,而且科技文化、手工业、冶金、商业乃至市场、金融亦鼎盛于秦汉。这已是不争的事实。"③《谈谈有关宋史研究的几个问题》也认为,宋代是"我国封建社会发展的最高阶段","两宋时期内物质文明和精神文明所达到的高度,在中国封建社会历史时期之内,可以说是空前绝后的"。④《宋代经济史》一书更是指出:"由于农业劳动生产率的空前提高,宋代手工业、商业和城市经济也就以前所未有的步伐而迅速地和较大幅度地增长起来"⑤,"在两宋统治的三百年中,我国经济、文化的发展,居于世界的最前列,是当时最为先进、最为文明的国家。"⑥《两宋文化史研究》一书同样指出:"宋代上承汉唐,下启明清,处于一个划时代的坐标点。两宋三百二十年中,物质文明和精神文明所达到的高度,在中国整个封建社会历史时期内是座顶峰,在世界古代史上亦占领先地位。"⑦可见国内学者对宋代商品经济发达的时代特点有着比较一致的看法。

国外学者对宋代经济发达的状况也评价颇高。例如德国经济史学家贡德·弗兰克(Gunder Frank)认为:"11世纪和12世纪的宋代,中国无疑是世界上经济最先进的地区。自11世纪和12世纪的宋代以来,中国的经济在工业化、商业化、货币化和城市化方面远远超过世界其他地方。"⑧法国汉学家谢和

---

① 中国大百科全书编辑委员会:《中国大百科全书·中国历史》,北京:中国大百科全书出版社1992年版,第1012页。
② 葛金芳:《宋代经济:从传统向现代转变的首次启动》,《中国经济史研究》2005年第1期,第80页。
③ 徐志新:《宋代经济的历史地位评价辨析——与葛金芳教授商榷》,《现代财经》2005年第11期,第78页。
④ 邓广铭:《谈谈有关宋史研究的几个问题》,《社会科学战线》1986年第2期。
⑤ 漆侠:《宋代经济史·上》,北京:中华书局2009年版,第2页。
⑥ 漆侠:《宋代经济史·上》,北京:中华书局2009年版,第2页。
⑦ 杨渭生:《两宋文化史研究》,杭州:杭州大学出版社1998年版,第1页。
⑧ [德]贡德·弗兰克著、刘北成译:《白银资本》,北京:中央编译出版社2005年版。

耐(Jacques Gernet)则在《南宋社会生活史》一书中说:"13 世纪的中国在近代化方面进展显著,比如其独特的货币经济、纸币、流通证券,其高度发达的茶盐企业。……在社会生活、艺术、娱乐、制度、工艺技术诸领域,中国(宋朝)无疑是当时最先进的国家,它具有一切理由把世界上的其他地方仅仅看作蛮夷之邦。"①日本宋史学家宫崎市定也指出:"宋代是中国历史上最具魅力的时代。中国文明在开始时期比西亚落后得多,但是以后这种局面逐渐被扭转。到了宋代便超越西亚而居于世界最前列。"②可见,对宋代商品经济发达的时代特点,国外学者也同样认同。

商品经济的繁荣自然带来文化市场的繁荣,文化市场的繁荣又是商品经济繁荣的标志。正如《宋代瓦舍的创设及其文化意义》谈及商品经济和瓦舍的关系时所说:"瓦舍的兴起,是北宋商品经济发展的必然产物,它反过来又促进了汴京商品经济的繁荣并成为其鲜明的标志之一。商品经济的繁荣,为以娱乐为消费的戏剧观众的产生提供了经济条件。使演艺由宫廷走向民间,由上层社会的消遣享乐转向大众性文化娱乐。"③具体来说,一方面,随着宋代商品经济的繁荣,大众对精神层面的文学审美需求必然随之高涨,促使文学由社会上层走向了大众,由少数精英的特权变为了大众日常生活的需要,从而使文学审美俗趣的凸显具有了现实的可能。另一方面,宋代商品经济的繁荣为文化市场的繁荣提供了时代基础,而文化市场的兴起必然会依照市场规律迎合市场消费主体——以市民为主的大众阶层的需要,从而直接促使了文学审美俗趣的凸显。具体来说,文化市场影响下的诗、词、文、话本、戏曲,都在某种程度上凸显了世俗化、平民化、商业化、大众化的审美俗趣。甚至像原来为贵族官僚所不齿的艳曲俗词,这时也从民间堂而皇之地传入了宫廷和上层社会,备受青睐。总之,宋代商品经济的繁荣是文学审美俗趣凸显的根本基础,而宋代文化市场的繁荣对宋代文学审美俗趣的凸显产生了关键性的影响,是宋代文学审美俗趣凸显的直接原因。

---

① [法]谢和耐著、马德程译:《南宋社会生活史》,台北:中国文化大学出版部1982年版。
② [日]宫崎市定:《宋代にぉける石炭と铁》,《东方学》第13辑,1957年。转引自李伯重:《"选精"、"集粹"与"宋代江南农业革命"——对传统经济史研究方法的检讨》,《中国社会科学》2000年第1期。
③ 吴晟:《宋代瓦舍的创设及其文化意义》,《广州大学学报(社会科学版)》2003年第2期,第5页。

从文化市场的视角来研究宋代文学,不仅可以从根源上理清宋代文学审美俗趣凸显的原因、分析宋代文学审美俗趣的具体表现,同时也为当下文化产业更好地继承发扬传统文化、促使民族文化更好地走向世界提供了有益的借鉴。

一、关于宋代文学审美俗趣凸显的事实

关于宋代文学审美俗趣凸显这一事实,学界已有了一些论述。例如业师杜道明先生在《中国古代审美文化考论》中指出:"自宋代开始,面向平民百姓的俗文化有了长足的发展,打破了雅文化一统天下的局面。"[1]《两宋文化史》也称:"经济繁荣与文化普及,使文学接受群有了更广大的空间,从而又有更贴近生活、贴近口语的审美要求。得风气之先的文学家们,以世俗的要求推动他们创新的勇气,以深厚的传统文化修养避免了民间文艺原始形态的粗鄙,从而走上了一条与社会进步同步的新的创作道路,出现了宋代诗文革新。"[2]《宋代文学审美特征形成刍议》一文认为:"通俗文艺获得前所未有的发展。无论是就当时的情况而言,还是就其对后世的影响而论,俗文学的影响远远大于雅文学。"[3]《宋代俗文化发展探源》一文指出:"从文体学的角度审视中国古代文学发展史,宋代可以说是从雅文学向俗文学的重心倾斜和发展的时期。"[4]上海师范大学博士论文《宋代两京都市文化与文学生产》也指出在文化市场影响下宋诗审美俗趣的凸显:"这些作品,其性质、功能、目的,与传统载道、不朽、诗教、言志等完全不同,是一种与传统精英文化、雅文学完全不同类型的适合市民大众文化的俗文学的市场需求的文学的商业生产,而这也恰恰是中国文学史上从未有过的文学现象。"[5]《宋型文化与宋代美学精神》更为明确地指出:"随着宋代经济的发展,宋代城市发展并走向繁荣。……这一切,促进了市民阶层的俗文化发展,从而引发了一系列与雅文化孕育的美学精神不同的俗文化所孕育的、新产生的

---

[1] 杜道明:《中国古代审美文化考论》,北京:学苑出版社2003年版,第470页。
[2] 杨渭生等:《两宋文化史》,杭州:浙江大学出版社2008年版,第656~657页。
[3] 郑传寅:《宋代文学审美特征形成刍议》,《武汉大学学报(哲学社会科学版)》1996年第2期,第73页。
[4] 郭学信:《宋代俗文化发展探源》,《西北师大学报(社会科学版)》2005年第3期,第60页。
[5] 刘方:《宋代两京都市文化与文学生产》,上海师范大学博士论文,2008年,第222页。

审美趣味与美学精神。市民文化的勃兴,是为了适应城市中市民阶层的精神需要。这种市民文化,是一种新型文化。它的产生,不仅引起传统文化结构的内在变革,而且为以后明清传统文化的发展奠定了基础。"① 由此可见,关于宋代文学审美俗趣凸显这一事实,目前学界已经基本上形成了比较一致的看法。

二、关于宋代文学审美俗趣凸显的原因

关于宋代文学审美俗趣凸显的原因,当前学界则有不同认识。其中,《文化享乐:宋代审美文化的社会动因》一文认为:"宋代审美文化的勃兴,主要归因于宋代社会普遍形成的文化享乐氛围。"② 该文认为宋代文学审美俗趣凸显是由于宋人沉迷于文化享乐的结果,把文化享乐的社会氛围作为宋代文学审美俗趣凸显的根本原因,而忽视了审美趣味和文化享乐氛围同属于上层建筑层面,经济本身的变化才是促进审美趣味发生变化的真正动因。《宋代经济文化与杂(戏)剧的关系》一文则认为,市场和享乐风气都是宋代文学审美俗趣凸显的原因:"市民艺术的兴起与发展,与宋代发达的商业市场以及当时享乐的拜金社会风气有着密切的关系。"③ 提及了市场的影响,把市场的繁荣作为宋代市民艺术兴起、文学审美俗趣凸显的原因。然而该文却将由经济发展所决定、并受到市场深刻影响的享乐拜金的社会风气表象与作为原因的市场并列作为宋代文学审美俗趣凸显的原因,逻辑上有不合理之处。

其他的研究者无论是否意识到,实际上大都是从文化市场的角度来探讨宋代文学审美俗趣凸显的原因。例如谈及文化市场对宋代文学审美俗趣的整体影响,其中《宋代文人与文化娱乐市场》一文认为:"文化娱乐行业的高度发达,对宋代文人的创作产生了重大的影响。在市场的刺激下,一些直接面对市场的文艺类型得到巨大的发展。这种情况可以举出宋杂剧、戏文、说话,也包含一些为射利的词作,比如柳永在相当长的时间中实际上就是靠填词谋生的。如果没

---

① 刘方:《宋型文化与宋代美学精神》,成都:巴蜀书社2004年版,第9~10页。
② 徐清泉:《文化享乐:宋代审美文化的社会动因》,《上海大学学报(社会科学版)》1997年第5期,第56页。
③ 黄佳:《宋代经济文化与杂(戏)剧的关系》,《四川戏剧》2008年第3期,第58页。

有发达的文化娱乐市场,它们的存在也就失去了依托。"①《南宋临安的娱乐市场》也指出:"娱乐市场的发展丰富了宋代大众文化,在初兴的市民社会与市民文化的成长进程中打下了独特的烙印。"②《宋代俗文化发展探源》则更为明确地指出随着宋代市民阶层的兴起,文化市场的繁荣导致了宋代文学审美俗趣的凸显,该文说道:"市民阶层作为一个独立的群体正式登上了历史舞台,成为不可忽视的社会存在。这个社会群体虽然地位还较为低下,但他们相对集中,还有一定的经济来源,因此他们一旦崛起、壮大,便要在精神上寻求一种适合于自己的文化娱乐活动,以此来调整自己因繁忙的商品交易活动而带来的精神上的匮乏。于是,那些为市民阶层所喜闻乐见的、野俗而带有活力的文化娱乐便兴盛起来,成为市民阶层追逐的目标。"③这些论述都反映了学界从文化市场角度探讨宋代文学审美俗趣凸显原因的努力。

总体上看,虽然学界关于宋代文学审美俗趣凸显的原因的认识并不统一,然而无论其自身是否意识到,多数学者在探讨宋代文学审美俗趣凸显的原因时大都谈及了文化市场,只是缺少系统的梳理与理论的深度。

三、关于宋代文化市场对文学审美俗趣的影响

关于文化市场对宋代文学审美俗趣的具体影响,一些研究成果已从不同角度有所涉及。其中,《略论宋代文化娱乐市场与南戏的发展》一文从文化娱乐市场的视角探讨了南戏的审美俗趣,指出文化娱乐市场的繁荣对南戏的勃兴产生了巨大的影响。该文认为:"宋代有自由的文化娱乐市场且形成了成熟的体系,也有浓郁的消费意识,形成了浓郁的商业文化,这极大促进了南戏的勃兴。"④指出了文化娱乐市场对南戏的巨大影响。《从宋代"瓦肆"市场看我国古代商业音乐文化》则指出"瓦肆"市场对宋代戏曲审美俗趣的凸显有着巨大影响,认为:

---

① 韩田鹿:《宋代文人与文化娱乐市场》,《河北大学学报(哲学社会科学版)》2007年第2期,第49页。
② 龙登高:《南宋临安的娱乐市场》,《历史研究》2002年第5期,第41页。
③ 郭学信:《宋代俗文化发展探源》,《西北师大学报(社会科学版)》2005年第3期,第62页。
④ 黄斌、许秋群:《略论宋代文化娱乐市场与南戏的发展》,《江苏工业学院学报(社会科学版)》2006年第3期,第57页。

"瓦肆勾栏文艺在宋代是一种全方位的商业性大众文化消费服务,鼓子词、诸宫调、唱赚、杂剧等音乐或综合文艺形式在市场机制的环境中呈现出'以俗为雅'的文化景观。它渗透着组织化、职业化、商业化、经营化的运作的城市功能,彰显着古代商业音乐文化主要特征——既有浓厚乡土气息,又有典型的城市市民趣味和商业味。"①苏州大学博士论文《文化冲突与词的演进——唐宋词与商业文化关系研究》则以宋词为研究对象,明确指出随着宋代市民阶层的兴起,文化市场的审美需求对市民文艺审美俗趣的凸显有着决定性影响:"市井文艺最大的特点就是它的创作和流传都必须依靠接受者——以市民阶层为主的听众,因此市民阶层作为接受者的文化需求和审美趣味决定了市民文艺的发展方向和审美追求,也就是说市民的娱乐形式必须以轻松通俗的方式表现下层市民所熟悉或者所理解的生活。"②另外,上海师范大学博士论文《宋代两京都市文化与文学生产》从"新型文学消费群体的培养与壮大"、"坊刻业繁荣:新型文学传媒的奠定"、"新型文学生产者群体的聚集、生产、流通、消费"、"新型的文学生产的现实发生"四个方面论述了临安都市文化的繁荣与新型文学生产的关系,指出"从逻辑发生的角度而言,正是临安都市繁荣孕育出新的消费群体,形成新的精神消费的需求,从而形成了文学商品的潜在消费市场,催生、刺激新型的文学传媒,即书坊业的繁荣。而科举社会,大量不能通过科举进入仕途的读书人在京都的聚集,有强烈的依靠文学作品的商品化为生的动机与愿望,从而形成潜在的文学生产者群体。而坊刻在与家刻、官刻相互之间竞争中,需要开拓新的领域,那些家刻、官刻不屑于涉及的领域,坊刻通过满足新的都市精神消费需求获得利润,通过坊刻主人与在京都的文学生产者群体的密切关系,通过约稿、编辑和出版适合市民文化需求的文学作品,实现了文学的商业化生产,产生了中国文学史上的新的文学生产方式与文学现象。"③某种程度上提及了临安文化市场对宋代文学审美俗趣的影响。不过,虽然该文尝试从市场和商业的角度论

---

① 张楠:《从宋代"瓦肆"市场看我国古代商业音乐文化》,《中国音乐》2006年第4期,第187页。
② 王晓骊:《文化冲突与词的演进——唐宋词与商业文化关系研究》,苏州大学博士论文,2001年,第115页。
③ 刘方:《宋代两京都市文化与文学生产》,上海师范大学博士论文,2008年,第210页。

述临安都市文化与新型文学生产的关系,然而由于缺乏明确的文化市场的理念,该文未能从文化市场的视角理清新型文学生产的状况与文学审美俗趣凸显的真正原因。总体上看,这些相关研究成果要么仅对宋代文化市场与文学审美俗趣现象的相互关系做出简单概述,要么仅从具体文艺形式、文人创作、商业氛围等狭窄视角来谈论文化市场对审美俗趣的影响,未能就宋代文化市场对文学审美俗趣凸显的关键性影响进行宏观把握与系统梳理。

四、关于文化市场影响下的文学审美俗趣现象

至于文化市场影响下的各种文学审美俗趣现象,虽然现有的研究成果不多,但也有所涉及。其中,《宋代文人与文化娱乐市场》提及了受文化市场影响的宋杂剧、戏文、说话、宋词等文学形式,指出:"文化娱乐行业的高度发达,对宋代文人的创作产生了重大的影响。在市场的刺激下,一些直接面对市场的文艺类型得到巨大的发展。这种情况可以举出宋杂剧、戏文、说话,也包含一些为射利的词作,比如柳永在相当长的时间中实际上就是靠填词谋生的。如果没有发达的文化娱乐市场,它们的存在也就失去了依托。当然,文化娱乐市场的刺激并非只是这样直接和简单。发达的文化娱乐市场的存在实际上也构成了宋代文学的一个创作背景。离开了这个大的背景与环境,一些文学现象则无法想象。"[①]然而该文除了以宋词为例简单说明文化市场的影响外,并未就所提及的宋杂剧、戏文、说话的文学审美俗趣现象做出具体论述,而仅仅概述了宋代文化市场对宋代文人及其创作的重大影响。《宋诗与宋代商业》梳理了与宋代商业有关的宋诗,然而该文的目的是基于诗史互证的考虑,通过宋诗来论述宋代的商业状况。该文说道:"本文研究的主要内容是,以市场为基本框架,以商业活动为主要脉络,以宋诗中的城市市场、农村市场、对外贸易、商人和商人生活、商业广告为基本层面,以它们各自的特征为主要视点,以典型的涉商诗作者为分析对象,力求全面清晰地展示宋代商业市场发展的面貌与演进轨迹,认识和把

---

① 韩田鹿:《宋代文人与文化娱乐市场》,《河北大学学报(哲学社会科学版)》2007年第2期,第49页。

握商业发展规律与时代经济特色。"①未能梳理出文化市场影响下的宋诗审美俗趣现象。《宋代文化市场研究》②则是目前唯一一篇专门谈论宋代文化市场的学位论文,对宋代文化市场进行了一定程度的梳理。然而该论文的视角仅局限于对宋代文化市场进行初步研究,没有探讨宋代文化市场影响下的各种文学审美俗趣现象。《略论南宋临安的市民生活文化》则梳理了南宋市民阶层对娱乐文化市场的需求,认为:"当市民的物质生活得到基本保障之后,他们就有精神方面的需求。临安市民发达的娱乐文化,就是这方面的体现。"③然而,该论文仅仅对南宋娱乐文化市场中的各种文艺形式进行了简单介绍,没有进一步深入探讨娱乐文化市场影响下文学审美俗趣的具体表现。《南宋临安文化市场初探》考察了南宋书画市场、古玩艺术品市场、图书印刷品市场和演出娱乐市场等文化市场的具体形式,例如指出临安北瓦"按现在的标准来看,是演艺娱乐市场上档次较高的,同时具有连锁性质的集团公司"④,"和瓦子相连的茶肆,与瓦子里的演艺活动相互促进,有的艺人就在茶馆里表演以助茶兴"⑤等。然而,该文侧重于对南宋临安文化市场本身的考察,缺乏对南宋临安文化市场影响下的各种文学审美俗趣现象的细致分析。《南宋临安的娱乐市场》也对南宋临安的娱乐文化市场概貌进行了梳理,指出"宋代社会变迁广泛而深刻,大众文化与娱乐市场的初兴是其必然产物"⑥,而且提及了南宋临安娱乐文化市场对市民文化的影响:"娱乐市场的发展丰富了宋代大众文化,在初兴的市民社会与市民文化的成长进程中打下了独特的烙印。新的大众化传播手段产生了有异于传统的文化传播渠道与社会效应。"⑦但是,该论文同样侧重于对南宋临安娱乐文化市场本身的探讨,关于临安娱乐文化市场影响下的各种文学审美俗趣现象则涉及不多。苏州大学博士论文《文化冲突与词的演进——唐宋词与商业文化关系研究》提到了城市文化市场对两宋民间词的巨大影响,指出:"两宋民间词主要流

---

① 张金花:《宋诗与宋代商业》,河北大学博士论文,2005年,第3~4页。
② 刘项育:《宋代文化市场研究》,华中师范大学硕士论文,2007年。
③ 姚海英:《略论南宋临安的市民生活文化》,《许昌学院学报》2005年第3期,第95页。
④ 王仲尧:《南宋临安文化市场初探》,《商业经济与管理》2002年第12期,第55页。
⑤ 王仲尧:《南宋临安文化市场初探》,《商业经济与管理》2002年第12期,第56页。
⑥ 龙登高:《南宋临安的娱乐市场》,《历史研究》2002年第5期,第41页。
⑦ 龙登高:《南宋临安的娱乐市场》,《历史研究》2002年第5期,第41页。

行于城市,它与宋代其他城市民间技艺一样,其创作和流传都具有商业化的特征。城市人口密集,相对于农民,市民阶层又有一定的经济能力支持自己的文化需求,因此对于以唱曲为生的艺人来说,城市不仅能让他们保持较为固定的听众,而且艺人之间的交流以及城市专业作曲、作词者的存在也使他们能够不断更新曲子,保持自己的竞争优势。"①同时,该论文谈到了宋代文人词所受文化市场的影响,指出:"在宋代多元化的文化格局中,词的文人化过程受到了多种文化因素——尤其是商业文化因素的制约。"②不过,该论文仅论及了受宋代文化市场影响的宋词,而没有涉及同样受宋代文化市场影响的其他文学审美俗趣现象,同时对受文化市场影响的宋词审美俗趣现象也缺乏系统的分析与透视。《宋代经济文化与杂(戏)剧的关系》论述了宋代文化市场对戏曲的重大影响,指出:"都市商业的繁荣刺激了文化消费的需求。众所周知,都市商业活动的兴盛,其结果之一就是催生了市民阶层的出现,其中市民中的'闲人'对诸如鼓子词、诸宫调、词话、讲史、说经、杂剧、南戏、话本等种种通俗文学的萌芽与兴盛,所发挥的作用不可低估。"③然而,该文虽然对宋戏曲的特点做了梳理,但未能理清宋代文化市场影响下宋戏曲的审美俗趣现象。《论宋代审美文化与宋代日常生活的融合》则从宋代商业的角度分析了书法绘画诗词等审美文化现象与日常生活的融合,指出:"书法绘画和诗词作为我们现在普遍承认的艺术形式,代表着中国古代审美文化的发展高度与发展程度。从以上的论述我们可以看出,这四种艺术形式在宋代都因为自身的发展规律与商业力量的影响,逐渐呈现出更多的实用性特征,更多地融入了宋代人的日常生活。这对于中国审美文化史的发展,可谓是一个重大的转移。"④然而该论文没有将宋代文化市场从宋代商业中单独剥离出来,而仅仅谈及商业力量对宋代审美文化的影响,未能审视文化市场与文学审美俗趣之间的内在联系,也未能理清文化市场影响下的各

---

① 王晓骊:《文化冲突与词的演进——唐宋词与商业文化关系研究》,苏州大学博士论文,2001年,第117页。
② 王晓骊:《文化冲突与词的演进——唐宋词与商业文化关系研究》,苏州大学博士论文,2001年,第144页。
③ 黄佳:《宋代经济文化与杂(戏)剧的关系》,《四川戏剧》2008年第3期,第58页~59页。
④ 王莹:《论宋代审美文化与宋代日常生活的融合》,兰州大学硕士论文,2008年,第36~37页。

种文学审美俗趣现象。

  由上述可见,对于文化市场影响下的各种文学审美俗趣现象,虽然目前学界已有所涉及,然而由于缺少清晰的文化市场视角,未能对文化市场影响下的各种文学审美俗趣现象进行系统的梳理与分析,从而有必要进行系统的研究。

五、关于海外汉学界的相关研究状况

  海外汉学相关研究方面,在欧美学者中,虽然近年来包弼德(Peter Bol)①、伊佩霞(Patricia Eberey)②、贾志扬(John Chaffee)③、韩明诗(Robert Hymes)④等美国汉学家在很多方面对宋代文化都有着开拓性的研究,然而却并未涉及宋代文化市场与文学审美俗趣内在关系的内容。例如在研究宋代文学时经常被关注的包弼德(Peter Bol)的《斯文:唐宋思想的转型》一书,其主要观点是认为唐宋时期士人的价值观经历了从以"斯文"为基础到以伦理原则为基础的转变,书中说道:"这部书的核心内容,就是描述在唐宋思想生活中,价值观基础的转变。但是,单单讨论这个问题会忽视一个更大的转变,即学者们是如何确立价值观的。简单地讲,初唐的学者们认为,写作、统治与行为方面的规范包含在代代积累的文化传统之中。关于价值观的争论不过是在讨论何种文化形式比较适宜。但是,到了宋朝晚期,思想家们已经转而相信心(mind)的能力,藉此可以对内蕴于自我与事物之中的道德品质获取正确的观念,而人们普遍接受的文化传统则已失去了它的权威性。初唐时期人们相信,文化传统能为大一统的秩序提供必要的典范;宋代晚期人们则相信,真正的价值观是内在的理(principles)。在这两者之间出现了一个思想多样化的特殊阶段。这个阶段始于唐朝后半期,并持续到北宋。这个时期的显著特点是,是否通过界定正确的仪表就能够引导天

---

① [美]包弼德著,刘宁译:《斯文:唐宋思想的转型》,南京:江苏人民出版社2001年版。
② [美]伊佩霞著,胡志宏译:《内闱:宋代的婚姻和妇女生活》,南京:江苏人民出版社2004年版。
③ John W Chaffee(贾志扬), *The Thorny Gate of Learning in Sung China*, Cambridge: Cambridge University Press, 1985.
④ Robert P Hymes(韩明诗), *Statesmen and Gentlemen: The Elite of Fu – Chou, Chiang – Hu in Northern and Southern Sung*, Cambridge: Cambridge University Press, 1986.

下,这样的信仰逐渐消解。不过,在这个转型时期,最著名的学者们坚持认为,个人可以通过古人的著作与成就,以他们自己的内心去体会一种潜在的'道'。斯文,作为来自上古的形式传统(formaltradi – fions),仍然作为规范性观念的可能来源而发挥作用,即使这些观念超越了它们最初为人所知时的特定形态。思想生活被一种创造性的张力所包围,一方面要维持形式文化的延续性(formal-cultural continuity),保持过去的'文',另一方面要寻找那些曾经支配了圣人的观念,发现古人的'道'。但是对于宋代道学家来讲,个人的任务就是要学会按照天地内在赋予万事万物的规范去行动。"①从整体上看,《斯文:唐宋思想的转型》的主要观点包括两个方面:一方面,在唐代以前所形成的"斯文"概念,包含两个层面,狭义地讲,指从古代的圣人所传授下来的文献传统;广义地讲,是指孔子在六经中所保存的古人在写作、从政、修身各个方面的行为规范。另一方面,初唐时期,士人认为"斯文"本身就是价值观的基础和来源;而北宋道学文化兴起以后,士人的价值观基础转向了伦理原则。基于这两个方面的主要观点,《斯文:唐宋思想的转型》把文学放在价值观讨论的核心位置,将唐宋之际许多重要的思想家首先看成文学家,然后从文学的角度探讨唐宋之际价值观的演变。全书共九章,包括《导言》、《士的转型》、《初唐朝廷的学术和文学创作》、《755年之后的文化危机》、《文治政策与文学文化:宋代思想文化的开端》、《思想家,其次是作家:11世纪中期的思想潮流》、《为了完美的秩序:王安石和司马光》、《苏轼的道:尽个性而求整体》和《程颐和道学新文化》,其中并未涉及宋代文化市场与文学审美俗趣的相关内容,因此对从文化市场的视角研究宋代文学来说仅可用于背景参考。

另外,在宋代文学研究领域,近年来比较活跃的日本学者有浅见洋二②、内山精也③、保苅佳昭④等,这些学者的宋代文学研究也均未涉及宋代文化市场与

---

① [美]包弼德著,刘宁译:《斯文:唐宋思想的转型》,南京:江苏人民出版社2001年版,第3页。
② [日]浅见洋二著,金程宇、冈田千穗译:《距离与想象:中国诗学的唐宋转型》,上海:上海古籍出版社2005年版。
③ [日]内山精也著,朱刚、益西拉姆等译:《传媒与真相:苏轼及其周围士大夫的文学》,上海:上海古籍出版社2005年版。
④ [日]保苅佳昭:《新兴与传统:苏轼词论述》,上海:上海古籍出版社2005年版。

文学审美俗趣的关系这一领域。例如浅见洋二的《距离与想象：中国诗学的唐宋转型》，该书主要选取诗论、诗评、诗文作品等大量文献资料，采用以"作品"和"读者"的关系为焦点的接受理论研究视角，对处于"唐宋变革"时期的中国"作品是如何被阅读"的诸多事实进行探讨和阐述，并未涉及任何宋代文化市场与宋代文学审美俗趣的相关内容。

综上所述，无论中外，迄今为止，学界仅有少数研究成果从文化市场的角度对宋代文学审美俗趣这一问题有所涉及，而且这些研究又明显缺乏深度与系统性。因此，本文从经济、社会和文化市场的角度深入系统地梳理宋代文学审美俗趣凸显的原因，具体分析宋代文化市场影响下的主要文学审美俗趣现象，这对宋代美学史乃至整个中国美学史的研究都是一个促进，对当前文化产业建设也是一个有益的历史借鉴，其意义是显而易见的。

第二节 本论题的研究方法、目标与创新性

本论题拟通过对宋代文学的系统梳理，并结合文化市场的相关理论，揭示出宋代文学审美俗趣凸显的原因。具体方法如下：

首先是文献研究法。广泛查阅有关宋代文化市场、宋代审美文化的文献资料，搜集整理国内外专家学者有关宋代文化市场、宋代审美文化的学术专著、报告及论文。同时对文献资料进行综合和归纳，做出客观冷静的分析。

其次是跨学科研究法。由于该题目涉及了古代文学、美学、文化产业、历史学、经济学等相关学科，因此需要从多角度、多方面入手，在研究过程中综合运用了古代文学、美学、文化产业、历史学、经济学、社会学等相关学科的理论知识与方法。

最后是典型分析法。在探讨宋代文学审美俗趣的凸显时，本论题选取宋代词、戏曲、话本、诗、文五类典型的文学形式进行分析，以具体揭示出文学审美俗趣凸显的原因及其表现。

本论题的研究目标是以文化市场的视角，结合词、戏曲、话本、诗、文等典型文学形式，理清宋代文学审美俗趣凸显的原因，即宋代商品经济的繁荣为文

市场的繁荣提供了时代基础,而宋代文化市场的繁荣对宋代文学审美俗趣的凸显产生了关键性的影响,是宋代文学审美俗趣凸显的直接原因。同时,对宋代文化市场影响下的主要文学审美俗趣现象进行具体分析。

从创新角度来看,当代的审美文化及文学研究需要更为开阔的视野,正如《文学的审美文化论》一书所指出的那样:"随着社会的发展,文学的视野变得越来越开阔。人们开始从社会学、人类学、文化学等角度来研究文学。人们在承认自己主观局限性的同时,已不侈求从一个角度来概括文学,而力求从各个不同的角度或站在更高的视野来观察研究文学。社会无疑是一个宽泛的概念,因此从社会学的角度来研究文学是一种有益的全新的探索。我们由此会有一种全新的感受,并有一个极开阔的视野。"①本论题的创新性就在于在学界第一次从文化市场的视角来系统研究宋代文学审美俗趣凸显的原因,具体分析文化市场影响下的各种文学审美俗趣现象。同时,本论题也为当下文化产业更好地继承发扬传统文化市场特色、促使民族文化更好地走向世界提供了有益的历史借鉴。

第三节 关于宋代文化市场的界定

首先,文化市场是有历史沿革的。当前相关研究一般认为在中国古代已存在文化市场,并随着经济社会的发展而不断演进。例如胡惠林先生就指出:"(古代文化生产时期)是人类文化生产的发育生长期:其特征是文化生产与物质生产逐步由同一走向分工,出现了专门从事精神生产的文化人和为消费而生产的文化产品,并且出现了简单的、初级的文化产品的交换和流通——现代文化商品市场的前形态。"②从当前的文化市场研究专著来看,《文化市场管理》指出:"文化市场孕育、产生于人类能生产文化产品并进行交换的古代社会。"③

---

① 阎丽杰:《文学的审美文化论》,沈阳:辽宁大学出版社2006年版,第38页。
② 胡惠林、李康化:《文化经济学》,上海:书海出版社2006年版,第30页。
③ 张元忠、吴山河、刘崇勤、阮学国:《文化市场管理》,武汉:华中理工大学出版社1992年版,第7页。

《文化市场与营销》也认为:"自从人类有了文化产品的生产和交换,便有了文化市场。"①都将文化市场产生的时间界定为人类早期。《文化市场管理》则指出:"文化市场是一个既古老而又新鲜的事物。它在我国的存在与发展,已经有了漫长的历史,并在不同的时代,给予精神产品的生产以巨大的影响。"②提及了我国的文化市场有着悠久的历史。《文化市场与管理》也指出:"我们注意到在中国历史上文化的发展往往也与文化市场联系在一起。"③强调了文化市场具有历史沿革,在中国古代即有文化市场。《文化市场:结构·功能·管理》则指出:"从历史和发展的角度看,文化市场并非今日才有,应该说它早就产生了。至于说它的上限具体是哪个年代,这有待于深入考证和专门研究,但有一点可以肯定,即它是随着生产力的发展,特别是商品经济的产生和发展而逐渐形成和发展起来的,是社会分工深化的结果。"④《文化市场概论》也有着类似的观点,指出:"文化市场属于历史的范畴。文化市场随着社会分工的扩大、生产资料私有制的产生、物物交换的出现而逐渐形成,并且随着文化商品生产的发展以及交换范围的扩大而逐步发展。"⑤《文化市场学》则更为明确地指出:"不管人们承认与否,事实上文化市场在人类历史上很早就出现了。"⑥从整体上看,当前研究一般承认文化市场的发展有其自身的历史沿革,古代已存在着文化市场。

不过,从微观层面上来说,对于文化市场在历史上形成的时间及各阶段的发展状况,当前研究则有不同看法。其中《文化市场概论》认为我国的文化市场在新石器时代晚期即已逐渐开始形成,"我国在远古传说中的神农时代,相当于考古学上的新石器时代晚期,大约五千年以前,就出现了有固定场地和固定时间的集市即市场雏形。随着玉雕、贝雕、骨雕、石雕、彩陶、漆器、竹编、草编等装

---

① 王育济:《文化市场与营销》,天津:南开大学出版社2007年版,第4页。
② 张元忠、吴山河、刘崇勤、阮学国:《文化市场管理》,武汉:华中理工大学出版社1992年版,第4页。
③ 王仲尧:《文化市场与管理》,哈尔滨:黑龙江人民出版社2002年版,第29页。
④ 朱淑君等:《文化市场:结构·功能·管理》,沈阳:辽宁人民出版社1990年版,第7页。
⑤ 赵玉忠:《文化市场概论》,北京:中国时代经济出版社2004年版,第44页。
⑥ 焦勇夫:《文化市场学》,上海:上海交通大学出版社1992年版,第9页。

饰性和观赏性的工艺制品进入集市进行交易和流通,逐渐形成了文化市场。"①将文化市场的形成期定在新石器时代晚期。《文化产业经营管理案例》则认为夏商周时期已形成了文化市场的雏形:"早在夏商周时期,专供奴隶主贵族享受的古代宫廷宴乐、宫廷乐舞等歌舞娱乐形式就已经开始出现,同时还出现了专门从事宫廷乐舞的奴隶,有了演出和听众,古代文化市场的雏形逐渐形成了。"②《文化市场:结构·功能·管理》指出我国文化市场的形成和发展大致经历了四个阶段,其中"古代文化市场阶段"主要包括奴隶社会和封建社会这两个大的历史时期,一直持续到鸦片战争前。③ 按此观点,在奴隶社会时期我国即已存在古代文化市场。《中国文化产业概论》则认为汉代已有了文化市场,指出:"到了汉朝,史书对文化市场已经有了详细的记载。在《汉书·武帝记》中记录了一种称为'角抵戏'的娱乐活动,是一种较量力量和技巧的对抗性运动,'三百里内皆来观',可见是一种盛大的文化演出。这种演出的节目丰富多彩,场面宏伟壮观,演出场所固定,艺人们靠演出维持生计,已经形成了一个初具雏形的文化市场。"④《文化产业研究》也持相同观点,认为:汉代"上林平乐馆这一固定的演出场所,应该是古代的演出文化市场。"⑤谢桃坊先生则认为由宋代开始出现都市文化娱乐市场,指出:"在北宋都市发展的过程中,随着旧的坊市制的崩溃,商店可以在城内外沿街设置,高大的酒楼不断涌现,商品经济活跃起来,同时开始出现了都市的文化娱乐市场——瓦市。"⑥

总之,无论各家观点有何不同,可以看出,当前研究一般认为我国古代存在着文化市场,虽然对文化市场的起始点界定在何时未能取得一致,不过综合各家说法,可认定宋代已存在文化市场。

其次,关于文化市场的概念,目前学界主要从狭义和广义两个方面来界定。其中,一些论著单纯从狭义方面来界定文化市场。例如《文化市场与管理》认为

---

① 赵玉忠:《文化市场概论》,北京:中国时代经济出版社2004年版,第45页。
② 张胜冰、马树华、徐向昱、尚光一:《文化产业经营管理案例》,青岛:中国海洋大学出版社2007年版,第30页。
③ 朱淑君等:《文化市场:结构·功能·管理》,沈阳:辽宁人民出版社1990年版。
④ 张廷兴、岳晓华:《中国文化产业概论》,北京:中国广播电视出版社2008年版,第178页。
⑤ 宋学清:《文化产业研究》,北京:大众文艺出版社2003年版,第56页。
⑥ 谢桃坊:《宋代瓦市伎艺与市民文学的兴起》,《社会科学研究》1991年第3期,第84页。

"文化产业与文化市场紧密联系在一起"①,而文化市场就是文化产品交易的商品市场,"文化产品在商品市场中完成交换、分配、消费环节,其价值实现的形式依赖于文化市场。"②《文化市场与营销》指出:"文化市场是文化与经济一体化的产物,是市场经济在文化领域的延伸,同时也是文化建设在市场经济中的表现形态。从市场的一般意义来看,文化市场是以商品交换的形式提供精神产品和文化娱乐服务的场所。"③《文化市场管理》认为:"文化市场是以商品形式向人们提供精神产品和文化娱乐服务的市场。"④《文化市场:结构·功能·管理》也说道:"根据上述论述,结合我们的认识,文化市场的概念是否这样界定为好,即:凡是经营精神产品或从事文化娱乐有偿服务活动的场所,都叫文化市场。这个概念主要讲了三个方面的内容:一、作为一种市场,都由生产者、经营者和消费者三方面构成。文化市场亦不例外,文化市场的生产者主要是从事精神产品生产的人;其经营者主要是从事精神产品销售并从中获得利润以此为生计的人;其消费者就是广大群众。二、作为一种市场,都应有其特定的经营范围和内容。文化市场亦不例外,它所经营的范围或内容一个是精神产品,一个是与精神产品内容有密切联系的一切从事文化娱乐有偿服务的活动,无偿的就不包括在内。三、任何一种市场,都不是抽象的、虚无缥渺的、无影无踪的;相反,而是具体的、实在的、有形的、可操作的。"⑤以上这些论著都侧重于对文化市场进行狭义的解释,即文化市场主要是一种交易的场所。而更多论著则是综合狭义和广义两个层面对文化市场的概念进行界定。例如《文化市场营销学》指出:"所谓文化市场就是进行文化商品交换的场所,也即以商品形式向消费者提供精神产品和各种有偿文化娱乐服务的场所。把文化艺术产品的生产者和消费者联系起来,交换其社会劳动,实现文化商品的价值,这是文化市场的主要功能和作用。广义的文化市场,应是文化商品交换中所反映的各种经济关系的总和。它不仅包括文化商品交换的场所,而且涉及文化商品与其他任何形式的商品间的

---

① 王仲尧:《文化市场与管理》,哈尔滨:黑龙江人民出版社2002年版,第21页。
② 王仲尧:《文化市场与管理》,哈尔滨:黑龙江人民出版社2002年版,第22页。
③ 王育济:《文化市场与营销》,天津:南开大学出版社2007年版,第3~4页。
④ 张元忠、吴山河、刘崇勤、阮学国:《文化市场管理》,武汉:华中理工大学出版社1992年版,第5页。
⑤ 朱淑君等:《文化市场:结构·功能·管理》,沈阳:辽宁人民出版社1990年版,第3页。

交换关系和文化生产资料所有者与其他任何生产资料所有者之间的经济关系。"①《文化市场学》也指出:"文化市场实际上也有狭义和广义之分。通常所说的文化产品流通和交换的地方,就是狭义的文化市场。如买戏票看戏,剧场就是文化市场。但是实现文化产品的交换,也不一定要有固定的场所,交换双方也可不在一定的时间、地点进行交换活动。如订购图书,只要通过银行或邮局汇款,新华书店代办托运就能实现交换。因此,广义的文化市场实际上是指文化产品交换活动的总和。"②《文化市场的培育与管理》认为:"文化市场是社会主义市场经济的有机组成部分。它也是由文化产品和文化服务的提供者和消费者(即市场主体)与文化商品和文化服务(即市场客体)两部分构成的。从狭义来说,文化市场是指文化产品和文化娱乐服务交换与流通的场所。从广义来说,文化市场是文化商品和文化服务在交换过程中所反映的各种经济关系的总和。它既包括文化商品和文化服务交换的场所,也包括各种文化中介机构,还包括文化产品和文化服务的提供者与消费者之间的关系,以及不同文化生产资料所有者之间的关系。"③《文化产业研究》也指出:"文化属社会意识形态范畴,而文化市场则属于商品经济的范畴。它是指文化产品和文化服务活动以商品形式在流通领域进行交换的场所,同时又是指文化商品交换关系的总和(包括文化观念、文化消费心理、社会效益、经济效益等),还是文化生产和文化消费内在关系的体现。"④可见,当前研究更多的是综合狭义和广义两个层面来对文化市场的概念进行界定。

综合来看,《文化市场概论》对文化市场概念论述得比较细致和贴切,认为:"文化市场是市场的有机组成部分,具体来说是市场体系中的一个行业市场。从表现形式上讲,文化市场是指文化商品、文化服务以及文化资源营销活动的场所。从本质内容上讲,文化市场是指在文化商品、文化服务以及文化资源交换过程中所反映的文化生产者、文化经营者和文化消费者之间各种经济关系的总和。它既包括了文化生产者、文化经营者与文化消费者之间的交换关系以及

---

① 李康化:《文化市场营销学》,上海:上海文艺出版社2005年版,第6~7页。
② 焦勇夫:《文化市场学》,上海:上海交通大学出版社1992年版,第1~2页。
③ 杨运泰主编:《文化市场的培育与管理》,银川:宁夏人民出版社1999年版,第3~4页。
④ 宋学清:《文化产业研究》,北京:大众文艺出版社2003年版,第55页。

供求关系,也包括了文化生产者、文化经营者和文化资源所有者之间的经营关系。"①因此,宋代文化市场的概念可以界定为:从表现形式上讲,宋代文化市场是指宋代的文化商品、文化服务以及文化资源营销活动的场所。从本质内容上讲,宋代文化市场是指在宋代的文化商品、文化服务以及文化资源交换过程中所反映的文化生产者、文化经营者和文化消费者之间各种经济关系的总和。

最后,关于宋代文化市场的发展状况,当前研究一般认为其繁荣程度在古代尤为出众。其中,谢桃坊先生指出:"宋代市民文学兴起了,新的城市通俗文学形式如话本、说唱文学、杂剧、戏文等受到广大民众的喜爱。这种商业性和娱乐性的文学自此占领了我国社会的文化市场。"②《中国影戏特征及其姊妹艺术》也指出宋代"瓦舍作为城市商业经济的产物,是一种专业性的文化市场,它荟萃了众多的表演技艺。"③河北大学博士论文《宋诗与宋代商业》在谈及宋代文化市场的状况也说:"文化市场在宋代城市市场中是非常有特色的。它所涉及到的内容也较为广泛,主要包括文化用品、书籍绘画、收藏品等。"④而从当前文化市场的相关研究专著来看,《文化产业与管理》指出:"说唱,杂耍,大众文化,乐坊,'勾栏瓦肆'的出现标志着在中国的宋朝,娱乐表演业就已经达到了一个相当成熟和繁荣的程度。"⑤《中国文化产业概论》也指出"我国文化商品的大量产生在宋朝。"⑥并提及宋代演出文化市场的繁荣,说道:"宋朝仅在都城就有五十多个剧场,这些剧场每天都是观众满座,其演出文化市场十分兴盛。"⑦《文化市场概论》在提到宋代文化市场时则特别指出勾栏瓦肆业和说书业的繁荣:"宋元时代随着市民阶层的兴起和文化娱乐需求的日益增长,城市中的文艺演出市场应运而生,出现了大量的民间职业艺人,形成了众多的营业性的游乐场所——勾栏瓦舍。……瓦舍里各种伎艺演出之所以能够这样从晨至暮,风雨无

---

① 赵玉忠:《文化市场概论》,北京:中国时代经济出版社2004年版,第33页。
② 谢桃坊:《宋词的时代文学意义》,见刘扬忠选编:《名家解读宋词》,山东人民出版社1999年版,第52页。
③ 郑劭荣:《中国影戏特征及其姊妹艺术》,郑州:大象出版社2010年版,第65页。
④ 张金花:《宋诗与宋代商业》,河北大学博士论文,2005年,第42页。
⑤ 胡惠林:《文化产业与管理》,天津:南开大学出版社2007年版,第47页。
⑥ 张廷兴、岳晓华:《中国文化产业概论》,北京:中国广播电视出版社2008年版,第164页。
⑦ 张廷兴、岳晓华:《中国文化产业概论》,北京:中国广播电视出版社2008年版,第178页。

阻,常年四季,天天如此,是与城市的商业繁荣密切相关的。瓦舍的所在地,既是文化活动中心,也是商业活动中心,既是文化市场,更是贸易集市。"①《文化市场与管理》在论及"两宋文化市场的兴起"时谈到宋代具有古玩艺术品市场、两宋书画市场、图书印刷品市场和休闲娱乐市场,同时在"两宋文化市场的管理"中梳理了两宋商业市场管理思想和宋代文化市场的管理状况。该书明确将宋代文化市场作为古代文化市场的典范,指出:"由于本书主题所限,我们关注的着眼点则要更具体一些,即中国历史上的文化市场建设及其管理的发展历史。又由于篇幅所限,本章从中国历史上的文化市场及其管理这一主题出发,以我国历史上文化事业相对发达的两宋时期的文化市场为例做一些初步的考察和分析。"②甚至该书采用"文化产业"这一概念来表明宋代超乎我们想象的文化市场繁荣状况:"两宋时期的文化产业建设及文化市场规模、发展规模可能超过我们的想象。"③《文化市场的培育与管理》也指出:"封建社会进入宋元时代,伴随着经济和城市的发展,市民阶层逐步扩大。这时不仅原有的百戏演出活动更具规模,……而且出现了专门演出百戏杂剧的娱乐场所勾栏瓦舍。……勾栏瓦舍的建立,加速了民间艺人队伍的职业化、专业化。宋元时期官方或民间就开始设立书画院,不仅使书法绘画成为一种有了固定地位的行业,而且有更多的书画作品进入市场。例如宋都汴梁举行庙会时,相国寺大殿后、资圣门前就有人专做书籍与国画买卖,还有人专做画像生意。画家刘宗道画的'照盆孩儿'尤其出名。"④生动描绘了宋代文化市场繁荣的景象。《文化市场:结构·功能·管理》也认为:"到了封建社会的后期,由于生产力的进一步发展,文化娱乐产品亦有了进一步的发展,甚至出现了专门的游乐场所。宋代的瓦肆就是例证。在宋代,由于经济的发展,都市的繁荣,城市出现了规模庞大的叫'瓦肆'的游乐场所。在瓦肆中,聚集了众多的艺人,他们'八仙过海,各显神通',都力求以新奇的表演和惊人的技艺吸引观众。那时,新节目成批涌现,歌舞、杂技、魔

---

① 赵玉忠:《文化市场概论》,北京:中国时代经济出版社2004年版,第52~53页。
② 王仲尧:《文化市场与管理》,哈尔滨:黑龙江人民出版社2002年版,第29页。
③ 王仲尧:《文化市场与管理》,哈尔滨:黑龙江人民出版社2002年版,第43页。
④ 杨运泰主编:《文化市场的培育与管理》,银川:宁夏人民出版社,1999年版,第5页。

术等都各自走向独立。"①同样肯定了宋代文化市场的繁荣。《文化市场学》也提及了宋代文化市场的繁荣状况,说道:"与城市经济的发展相适应,两宋时代产生了'宋杂剧'和'金院本',并出现了专门的演出场所——'瓦舍'、'勾栏'。……演出伎艺包括念小说、讲俗、小唱、武艺、杂技、影戏、说笑话、猜谜语、舞蹈、滑稽等。当时已经有了出版社,书肆也比以前发达,并出现了几种新现象:一是专门经营文艺产品的场所出现了;二是以卖艺为生的职业艺人产生了;三是书画店比以前增加了;四是文艺经营的商业性倾向明显了。"②《文化市场演进与文化产业发展》也说道:"汉唐以降,随着唐宋时期国家的统一、社会稳定和社会经济的发展,城市大众文化娱乐行业逐步发展起来,出现了许多新兴娱乐行会组织,形成了初级的文化产业模式,从而带动了文化市场的发展与繁荣。"③并认为宋代娱乐市场已具有三种表现形态:"宋代临安娱乐市场活动丰富多样,形态各异,与商品市场相对应,大体具有如下三种表现形态:货郎式流动市场、集市型市场(娱乐集市、娱乐常市)、专业市场。"④《文化市场与营销变革》甚至以"宋代文化产业"指称宋代文化市场,并指出其对相关行业有着带动作用:"发展到宋代,无论是绘画市场、书法市场还是文学市场,温文尔雅的面纱已经被很多文人扯下,经济利益理直气壮地走在了前面。宋代文化产业的繁荣也带动了相关行业的发展,主要包括雕版雕刻业、笔墨纸砚制作业、乐器制作业、裱褙业等等。"⑤《文化产业研究》更是对宋代文化市场的繁荣有着高度评价,指出"当时的演出文化市场非常兴盛火爆。"⑥

由以上研究成果可以看出,当前研究大都肯定了宋代拥有文化市场,并且主流观点认为宋代实际上已形成了比较成熟的文化市场,呈现出繁荣的发展态势,宋代的词、话本、戏曲等典型文学形式在一定程度上都受到其深远的影响。

---

① 朱淑君等:《文化市场:结构·功能·管理》,沈阳:辽宁人民出版社1990年版,第8~9页。
② 焦勇夫:《文化市场学》,上海:上海交通大学出版社1992年版,第9~10页。
③ 傅才武、宋丹娜:《文化市场演进与文化产业发展——当代中国文化产业发展的理论与实践研究》,武汉:湖北人民出版社2008年版,第62页。
④ 傅才武、宋丹娜:《文化市场演进与文化产业发展——当代中国文化产业发展的理论与实践研究》,武汉:湖北人民出版社2008年版,第62~63页。
⑤ 李康化:《文化市场与营销变革》,北京:北京大学出版社2008年版,第16页。
⑥ 宋学清:《文化产业研究》,北京:大众文艺出版社2003年版,第56页。

综合上述观点,可以说在某种程度上,文化市场影响下的一些宋代文学创作实际上已成为了一种商品生产活动,类似于当代的"艺术生产"。"艺术生产"的概念由马克思最早提出,他指出:"当艺术生产一旦作为艺术生产出现,它们就再不能以那种在世界史上划时代的、古典的形式创造出来。"①而且马克思还探讨了艺术创作成为艺术商品的条件,他指出:"作家所以是生产劳动者,并不是因为他生产观念,而是因为他使出版他的著作的书商发财,也就是说,只有在他作为某一资本家的雇佣劳动者的时候,他才是生产的。"②结合宋代文化市场影响下的各种文学审美现象,我们可以看出这种类似"艺术生产"的行为对宋代文学审美趣味有着深远影响。由此可见,在研究宋代文学审美趣味的过程中,宋代文化市场的存在是我们不能忽视的重要因素。

---

① [德]马克思:《〈政治经济学批判〉导言》,见《马克思恩格斯选集》第二卷,北京:人民出版社1995年版,第28页。
② [德]马克思、恩格斯:《马克思恩格斯全集》第26卷,北京:人民出版社1972年版,第432页。

第一章

宋代文化市场繁荣的时代基础

宋代是一个社会经济发达的时代。《中国大百科全书·中国历史》对宋代评论道:"宋代社会生产有迅猛发展,其农业、手工业、商业等的发展水平,大大超过唐朝,成为战国秦汉以后,中国经济发展的又一高峰期。"①高度评价了宋代社会经济的发达。袁行霈先生主编《中国文学史》也说道:"宋初百余年间,国内比较安定,生产持续发展,经济高度繁荣。冶金、造船、纺织、印刷、制瓷、制盐、医药等行业取得了前所未有的技术进步;农业生产发展迅速,手工业和商业也非常繁盛,纸币的流通,商行组织的形成,城市、城镇乃至草市的兴盛,以及海外贸易的增加,都是明显的标志。"②同时,海外学者对宋代社会经济的发展也评价颇高。例如法国学者谢和耐在《南宋社会生活史》一书中指出:"12、13世纪时的中国与8世纪时有过最辉煌时期的唐代,其间的差异是很大的,在这400年间中国有了剧烈的变化。"③"13世纪的中国其现代化的程度是令人吃惊的","中国是当时世界上首屈一指的国家,其自豪足以认为世界其他各地皆为化外之邦。"④后来其又在《中国社会史》一书中表达了相同的观点:"11~13世

---

① 中国大百科全书编辑委员会:《中国大百科全书·中国历史》,北京:中国大百科全书出版社1992年版,第1012页。
② 袁行霈主编:《中国文学史》第三卷,北京:高等教育出版社2003年版,第12页。
③ [法]谢和耐著、马德程译:《南宋社会生活史》,台北:中国文化大学出版部1982年版,第2页。
④ [法]谢和耐著、马德程译:《南宋社会生活史》,台北:中国文化大学出版部1982年版,第5页。

纪期间,在政治、社会或生活诸领域中没有一处不表现出较先前时代的深刻变化"①,"纵观 11~13 世纪的整个中国社会,大家便会得到一种经济和文化均取得了令人震惊之发展的印象。"②

商品经济的繁荣则是宋代社会经济发展的最鲜明的时代特点。《宋代经济:从传统向现代转变的首次启动》一文指出:"与汉唐相比,宋代经济最引人注目的特点,就是商品经济成分在传统社会母胎中的急速成长。"③《宋代经济的历史地位评价辨析》也指出:"宋代,在我国经济发展史上是较繁荣昌盛的时期,不但农业比较发达,而且科技文化、手工业、冶金、商业乃至市场、金融亦鼎盛于秦汉。这已是不争的事实。"④《宋代社会研究》同样说道:"多年来,人们总把宋代看成是中国历史上一个积贫积弱的朝代,甚至有人认为汉、唐时经济比较发展,到宋代就出现了'停滞'的趋势。其实,积贫积弱只是表面现象,它只反映财政上的入不敷出和对外关系上的软弱无能,从整个社会经济的发展看,它要比汉、唐富裕得多。"⑤总之,商品经济的繁荣是宋代社会经济发展的最鲜明的特点,体现了宋代社会经济发展的时代特色。

商品经济的繁荣又对社会的精神层面产生了深远影响。正是在商品经济繁荣的刺激下,大众的审美娱乐需求随之不断高涨,文学审美才由社会上层走向了大众,才由少数精英的特权变为了大众日常生活的需要,从而在根本上为宋代文学审美俗趣的凸显提供了可能。同时,宋代商品经济发达的时代特色也为宋代文化市场的繁荣提供了历史基础。正是由于宋代商品经济的发达,宋代才有了形成繁荣文化市场的可能,而文化市场的繁荣又对宋代文学的审美俗趣起到了关键性影响,是宋代文学审美俗趣凸显的直接原因。可以说,随着商品经济的发展,宋代城市大量崛起,市民阶层不断壮大,城市格局发生巨变,经商群体迅速壮大,市场繁荣发达,这些都为宋代文化市场的繁荣提供了时代基础。

---

① [法]谢和耐著、耿升译:《中国社会史》,南京:江苏人民出版社 1995 年版,第 265 页。
② [法]谢和耐著、耿升译:《中国社会史》,南京:江苏人民出版社 1995 年版,第 306 页。
③ 葛金芳:《宋代经济:从传统向现代转变的首次启动》,《中国经济史研究》2005 年第 1 期,第 80 页。
④ 徐志新:《宋代经济的历史地位评价辨析——与葛金芳教授商榷》,《现代财经》2005 年第 11 期,第 78 页。
⑤ 朱瑞熙:《宋代社会研究》,郑州:中州书画社 1983 年版,第 19~20 页。

正是在这种时代基础之上,宋代文化市场才能繁荣发达,从而对宋代文学审美俗趣的凸显产生关键性的影响。

第一节 宋代城市的崛起和市民阶层的壮大

宋代商品经济的繁荣带来了城市的崛起,而城市的崛起又带来了一个庞大的市民阶层。关于宋代城市繁荣的状况,我们从柳永的词中就可见一斑,例如《瑞鹧鸪》[1]描绘苏州:

吴会风流。人烟好,高下水际山头。瑶台峰厥,依约蓬丘。

万井千闾富庶,雄压十三州。触处青娥画舸,红粉朱楼。

《一寸金》描绘成都:

地胜异、锦里风流,蚕市繁华,簇簇歌台舞榭。雅俗多游赏,

轻裘俊、靓妆艳冶。

《迎新春》描绘汴梁:

庆佳节,当三五。列华灯千门万户,遍九陌罗绮,香风微度。

十里燃绛树,鳌山耸,喧天箫鼓。

《望海潮》描绘杭州:

东南形胜,三吴都会,钱塘自古繁华。烟柳画桥,风帘翠幕,

参差十万人家。云树绕堤沙。怒涛卷霜雪,天堑无涯。

市列珠玑,户盈罗绮竞豪奢。

具体来说,随着局势的稳定和经济的发展,宋代城市取得了巨大的发展,全国逐渐形成了一大批人口在10万户以上的大都市,成为宋代商品经济发展的显著特征。据考证,宋代城市数量成倍增加,类型呈现多样化。当时,府、州级的大中城市约有350个以上,是唐代的两倍。而且与唐代相比,这些大中城市呈现出了不同的类型,如商业型、手工业型、工商业型、对外贸易型等。[2] 尤其

---

[1] 柳永:《瑞鹧鸪》,见朱德才主编:《增订注释全宋词》,北京:文化艺术出版社1997年版。本文所引词除特别注明外,皆引自该书。

[2] 鲁亦冬:《中国宋辽金夏经济史》,北京:人民出版社1994年版。

是,与同时期的国外城市发展状况相比,更能显出宋代城市大量崛起的盛况。有论者指出:"数字,往往能将事物的真实内涵生动而具体地表示出来。以城市数量计,11世纪的俄罗斯共有86个,到13世纪也只有250个,而宋代县以上的城市至少有1200个。这中间还没有包括工商业集镇。以城市人口规模计,北宋汴梁,南宋临安,人口均在100万以上,即便按保守的估算,东京人口也在70万以上。在那个年代,如此众多的集镇都市,如此众多的城市人口,必然会出现一种鲜明的都市文化。"①形象地反映了宋代城市的崛起。

首先,总体上考察宋代城市的发展,可以发现,北宋首都汴梁和南宋首都临安是当时最繁华的大都市。关于北宋首都汴梁,宋人张择端的《清明上河图》就生动描绘了北宋末年汴梁汴河沿岸附近商旅往来、店铺栉比的热闹景象,显示了首都汴梁的城市面貌和商业繁盛。② 从宋人的诗歌中我们也可以看出北宋汴梁交通的发达、商业的繁荣,例如梅尧臣在《汴之水三章送淮南提刑李舍人》③中就描绘道:

汴之水,分于河,黄流浊浊激春波。
昨日初观水东下,千人走喜兮万人歌。
歌谓何,大船来兮小船过。
百货将集玉都那,君则扬舲兮以恋刑科。

汴之水,入于泗,黄流清淮为一致。
上牵下橹日夜来,千人同济兮万人利。
利何谓,国之漕,商之货,实所寄。

我送行舟,于水之次。
春风吹两旗,君作天王使。
罟客自求鱼,清江莫相避。

诗中描绘了汴梁漕运的发达和"百货将集玉都那"的繁荣景象,可以想见北

---

① 韩经太:《徜徉两端》,郑州:河南人民出版社2000年版,第8~9页。
② 参见陈诏:《解读清明上河图》,上海:上海古籍出版社2010年版。
③ 梅尧臣:《汴之水三章送淮南提刑李舍人》,见《宛陵先生集》卷二四。

宋首都汴梁的繁华。《中国审美文化史·唐宋卷》在评价《清明上河图》时也说道:"在这位北宋晚期的宫廷画家所创作的528.7厘米的长卷中,我们看到了当时开封及汴河两岸的繁华景象。开封地处汴河、蔡河、五丈河、金水河的交汇处,南船北马,交通便利,既可以将南国的粮食布帛源源不断地运往京师,又可以将北方的工艺制品源源不断地运往江南。因而它既是商贾会聚之所,又是人文荟萃之地。在这幅画面上,我们不仅可以看到蜿蜒的河流、豪华的龙舟、精致的楼台、优美的桥梁,而且可以看到各种各样的手工作坊、形形色色的商业店铺、络绎不绝的车水马龙,有赶集的、买菜的、闲逛的、饮酒的、剃头的、扫墓的、说书的、卖唱的,有乘轿的、骑马的、推车的、拉纤的、挑担的、有茶坊、酒肆、脚店、肉铺、寺观、共廨、卦摊、瓦舍,真正是士农工商、医卜僧道、牛马骆驼、诸色杂买,一应俱全。"①对汴梁的繁华兴盛有着更为细致的描绘。

南宋首都临安——今天所称的杭州也是个历史悠久的城市,四千多年前即有人居住,上世纪在这一地区进行的考古中发现了著名的良渚文化遗址。春秋战国时,杭州是吴越争霸之地。秦代定名为钱塘县,隋朝改称杭州。唐代时,杭州已经十分繁荣,据《乾道临安志》记载,唐贞观中杭州户口达到十一万人。中唐后以"东南名郡,咽喉吴、越,势雄江海,骈樯二十里,开肆三万室"②著名于世。白居易也称赞杭州"江南列郡,余杭为大。"③北宋元祐年间苏东坡任杭州地方官时称"杭州城内生齿不可胜数,约计四五十万",而且杭州城区人口已"甲于两浙"。④ 作为南宋首都的临安(杭州),其在北宋时就已经是一个"烟柳画桥,风帘翠幕,参差十万人家"⑤的南方商业大都市。据《鹤林玉露》记载,当柳永描绘钱塘的词作《望海潮》传到金朝时,"金主亮闻歌,欣然有慕于'三秋桂子,十里荷花',遂起投鞭渡江之志"⑥。可见当时临安市容繁华、魅力巨大。到了南宋定都之后,临安的城市发展更是有了一个巨大的飞跃,商业繁华程度甚

---

① 陈炎:《中国审美文化史·唐宋卷》,济南:山东画报出版社2000年版,第322页。
② 李华:《杭州刺史厅壁记》,见[清]董诰等编:《全唐文》卷三一六,北京:中华书局1982年版。
③ 白居易:《卢元辅杭州刺史制》,见《白居易集》卷五五,北京:中华书局1979年版。
④ 苏轼:《论叶温叟分擘度牒不公状》,见《东坡全集》卷五十六。
⑤ 柳永:《望海潮》。
⑥ [宋]罗大经:《鹤林玉露》,北京:中华书局1983年版。

至在某种程度上超过了汴梁。有论者指出:"南宋都城临安,经过100多年的精心营建,已发展成为百万人口以上的大城市,成为当时亚洲各国经济文化的交流中心,城市规模已名列十二三世纪时世界的首位。当时的杭州被意大利著名旅行家马可·波罗称赞为'世界上最美丽华贵之天城'。"[1]陆游也有诗句对临安称赞道:"皇舆久驻武林宫,汴洛当时未易同。广陌有尘风不起,长河无冻水长通。楼台飞舞祥烟外,鼓吹喧呼明月中。"[2]《中国审美文化史·唐宋卷》对临安城市的繁荣评论道:"自从临安建都以后,人口从南宋初期的55万人增至晚期的124万人,与此同时,手工业、商业和各种文化娱乐业也迅猛发展了起来,尽管城市的规模和气势难以同开封媲美,但其人口的密度和繁华的程度却有过之而无不及。从地理上讲,杭州左江右湖,不仅有西湖之美,而且有钱塘之便,来自四面八方的异珍奇货源源不断地借钱塘江漂泊而来,同时又把这里的丝绸、瓷器、印刷品乃至军火输送出去,使这里既成为包含十几种门类的手工业中心,又成为囊括各种团、行、市铺、作在内的大市场。"[3]《中国通史》也对临安城市的繁华描绘道:"临安城内自大街到坊巷,大小店铺'连门俱是'。同行业的店铺往往聚集在同一街市。大街上买卖昼夜不绝。每天早晨五更,卖早市者开店营业。夕阳西下,夜市又开张。直到三、四更后,店铺、酒楼、歌馆才慢慢静下来。临安外城数十里,也是店铺并列,交易繁盛。"日本学者斯波义信更是称赞道:"南宋首都临安府是13~19世纪发生在中国的商业革命、城市革命的颇具代表性的一个范例。众所周知,这是无愧世界之冠的特大都市。"[4]可见南宋首都临安与北宋首都汴梁相比毫不逊色,甚至在某种程度上更为繁华。

其次,虽然宋代首都是当时大城市的代表和缩影,但除了首都之外,宋代地方上也存在着许多大城市。北宋时"东京以外,北方的秦州、太原、真定、京兆、大名(北京)、洛阳(西京)、密州、晋州,东南的苏州;杭州、江宁、扬州、真州、楚州、庐州、襄州,川蜀地区的成都、梓州、绵州、兴元、遂州、汉州、利州,闽广地区

---

[1] 方建新:《南宋临安大事记·代序》,杭州:杭州出版社2008年版,第26页。
[2] 陆游:《武林》。
[3] 陈炎:《中国审美文化史·唐宋卷》,济南:山东画报出版社2000年版,第420页。
[4] [日]斯波义信著,方键、何忠礼译:《宋代江南经济史研究》,南京:江苏人民出版社2001年版,321页。

的福州、广州等,都是商业贸易的重要城市。"①南宋时"建康是长江下游的军事重镇,也是商业城市。居民有二十五万人。四川成都是西南地区的商业发达的大城。"②可见宋代除首都十分繁荣之外,整个国家也呈现出大城市集群化发展的盛况。

最后,随着宋代城市的发展,城市周边的工商业集镇也迅速崛起。宋代以前,镇大多是在要冲设立的军事据点,而宋代工商业集镇的设立则主要是城市和经济发展的结果,它们大多是区域范围内的商业中心和手工业中心,对城市的发展起到辅助作用。正如《宋辽夏金文化史》所说:"随商品交易的扩大和逐渐规范,一些集市发展成为固定集镇。福建、江西、湖南、河北等地有新集镇八十多个出现,成为连接城乡的枢纽点。宋代商业以大都市为重心,城镇市场为拱卫,集市、墟市为外围,呈现'网络状'分布。城镇环绕都市,集市围绕城镇,形成区域性流通市场。商品流向一是广大农村的农副产品如粮食、布帛、日用品等,由农村流向流通网络的外围集市,再从这里通过集散向中心流动;再一流向是手工业产品或一些非日用商品等,从中心产地流向城乡各地,高质量产品主要流向城市。"③《中国通史》也指出:"宋朝在各镇设有场务,收取商税。较大的镇,商税收入甚至可以超过县城。有些地方,镇又叫市或镇市。镇的发达,标志着城乡之间的商业贸易,有了新的发展。"④都显示了宋代城市周边工商业集镇的迅速发展状况。

总体上看,宋代城市及工商业集镇的大量崛起,对整个宋代社会产生了巨大影响,造就了一大批拥有巨额财富的豪商巨贾,据《东京梦华录》记载,北宋汴梁城中的金银彩帛买卖,"每一交易,动即千万"⑤。到宋真宗时,首都汴梁已经"资产百万者至多,十万而上比比皆是"⑥。宋代城市的崛起,为宋代商品经济的发展提供了良好的发展平台,也彰显出宋代经济繁荣的时代风貌。

同时,由于市民阶层天然依附于城市,宋代城市的大量崛起必然导致市民

---

① 蔡美彪等:《中国通史》第五册,北京:人民出版社1994年版,第82页。
② 蔡美彪等:《中国通史》第五册,北京:人民出版社1994年版,第374页。
③ 叶坦、蒋松岩:《宋辽夏金文化史》,上海:东方出版中心2007年版,第18页。
④ 蔡美彪等:《中国通史》第五册,北京:人民出版社1994年版,第82页。
⑤ [宋]孟元老:《东京梦华录》卷二《东角楼街巷》,北京:中国商业出版社1982年版。
⑥ [宋]李焘:《续资治通鉴长编》卷八十五,文渊阁四库全书本。

阶层的壮大。从市民阶层人数总量上看,据《中国人口史》考证,如按中国历代人口平均每户5口推算,"宋代人口逾亿是绝对可信的"①。同时据《宋代江南经济史研究》考证,宋代的平均城市人口率为12%—13%②。按此推论,宋代市民阶层人数将达1000余万。《中国宋辽金夏经济史》也认为:"宋代,人口在50万以上的城市约有40个左右,北宋首都汴梁和南宋首都临安,人口甚至多达百万。另外,宋代城镇总人口约有数百万户、千万人以上,超过当时总人口的10%。在南方经济发达地区,城镇人口所占的比例超过20%。"③这个数字在一千多年前相当惊人,形象反映了宋代市民阶层的庞大。

首先,北宋首都汴梁和南宋首都临安是当时市民最多的城市。北宋汴梁在宋真宗天禧五年(1021年)的新旧城八厢市民总计九万七千七百五十户④,而这一数字并不包括大中祥符二年(1009年)汴梁新城以外所建九厢十四坊的市民人数。宋太宗也提到:"东京养甲兵数十万,居人百万。"⑤而据《宋史》,宋神宗熙宁年间汴梁人口达到二十万户。⑥ 由此可见,北宋汴梁市民阶层应有百万人口,总数十分庞大。以至于有些市民嫌汴梁市内太过拥挤,愿意移居市郊,正如《宋文鉴》所说,汴梁"甲第星罗,比屋鳞次。场无广巷,市不通骑。于是有出居王畿,挂户县籍"⑦。南宋首都临安同样是市民人数达百万的大都市。据《梦粱录》载:"临安城郭广阔,户口繁伙,民居屋宇高森,接栋连檐,寸尺无空。"⑧《中国通史》称:"南宋的首都临安,原来是吴越钱氏在隋郡城基础上扩建的周围七十里的大城。临安府户籍上的户口,到南宋末年,发展到三十九万户,一百二十四万口(包括府属各县),超过了北宋的东京。临安是南宋的政治中心,也是繁荣的商业城市。"⑨《中国文化史》则称:"临安是南宋最大的城市,其规模超过了北宋时的汴京,也是整个宋代最有代表性的商业城市。临安城周围70里,府属

---

① 王育民:《中国人口史》,南京:江苏人民出版社1995年版,第297页。
② [日]斯波义信:《宋代江南经济史研究》,南京:江苏人民出版社2001年版,第71页。
③ 鲁亦冬:《中国宋辽金夏经济史》,北京:人民出版社1994年版。
④ [清]徐松:《宋会要辑稿》兵三之三至四,北京:中华书局1957年影印本。
⑤ [宋]李焘:《续资治通鉴长编》卷三二《淳化二年六月乙酉记事》,文渊阁四库全书本。
⑥ [元]脱脱:《宋史》卷三二七《王安石传》,北京:中华书局1977年版。
⑦ [宋]吕祖谦:《皇畿赋》,《宋文鉴》卷二,第20页。
⑧ [宋]吴自牧:《梦粱录》卷十《防隅巡警》,北京:中国商业出版社1982年版。
⑨ 蔡美彪等:《中国通史》第五册,人民出版社1994年版,第373页。

各县还有15个镇市。宁宗初年,城内人口已达四五十万人,到南宋末年已发展到120多万人。"①而据《宋辽夏金文化史》统计,"认为汴京开封有一百五十万人左右、临安杭州有一百二十余万人左右的意见比较普遍。这样的规模在世界中世纪绝无仅有,当时欧洲都市人口不过十万左右。"②可见,无论是北宋首都汴梁还是南宋首都临安,其都存在着庞大的市民阶层,是当时世界上市民人数最多的城市。

其次,除了汴梁和临安,宋代其他大城市的市民阶层人数也十分众多。据《宋代经济史》考证,宋代的武昌、建康、扬州、成都、长沙等也是熙熙攘攘、人口密集,市民阶层达到万户以上乃至十万户的都市。③《宋辽夏金文化史》也指出:"另一些地方城市,或是政府治所,或是交通要道,或是传统产品生产流通集散地,如成都、苏州、福州、泉州、鄂州、荆州、扬州等等,人口一般也上十数万,城市经济亦颇为繁荣。"④可见,其他城市也生活着庞大的市民群。

最后,宋代还有许多中小城市和市镇,也居住着大量市民。例如《南宋城镇史》就称:南宋时"部分县城达到相当程度的兴盛。尤其是两浙等发达地区,县城的发展更为显著。"⑤

总体上说,一般认为,宋代形成了首都—路治—府治(州治、监治、军治)—县治—镇—市六级城市(镇)系统,全部市民阶层就由这六级城市(镇)系统承载。据《宋代经济史》估算:"宋代计三百五十一州军,如果其中一百五十州平均二千户,计有三十万户,一百五十州为七百户,五十州为三百户,共为十二万户,州城人总计四十二万户;全国共一千多县(去州治所在县城),其中五百县平均千户,计五十万户,三百县为五百户、二百县为三百户,共二十一万户,县城总为七十一万户;全国计有一千八百个镇市,其中一千个为五百户、八百个为二百户,镇市人口总计六十六万户。加上东京、临安等名都大邑的户口,当在二百万户以上,占宋神宗元丰年间一千六百万户的百分之十二以上。"⑥可见,随着城

---

① 张维青、高毅清:《中国文化史》第三册,济南:山东人民出版社2002年版,第78页。
② 叶坦、蒋松岩:《宋辽夏金文化史》,上海:东方出版中心2007年版,第17页。
③ 漆侠:《宋代经济史·下》,上海:上海人民出版社1988年版,第932页。
④ 叶坦、蒋松岩:《宋辽夏金文化史》,上海:东方出版中心2007年版,第17页。
⑤ 陈国灿:《南宋城镇史》,北京:人民出版社2009年版,第87页。
⑥ 漆侠:《宋代经济史·下》,上海:上海人民出版社1988年版,第932~933页。

市的大量崛起,宋代市民阶层逐步壮大,人数之众达到了前所未有的高峰。

第二节　宋代城市格局的巨变

宋代商品经济繁荣的另一个显著特征是城市格局发生了显著的变化,打破了坊市分离制度,从而促使宋代商品经济有了巨大的飞跃。

宋代之前,城市在管理方面长期实行坊市分离制度,即把作为商业贸易区的"市"与作为居民区的"坊"分隔开来。具体来说,城市以大街为界,划分为若干个坊、市,每个坊、市四周围以高墙环绕,组成一个个封闭的单元。坊门和市门有专人管理,日出而开,日落而闭。尤其是,在坊内不能开设店铺,甚至不能临街随意开门,城市的商业活动和店肆都限制在市内。而且市内的商业活动也仅限于白天,除非朝廷特许,否则夜晚禁止一切商业活动。坊市分离制度,把商业活动限制在狭小的市内和固定的时间里,极大阻碍了商品经济的发展。

宋代城市在格局上发生了显著的变化,彻底打破了前代城市的"坊市"制度,实现了坊市合一。在宋代,城市居民和工商业者可以在城内随处设置商店,与住宅区相互交错,甚至连普通市民居住的胡同、小巷也面街开放。例如关于北宋首都汴梁,有研究者指出:"在开封历史的发展过程中,由于宋代商品经济的巨大发展,城市经济在全国经济中的比重明显增加,居民增多,被称为坊郭户,单独列籍定等,成为我国城市发展史上的一个突出变化,也是我国古代户籍制度的重要发展。东京的坊郭户,从户数上看,在10万以上,就人数而言,约百万以上。他们在城市中五方杂处,面街而居,打破旧日坊墙的约束,将工商业的经营扩大到全城的各个角落,桥头巷口,形成'南河北市'的繁荣市场。"[1]再如南宋临安"自大街及诸坊巷,大小铺席,连门俱是,即无虚空之屋。每日清晨,两街巷门,浮铺上行,百市买卖,热闹至饭前,市罢而收。"[2]都反映了城市中商铺遍布、坊市合一的繁荣景象。

而且,随着宋代打破坊市的局限,一些街道的商业活动迅速发展,形成了许

---

[1] 周宝珠:《宋代东京研究·序言》,开封:河南大学出版社1992年版,第3页。
[2] [宋]吴自牧:《梦粱录》卷十三《铺席》,北京:中国商业出版社1982年版。

多条的商业街。据孟元老《东京梦华录》载,北宋汴梁的东华门大街、相国寺大街、潘楼街、马行街等都是著名的商业一条街。甚至北宋皇宫正面的御街在宋徽宗政和年间(1111～1118)以前也是商业一条街,御街两侧的廊子都被用于商业买卖。而南宋首都临安的商业街又多于北宋东京,据吴自牧《梦粱录》载,临安"自大街及诸坊巷,大小铺席,连门俱是,即无空虚之屋。"①其中最繁华的商业街有官巷南街、子市街、朝天门街等。值得注意的是,宋代商业街具有两种特征。一种是同类商品聚集在同一商业街,形成了专门商品一条街。例如北宋首都汴梁,许多相同行业的店铺集中在邻近,形成专门商品一条街。其中,潘楼街南是真珠匹帛香药一条街,界身巷是金银彩帛一条街,十字街是竹竿一条街,马行街北是医官药铺一条街,东西两巷是货行作坊一条街。再如南宋首都临安,官巷南街是金银一条街,珠子市街是珠宝一条街,米市桥街、草桥南街是米店一条街,城南浑水闸街则是鱼店一条街,其所含鱼店甚至多达百余处。另一种是不同类型店铺杂处,各种商品聚集在同一条商业街,形成了综合商品一条街。例如北宋汴梁南大街上金银铺、漆器什物铺等杂处,金梁桥西大街上药铺、金银铺等杂处;南宋临安市西坊街的官办和剂惠民药局与金银交引铺、彩帛铺、纸札铺等杂处,朝门街上生药铺、绒线铺、海鲜铺等杂处。这些街道上,不同类型的商店错杂相邻,就形成了综合商品一条街。日本学者斯波义信在《宋代江南经济史研究》中就通过对史料的细密考证和分析,详细描绘了临安商业街的情景:"其中堪称核心中之核心的,是金银交引铺、盐钞铺鳞次栉比的区域。铺前,陈列着'看垛钱'——这是用铜钱贯缗堆积如山而用以招徕顾客的招牌。这是从五间楼酒楼到芳润桥的官巷街为止御街沿线八九百米的场所,其轴心是市南坊至市西坊,即后市街的中瓦旁的'五花儿中心'。这一轴心偏南,是经销珍珠、香药、龙眼、砂糖等充溢闽广土产香味的店铺;与此相反方向北边的芳润桥畔,是经营金、银箔和金银制品、瓷器、漆器等名贵精巧工艺品的店铺集中之处;其稍北是书籍铺密集的街市。在'看垛钱'的招牌林立的市中心周边,是经营杭州名品高级丝织物、文房四宝、服饰、中成药等的连骈店铺。'看垛钱'的铜钱,用于从榷货务承包经营的盐钞交引的兑换业务,所以,盐钞铺相当于现代的市中心

---

① [宋]吴自牧:《梦粱录》卷十三《铺席》,北京:中国商业出版社1982年版。

银行。一方面,政府机构榷货务、都菜场、会子库、杂卖务、杂买场、市舶务等集中在保安水门内外,榷盐务在盐桥,左藏库和编估打套局(香药鉴别、定价之处)在靠近钱塘县署附近;与这一商业核心直接有关的官署还有荐桥边的都税务与回易库、中瓦附近的惠民药局以及散布在商业中心的若干官营酒楼等。皇室的巨宅面临市中心的后市街,而毗邻盐桥附近的则是宗室和大官的豪宅。他们释放的资本作为购买力无疑对商业有举足轻重的作用,他们的嗜好、趣味无疑对商品的流行和分化起着导向作用。这种彼此间相辅相成的相互作用,对商业中心的实质内容和规模赋予深刻的影响,有许多事例足以佐证。但是核心发展形成的经济地理方面的环境条件,无疑是从上述诸组织的中枢顶点的性质中自然形成的。"[1]生动形象地表现了宋代临安商业街的繁荣景象。

总之,宋代城市格局的变化有力地推动了城市经济的发展,同时带动了小市镇的兴旺、区域市场的形成、沿边贸易和海外贸易的发达以及货币关系的发展,成为宋代推动城市经济发展的重要因素和商品经济繁荣的重要特征。

第三节 宋代经商群体的壮大

宋代商品经济繁荣的一个重要特征还在于经商群体的迅速壮大,这一点与前代明显不同。

首先,经商群体的壮大表现在经商群体人数的迅速增多。宋代之前,社会上占统治地位的是"农本工商末"的观念,日常生活中也弥漫着"重农轻商"的文化氛围,商人所从事的经营活动甚至一直被视为"贱业"而被鄙弃。然而到了宋代,由商业活动所带来的经济利益的驱动,宋人冲破了"农本工商末"价值观念的束缚,不再以经商为耻,而是"货殖之事益急,商贾之事益重"[2]。在这种思潮的影响下,社会各阶层纷纷经营商业,经商群体急剧扩大,甚至出现了"全民

---

[1] [日]斯波义信:《宋代江南经济史研究》,见方键、何忠礼译,南京:江苏人民出版社 2001 年版,第 332~333 页。
[2] [清]沈垚:《落帆楼文集》卷二十四《费席山先生七十双寿序》,见《吴兴丛书》,吴兴嘉业堂刊本。

经商"的态势,皇室成员、官僚士人、广大平民百姓甚至僧侣、道士、尼姑等都加入到了经商的队伍中。例如,北宋时与苏轼交好的潘子、郭生原本都是出身将门,这时都做了商人,其中潘子从事贩酒业,郭生则卖药。苏轼在《东坡八首》中专门描述道:"潘子久不调,沽酒江南村。郭生本将种,卖药西市垣。"①戴复古也有诗说道:"儒衣人卖酒,疑是马相如。"②梅尧臣《闻进士贩茶》③甚至记载了北宋有进士参与贩卖私盐、私茶的案例:

山园茶盛四五月,江南窃贩如豺狼。
顽凶少壮冒岭险,夜行作队如刀枪。
浮浪书生亦贪利,史笥经箱为盗囊。
津头吏卒虽捕获,官司直惜儒衣裳。
却来城中谈孔孟,言语便欲非尧汤。
三日夏雨刺昏垫,五日炎热讥旱伤。
百端得钱事酒卮,屋里饿妇无糠粮。
一身沟壑乃自取,将相贤科何尔当。

诗中记述了有进士参与贩卖私盐、私茶的活动,甚至将曾收藏经史的笥箱都作为运送茶盐的工具,形象地反映了商业利润对知识分子的吸引,使其心甘情愿地加入商人行列。

尤其令人难以置信的是,北宋汴梁的相国寺不仅是商品交易中心,寺中有的和尚甚至在市场熏陶和经济利益的驱动下,直接参与商业活动,具有了僧人与商人的双重身份。例如和尚惠明就是当时名闻京城、专门烹调肉食的大厨师,他竟然就在相国寺之中开设了一个专卖猪肉私房菜的"烧猪院"(后因太露骨而改为"烧朱院"),声名鹊起,当时汴梁市民纷纷前去品尝,创造出了一个著名的餐饮品牌。例如《画墁录》④就对此记载道:

相国寺烧朱院旧日有僧惠明,善庖炙,猪肉尤佳,一顿五斤。杨大年与之往还,多率其同舍具飧。一日大年曰:"尔为僧,远近皆呼烧猪

---

① [宋]苏轼:《东坡八首》,见《苏轼诗集》卷二一。
② [宋]戴复古:《山行》,见《戴复古诗集》卷二。
③ [宋]梅尧臣:《闻进士贩茶》,见《宛陵先生集》卷三四。
④ [宋]张舜民:《画墁录》,文渊阁四库全书本。

院,安乎?"惠明曰:"奈何?"大年曰:"不若呼为烧朱院也。"都人自此改呼。

僧人尚且投身商海,可见当时商业风气之浓,经商群体之大。

南宋时,经商群体依然庞大,尤其有更多的知识分子参与了经商。据《可书》载:绍兴间"行朝士子,多鬻酒醋为生。故谚云若要富,守定行在卖酒醋。"[1]甚至,连待补进士进京赴试时都紧抓商机,积极参与商品买卖。据《梦粱录》载,临安每当三年一次科考之时,"到省士人不下万余人,骈集都城,铺席买卖如市。俗语云赶试官生活,应一时之需耳。"[2]其中就不乏士子参与买卖。《西湖老人繁胜录》也记载:"天下待补进士,都到京赴试。各乡奇巧土物,都担戴来京都货卖,买物回程。"[3]尤其值得注意的是,宋代许多在职官员也纷纷经商。《中国通史》对此指出:"自宰相到地方官也都经营商业谋大利。管理财政税收的官员,更可利用职权经商。如真宗时,江浙发运使李溥用官船贩运木材营利。仁宗时,殿中侍御史王沿用官船贩卖私盐。虢州知州滕宗谅用兵士一百八十余人、驴车四十余辆贩茶,不交税。"[4]同时,在诸如北宋汴梁、南宋临安这样的大都市,不仅本地产生了大量商人,还涌入了大量外地商人。例如《梦粱录》称临安:"杭城富室多是外郡寄寓之人……其寄寓人,多为江商海贾,穿桅巨舶,安行于烟涛渺莽之中,四方百货,不趾而集,自此成家立业者众矣。"[5]《方舆胜览》也称临安:"贩铜谋利,当严江上之云帆","持楮易钱,盍验市间之茗肆","闽商海贾,来万里之货珍"。[6] 有观点认为,宋代的经商群体已"不再指单一的专职商人,而且,'全民经商'中的'民'不再是狭义上的下层民众或被统治阶级,而是包含了相当的上层社会的人群或说统治集团的成员"[7]。还有论者对南宋经商群体的壮大有着比较详细的叙述,指出工商业人员已成为当时市民阶层的主

---

[1] [宋]张知甫撰、孔凡礼点校:《可书》,见《唐宋史料笔记丛刊》,北京:中华书局2002年版。
[2] [宋]吴自牧:《梦粱录》卷二《诸州府得解士人赴省闱》,北京:中国商业出版社1982年版。
[3] [宋]西湖老人:《遇补年》,见《西湖老人繁胜录》,北京:中国商业出版社1982年版。
[4] 蔡美彪等:《中国通史》第五册,北京:人民出版社1994年版,第98~99页。
[5] [宋]吴自牧:《梦粱录》卷十八《恤贫济老》,北京:中国商业出版社1982年版。
[6] [宋]祝穆撰,祝洙增订:《方舆胜览》卷一《临安府》,北京:中华书局2003年版,第24页。
[7] 吴晓亮:《试论宋代"全民经商"及经商群体构成变化的历史价值》,《思想战线》2003年第2期,第81页。

体:"就南宋市民阶层而言,工商业人员无疑是其构成主体。与汉唐时期相比,此期城市工商业群体发展的一个突出表现是群体规模的显著扩大。工商业的空前繁荣,造就了庞大的工商业队伍,使之成为城市社会最为活跃的群体。对此,有关历史文献的描述可谓累牍连篇。如"平江府(苏州)'井赋藩溢,谈者至与杭等','由是商贾多以吴为都会,五方毕至,岳市杂扰';成都'万井云错,百货川委','奇物异产,瑰琦错落,列肆而班布市';湖州'民物之富,商贾之夥,非曩时比';饶州'阛阓填溢,民之店聚族居者无虑数万家';鄂州为长江中游一大都会,'南则潭、衡、永、邵,西则鼎、澧、江陵、安、复、襄阳,数路客旅兴贩,无不辐辏于鄂渚';泉州'舟车走集,繁荣特盛于瓯闽'。至于都城临安(杭州),更是店肆密布,万商云集,'自大街及诸坊巷,大小铺席连门俱是,即无空虚之屋'。"①同时,据《西湖老人繁胜录》,南宋"京都有四百十四行"②,即临安具有414个商业类别。按周密《癸辛杂识》③中的说法,当时临安每一商业类别,大约有数十户至百户。如果以平均五十户计算,当时的经商总数达2万多家。由以上资料可以看出,相比前代,宋代经商群体在人数上有了明显的增长。

其次,宋代经商群体的壮大,不仅表现在"量"上的增长,而且表现在"质"上的提高,这主要体现在商业活动中的行业分工、专业细化以及固定流程三个方面。

第一,宋代经商群体"质"的提高表现为宋代商业活动中有了日趋细化的行业分工。在宋代,商业活动中的行业划分日趋精细,例如在商业流通领域,物流业、批发业和零商业走向了专门化道路;在商业服务业领域,各个服务行业间的分工细化,分别承担着不同的商业服务功能,其中有专门充当商业活动中介的"牙人"和"驵侩",有专门从事质押借贷的"质库",有专门从事资本借贷代理的"行钱",有专门从事仓储租赁业的"廊房榻库之家";在商品生产领域,不同群体承担着不同的商业生产功能,其中有的是家庭作坊兼商铺,有的是自产自销

---

① 陈国灿:《南宋市民阶层探析》,见何忠礼主编:《南宋史及南宋都城临安研究(上)》,北京:人民出版社2009年版,第161~162页。
② [宋]西湖老人:《西湖老人繁胜录·诸行市》,北京:中国商业出版社1982年版。
③ [宋]周密撰、吴企明点校:《癸辛杂识》,见《唐宋史料笔记丛刊》,北京:中华书局1988年版。

的个体经营者,有的是由买商控制的专业匠户,有的是以出卖劳动力为生的雇佣者。这些都体现了宋代商业活动中行业分工的发展。

第二,宋代经商群体"质"的提高也表现为同一行业依据不同经营领域进行的专业细化。例如零售业个体经营又可分为固定店铺和流动商贩两大类,前者大多具有专业化和稳定性的特点,后者则大多机动灵活,随行就市。再如租赁业又可按专业细分为住房租赁、廊房租赁、塌房租赁、物品租赁、筵会租赁等多种类型。这些都体现了宋代商业活动中专业的不断细化。

第三,宋代经商群体"质"的提高还表现为商业活动有了固定流程。随着经商人数的扩大,宋代商业活动在同一领域的不同环节之间形成了固定的流程。例如宋代在一些地区的丝织业领域,出现了种桑、养蚕、纺织的分离,有的环节负责种桑,有的环节负责养蚕,有的环节负责纺织,他们之间形成了一个相互依存的固定流程。据《嘉泰吴兴志》载,湖州一些"以桑蚕为岁计"的养蚕户"育蚕有致数百箔",①这些养蚕户所需的桑叶大多从市场上采购,而非自种。宋代陈旉的《农书·收蚕种桑之法》就指出,当时的养蚕户"多不先计料,至阙叶则典质贸鬻之,无所不至"②。可以看出,宋代商业活动在不同环节之间有了固定的流程,从而保证了商业运作的高效与流畅。

总之,宋代经商群体的壮大不仅表现在"量"的增长,而且表现在"质"的提高,在商业活动中行业分工日趋精细、专业细化不断加强并有了固定的商业流程。基于这些多层次的分类与细化,宋代形成了比较严密的商业体系,既保证了不同类型、不同经营规模的经商群体能够保证自身的自主性,同时又使他们紧密地联系起来,共同构成了利益互动的商业体系。

最后,尤其值得注意的是,由于宋代海外贸易的繁荣和海外利润的巨大,社会各阶层也纷纷投入到海外贸易中去,从事海外贸易的人数众多。例如《中外文化交流》指出:"由于海外贸易利润大,国内海商从业者大增。上至朝廷大臣将帅,下至沿海农夫渔民,纷纷聚财置办货物,扬帆出海,以博巨利。北宋苏轼曾从海外贩苏木运数船入川。南宋大将张俊也派一老兵,用50万贯钱为本钱

---

① [宋]谈钥:《嘉泰吴兴志》卷二〇《物产》,见《宋元方志丛刊》第5册,北京:中华书局1990年版。
② [宋]陈旉撰、万国鼎校注:《陈旉农书校注》,北京:农业出版社1965年版。

出海贸易,一年后获利几十倍。朝廷还把广东、福建从事海商的民户,专册编为'舶户',鼓励他们出海贸易。"①同时,还有大批海外商人来宋经商,使宋代经商群体有了进一步壮大。当时,大批海外商人沿着穿越黄海、东海、南海、西太平洋和北印度洋的海上丝绸之路来宋进行物物交换,尤其是阿拉伯商人对来宋经商尤为积极,从而巩固了中国和东亚、东南亚、西亚以及非洲诸国的贸易联系。

总之,宋代经商群体的壮大是宋代社会的一个显著特征,调动了社会方方面面的经济资源,有力地促进了宋代商品经济的发展。

第四节 宋代市场的繁荣

市场的发展是商品经济发展的基本条件,市场的繁荣是商品经济繁荣的最重要表现。在宋代,市场的繁荣程度远远超过了前代,成为反映宋代商品经济繁荣的最重要特征。

一、宋代市场上商品丰富

宋代市场上商品极为丰富。中国古代,市场上的商品主要为农产品和手工业品,而宋代由于农业和手工业的巨大发展,极大地促进了市场上商品的丰富。在宋代市场上,商品种类从粮食、蔬菜、水果等农副产品到瓷器、丝织品、车船等手工业制造品以及生产工具,甚至工艺品、图书、金石、书法绘画等都成为投放到市场上的商品,种类数量十分繁多。尤其是城市中的市场,商品更是丰富。据记载,武昌在当时是"川、广、荆、襄、浙贸迁之会,货物之至者无不售。且不问多少,一日可尽,其盛壮如此!"②而与武昌等其他城市相比,两宋的首都更是大宗商品的集散地和商人交易的中转站,市场上的商品更为丰富。

关于北宋首都汴梁市场上商品的丰富,《中国通史》有着详细的描述:"东京倚汴水建城,便于漕运。汴水南与淮河、长江相连接,所谓'漕引江湖,利尽南

---

① 胡太春编著:《中外文化交流》,长沙:湖南科学技术出版社2009年版,第45~46页。
② [宋]范成大:《吴船录》卷下,文渊阁四库全书本。

海',东南和西南的财赋百货都可经汴水运到东京。河北和西北则有陆路往来。东京是政治中心,又是商业和交通中心。依据宋人的零星记述,东京市场上有:来自江、淮的粮米(每年数百万斛),沿海各地的水产,辽、夏(西夏)的牛、羊,洛阳、成都的酒,自河东至江南、福建的各种果品,江、淮、蜀、闽的名茶,南方各地的丝织品,西北的石炭,河中府和成都的纸,福建、成都、杭州的印本书籍,两浙的漆器,耀州等地的陶、瓷器,磁州的铁器,来自全国各地的药材和珠玉金银器皿等奢侈品。日本的扇子,高丽的墨料,大食的香料、珍珠等也在市场上销售。东京市场的繁荣,集中反映了北宋商业发展的状况。"①尤其是,汴梁城中坐落着北宋最著名、也最巨大的城市市场——大相国寺市场,其商品之丰富,海内闻名。当时,各地来汴梁的富商大贾,皆云集于此,将大相国寺作为转运贸易的中心站,或在此抛售从外地转运而来的货物,或买下大批商品转卖他乡。据记载,大相国寺每逢开市,"四方珍异之物,悉萃其间"②;大相国寺"中庭两庑可容万人,凡商旅交易皆萃其中,四方趋京师以货物求售、转售他物者,必由于此"③,可见大相国寺市场上商品之丰富。

  南宋首都临安市场上的商品相比于汴梁则更为丰富,据《都城纪胜》载:"圣朝祖宗开国,就都于汴,而风俗典礼,四方仰之为师。自高宗皇帝驻跸于杭,而杭山水明秀,民物康阜,视京师其过十倍矣。虽市肆与京师相侔,然中兴已百余年,列圣相承,太平日久,前后经营至矣,辐辏集矣,其与中兴时又过十数倍也。"④商品之丰富,由此可见一斑。《中国通史》也对临安市场上商品的丰富有着很高的赞誉:"临安居民需用的物品,多从外地运来。每天食用米一万多石,来自苏、湖、常、秀四州和淮南、江西、湖南、两广等地。从严、婺、衢、徽等州运来柴炭、竹木、水果。从明、越、温、台等州运来海鲜、水产。临安需用的菜蔬、布匹、食盐和各种杂货,也都从外地运来。人们形容说:'以前没有过的东西,现在都有。'临安城内生产的手工业产品在市上出售,也运销到外地。各地的产品在临安市上交换转运。浙江两岸船只云集,客贩往来,不绝于道。自临安南抵闽

---

① 蔡美彪等:《中国通史》第五册,人民出版社1994年版,第80~82页。
② [宋]王得臣:《麈史》卷三《谐谑》,文渊阁四库全书本。
③ [宋]王栐:《燕翼诒谋录》卷二,文渊阁四库全书本。
④ [宋]耐得翁:《都城纪胜》序,北京:中国商业出版社1982年版。

广,北通两淮,西连四川,各地市场加强了联系。"①《中国文化史》则对南宋临安市场上商品之丰富、贸易之繁荣有着更为详细的描述:"每天城内所需物品多从外地运来,仅米的品种便有一二十之多。米主要来自苏、湖、常、秀四州和淮南、两广等地,几处米市的众多米铺从事批发和零售,每个米行都各有船户、脚夫承揽运输、搬运,紧张匆忙,秩序井然。其他物品也大体如此,如水果、柴炭、竹等主要从严、婺、衢诸州运来,各种水产、海鲜主要从明、温、台诸州运来,等等。除运进大量消费物品外,各地的产品也在临安的市上交换转运,临安城内生产的手工业品也在市上出售。临安市场上的行已发展到 400 多个,大街小巷中的各类店铺'连门俱是'。"②而且,每当"大比"之年,临安市场上的商品又比平时更为丰富,因为除了通常商人的正常贸易外,许多人也利用各种机会贩来货物,"天下待补进士,都到京赴试。各乡奇巧土物,都担戴来京都货卖,买物回程"③,连待补进士都"担戴来京都货卖",更可想见市场上商品之繁盛。

除了首都,地方市场上商品也很丰富。从宋人的诗歌中,我们就可以感受到宋代市场上商品的丰富,例如陆游的《饭罢戏作》④:

南市沽浊醪,浮蚁甘不坏。东门买彘骨,醯酱点橙薤。
蒸鸡最知名,美不数鱼蟹。轮囷犀浦芋,磊落新都菜。

诗中提及了市场上有充足的酒、猪肉、水果、海鲜等供应,反映了宋代市场上蔬菜副食品的丰富。

再如陈造的《喜雨口号呈陈守伯固十二首》⑤:

货绝交通腹殷雷,人家一雨便春台。
即看商贩接踵集,已有米船衔尾来。

从诗中的描述可以看出宋代市场上商品供应不但丰富,而且及时。

又如韩维的《又赋京师初食车螯》⑥:

---

① 蔡美彪等:《中国通史》第五册,人民出版社 1994 年版,第 373 页。
② 张维青、高毅清:《中国文化史》第三册,济南:山东人民出版社 2002 年版,第 78~79 页。
③ [宋]西湖老人:《遇补年》,《西湖老人繁胜录》,北京:中国商业出版社 1982 年版。
④ [宋]陆游:《饭罢戏作》,见《剑南诗稿》卷九,文渊阁四库全书本。
⑤ [宋]陈造:《喜雨口号呈陈守伯固十二首》,见《江湖长翁集》卷二〇。
⑥ [宋]韩维《又赋京师初食车螯》,见《南阳集》卷四。

京都贵人梁肉厌,远致异物无微纤。

骈珍错怪百类兼,何久遗此不得参。

"远致异物无微纤"、"骈珍错怪百类兼",连本应稀有的生猛海鲜都十分常见,展示了当时市场上有着丰富的商品,由此也可见宋代市场上商品的繁盛。

二、宋代市场数量众多

宋代市场数量众多,广泛分布城乡各地。据《漫塘文集》载:"今夫十家之聚,必有米盐之市。"①而且,由于建立起以首都和大中城市为中心的四通八达的水陆交通运输网络,宋代逐渐形成了城市市场、市镇市场、乡镇集市三者互为关联的市场体系。以北宋时北方市场为例,据《中国文化史》介绍:"北方市场以首都汴京为中心,主要包括黄河中、下游地区。这里曾经是中国经济最发达的地区,但在几次长期的战乱中经济遭到一定的破坏。由于有较好的农业和手工业基础,到北宋初年经济逐渐恢复。汴京作为北宋的政治中心和最大城市,有百万以上的居民,周围还驻有数十万军队,需要大量的粮食、布帛和其他物品,主要仰仗东南地区供应。同时,北方生产的名贵纺织品、瓷器、铁器等也流向其他地区。北方市场的货物运输主要靠汴水、黄河、运河等水路。"②随着经济的发展,宋代的城市市场、市镇市场和乡镇集市迅速发展起来。

首先是城市市场,其中主要是城市中的固定市场,例如北宋汴梁小货行街的药市、潘楼街的金银彩帛市等。南宋时,据《武林旧事》载,临安有固定市场17 处,具体见下表:

临安城内市场	地址
药市	炭桥一带
花市	官巷一带
珠子市	融和坊(官巷南)
米市	北郭黑桥一带

---

① [宋]刘宰:《漫塘文集》卷二十三《丹阳丁桥太霄观记》,文渊阁四库全书本。
② 张维青、高毅清:《中国文化史》第三册,济南:山东人民出版社2002年版,第64~65页。

续表

临安城内市场	地址
肉市	大瓦修义坊
菜市	崇新门、东清门坝子桥
鲜鱼行	候潮门外
鱼行	北关外水水桥头
南猪行	候潮门外
北猪行	州北打猪巷
布市	便门外横河头
蟹行	崇新门外南土门
花团	官巷口、钱塘门内
青果团	候潮门内泥路一带,又名南海行
柑子团	后市街
鲞团	便门外浑水闸一带
书房(市)	桔园亭,今平海街与中山中路交界一带

同时,除了城市中的固定市场,宋代城市中还存在着定期集市。城市定期集市类似于现在的城市商品交易会。例如北宋汴梁的大相国寺每月数次开放,每次开放实际上都是一次盛大的商品交易会,汇集了全国各地、甚至包括国外进口的商品。再如端午节前后,北宋汴梁的潘楼附近会举办扇市,主要出售各种扇子以及其他商品。除了首都以外,宋代其他城市也存在着这种定期集市,其中以成都最为著名。据赵抃《成都古今记》载,成都一年十二个月每月都有集市,其中正月为灯市,二月为花市,三月为蚕市,四月为锦市,五月为扇市,六月为香市,七月为宝市,八月为桂市,九月为药市,十月为酒市,十一月为梅市,十二月为桃符市,尤其以蚕市、药市最为盛大。① 不过,虽然每月的集市都有一个主题商品,然而市场上并非仅有该类商品,也同样包含着众多商品,从而吸引了周边地区的众多消费者。

其次,除了城市市场,宋代的市镇市场也为数众多、经济繁荣。以南宋临安

---

① [宋]赵抃:《成都古今记》,见《说郛》卷六十二下,文渊阁四库全书本。

附近市镇为例,据《梦粱录》载:"杭州有县者九,独钱塘、仁和附郭,名曰赤县,而赤县所管镇市者一十有五,且如嘉会门外名浙江市,北关门外名北郭市、江涨东市、湖州市、江涨西市、半道红市,西溪谓之西溪市,惠因寺北教场南曰赤山市,江儿头名龙山市,安溪镇前曰安溪市,艮山门外名范浦镇市,汤村曰汤村镇市,临平镇名临平市,城东崇新门外名南土门市、东青门外北土门市。今诸镇市,盖因南渡以来,杭为行都二百余年,户口蕃盛,商贾买卖者十倍于昔,往来辐辏,非他郡比也。"①可见当时存在着众多的市镇市场,同时市镇市场也十分繁荣。据河北版《中华文明史》介绍:宋代"随着工商业的发展,不少镇在人口、商税收入上都超过了一般的县城,有的甚至超了它们所属州军的治所城市。例如,湖州的乌墩镇(时隶乌程县)、新市镇(时隶德清县),楚州(今江苏淮安)的洪泽镇(时隶淮阴县),它们的户口、商税收入就都超过了它们所隶属的县城。蕲口镇、固镇、池口镇、海仓镇、宁海镇的商税岁额,更分别超过了它们所隶属的蕲州、凤州、池州、莱州、滨州的州城商税岁额。因为古城镇、黄池镇的繁华程度分别超过它们所隶属的州军县治所城市,所以民间流传有'怀安军不如金堂县,金堂县不如古城镇'以及'太平州不如芜湖(县),芜湖不如黄池'的俗语。"②更可看出宋代市镇市场数量之众多、经济之繁荣。

最后,宋代城市周围和乡村交通要道上也存在着大量定期的乡镇集市——草市、墟市,成为了沟通城乡经济的重要桥梁。草市是地方的定期集市,许多位于城郊。例如在北宋首都汴梁城外,就存在草市。王铚《默记》也载常州有草市,官吏会到草市饮酒。③墟市则是宋代乡间的一种小型集市,一般几天开一次,北方叫做"集",南方叫做"虚"或'、"墟"。在举办墟市的日子里,宋代农民往往把自己收获的蔬菜、鱼虾或自制的手工业品,拿到墟市上交易。规模较大的墟市附近甚至有酒店、旅店等服务设施。墟市发展到一定程度,甚至可以发展成市镇。可见,宋代在广大农村中也存在着众多的乡镇集市。

总体上看,宋代市场广布于城乡各地,并且往往以城市为中心,由城市市场、市镇市场、乡镇集市三者组成了互为关联的市场网络和市场体系,为数众

---

① [宋]吴自牧:《梦粱录》卷十三《两赤县市镇》,北京:中国商业出版社1982年版。
② 宋德金、张希清:《中华文明史》第六卷,石家庄:河北教育出版社1994年版,第279页。
③ [宋]王铚:《默记》,北京:中华书局1981年版。

多,显示了宋代商品经济的发达。

三、宋代海外市场广阔

宋代海外贸易发达,拥有广大的海外市场。随着造船业的发展和指南针的运用,宋代海外贸易取得了巨大的发展,尤其是东南沿海分布着十多个外贸港口,贸易收入在国家财政中占有很重要的地位。同时,宋代政府也大力鼓励海外贸易,支持扩大海外市场。《续资治通鉴长编拾补》载北宋神宗曾说:"东南利国之大,舶商亦居其一焉",如果"笼海商得术",不仅"岁获厚利",且"兼使外藩辐辏中国,亦壮观一事也。"①南宋时,政府为广辟财源,对海外贸易和海外市场更加重视。据《宋会要辑稿》载,南宋高宗曾说:"市舶之利最厚,若措置合宜,所得动以百千计,岂不胜取之于民?朕所以留意于此,庶几可以少宽民力尔!"②相比于唐代,宋代海外贸易在范围、方式、数量、内容、管理等方面都有了很大发展,外贸口岸也从唐代唯一的广州发展到泉州、杭州、明州、扬州、密州等地,并在那里分别设立了"市舶司"管理外贸事务,以"掌蕃货海舶征榷贸易之事,以来远人,通远物"③。据考证,宋代外贸收入相当可观,北宋末大约年平均一百二十万贯,南宋约二百万贯,占政府财政收入的百分之十五左右。④ 以广州港为例,据南宋初洪适的《师吴堂记》载:"领以南广为一都会,大贾自占城、真腊、三佛齐、阇婆,涉海而至,岁数十柁,凡西南群夷之珍,犀、象、珠、香、流离之属,禹不能名,高不能计。"⑤《宋代广州的海外贸易》指出:"宋代广州海外贸易的发展超过了唐代,与广州通商的国家的数量也超过了唐代。"⑥《中外文化交流》也指出:"广州从3世纪起,取代徐闻、合浦而成为海上'丝绸之路'的主港,是世界著名的东方港市。由广州经南洋、印度洋,到达波斯湾各国的航线,是当时世界上

---

① [清]黄以周等辑注、顾吉辰点校:《续资治通鉴长编拾补》卷五,北京:中华书局2004年版。
② [清]徐松:《宋会要辑稿》职官四十四之二十,北京:中华书局1957年影印本。
③ [元]脱脱:《宋史·职官志》,北京:中华书局1977年版。
④ 陈高华等著:《宋元时期的海外贸易》,天津:天津人民出版社1981年版,第180~182页。
⑤ 洪适:《盘洲文集》卷三十一《师吴堂记》。
⑥ 关履权:《宋代广州的海外贸易》,广州:广东人民出版社1987年版,第22页。

最长的远洋航线。北宋时广州又一跃而成为中国主要对外门户。据《粤海关志》卷三《前代事实》记载,1068年~1077年(宋神宗熙宁年间),明州、杭州、广州市舶司'博买'乳香共17.7225万千克,广州收17.4337万千克,可以看出,广州一港'博买'乳香数占到总数的98%,足见广州港的地位之重要。"①可以看出宋代海外贸易的发达。

海外贸易的发达,自然带来了广大的海外市场。《宋辽夏金文化史》指出:"据《宣和奉使高丽图经》、《诸蕃志》、《岭外代答》等书的记载,宋代的海外贸易范围十分广泛,东起日本和朝鲜半岛,西至阿拉伯和非洲东岸。宋舶所至主要有日本、高丽、大食、三佛齐等五六十个国家。宋的出口品主要有金银、铜钱、铅锡、丝绸、瓷器等等,进口品主要有香料、珠宝、犀角、药物、玛瑙等等。"②北宋时,海外贸易已十分发达,具有广阔的市场,仅经南海和北宋贸易的国家就有大食、古逻、阇婆、占城、勃泥、麻逸、三佛齐等国。在海外市场上,北宋销售的商品主要是瓷器、杂色帛以及各种矿产品,购入的商品则多半是供贵族享用的奢侈品,如各种香料、药材、犀角、象牙、珊瑚、玳瑁、苏木等。南宋时,海外市场进一步扩大和繁荣。其中,南宋销售到各国的商品主要是瓷器和各类丝织品。据《诸蕃志》载,自东南亚至非洲,有十六个国家购买宋朝的瓷器。③ 另外,印本书籍也大量销售到海外。购入的商品中,来自日本的有沙金、木材、珠子、手工艺品;来自高丽的有人参,药材、扇子、纸笔等;来自南亚和阿拉伯各国的则主要是药材、香料、象牙、珠宝。据《中外文化交流》载:"香料、象牙、犀角、珍珠是中国古代的主要海上贸易输入品。宋朝进口需求量极大,货源大多来自印度半岛、马来半岛、阿拉伯海沿岸以及东非地区。其中阿拉伯是香料的主要输出国,也是宋朝主要贸易国。香料作为宋朝进口的大宗货物,一则满足上流社会特殊需要、宗教活动和社会生活需要,如配酒、加工食品等用途;二则用于入药,如木香、乳香,可配制治疗偏瘫、头晕秘方,梅花片脑可治脱舌症,苏合香、筚拨、安息香、龙脑可配伍为苏合香丸,能安气血、去外邪。至于象牙、犀角、珍珠等,大多是奢侈品,有的加工成艺术品,常作为贡品进奉宫廷,或用于朝廷赏赐以及出使

---

① 转引自胡太春编著:《中外文化交流》,长沙:湖南科学技术出版社2009年版,第48页。
② 叶坦、蒋松岩:《宋辽夏金文化史》,上海:东方出版中心2007年版,第20页。
③ [宋]赵汝适著、杨博文校释:《诸蕃志校释》,北京:中华书局2000年版。

外交礼品。"①可见宋代海外市场之广大,海外市场之繁荣。

四、宋代出现了早市、夜市和鬼市

宋代市场不仅在空间上打破了传统的坊市界限,时间上也突破了前代的限制,出现了早市、夜市和鬼市。

首先,宋代的早市已十分繁荣,风行城乡。汴梁和临安在五更左右即已开早市。例如《东京梦华录》就专条描绘了汴梁早市的热闹情景:

> 每日交五更,诸寺院行者打铁牌子或木鱼循门报晓,亦各分地方,日间求化。诸趋朝入市之人,闻此而起。诸门桥市井已开,如瓠羹店门首坐一小儿,叫饶骨头,间有灌肺及炒肺。酒店多点灯烛沽卖,每分不过二十文,并粥饭点心。亦间或有卖洗面水,煎点汤药者,直至天明。其杀猪羊作坊,每人担猪羊及车子上市,动即百数。如果木亦集于朱雀门外及州桥之西,谓之果子行。纸画儿亦在彼处,兴贩不绝。其卖麦面,每秤作一布袋,谓之"一宛";或三五秤作一宛,用太平车或驴马驮之,从城外守门入城货卖,至天明不绝。更有御街州桥至南内前趁朝卖药及饮食者,吟叫百端。
>
> ——孟元老:《东京梦华录》卷三《天晓诸人入市》

《梦粱录》也专条描绘了杭州早市的热闹情景:

> 每日交四更,诸山寺观已鸣钟,庵舍行者头陀,打铁板儿或木鱼儿沿街报晓,各分地方。若晴则曰"天色晴明",或报"大参",或报"四参",或报"常朝",或言"后殿坐";阴则曰"天色阴晦";雨则言"雨"。盖报令诸百官听公上番虞候上名衙兵等人,及诸司上番人知之,赶趁往诸处服役耳。虽风雨霜雪,不敢缺此。每月朔望及遇节序,则沿门求乞斋粮。最是大街一两处面食店及市西坊西食面店,通宵买卖,交晓不绝。缘金吾不禁,公私营干,夜食于此故也。御街铺店,闻钟而

---

① 胡太春编著:《中外文化交流》,长沙:湖南科学技术出版社2009年版,第47页。

起,卖早市点心,如煎白肠、羊鹅事件、糕、粥、血脏羹、羊血、粉羹之类。冬天卖五味肉粥、七宝素粥,夏月卖义粥、馓子、豆子粥。又有浴堂门卖面汤者,有浮铺早卖汤药二陈汤,及调气降气并丸剂安养元气者。有卖烧饼、蒸饼、糍糕、雪糕等点心者。以赶早市,直至饭前方罢。及诸行铺席,皆往都处,侵晨行贩。和宁门红杈子前买卖细色异品菜蔬,诸般嗄饭,及酒醋时新果子,进纳海鲜品件等物,填塞街市,吟叫百端,如汴京气象,殊可人意。孝仁坊口,水晶红白烧酒,曾经宣唤,其味香软,入口便消。六部前丁香馄饨,此味精细尤佳。早市供膳诸色物件甚多,不能尽举。自内后门至观桥下,大街小巷,在在有之,有论晴雨霜雪皆然也。

——吴自牧:《梦粱录》卷十三《天晓诸人出市》

而且,早市在宋代不仅繁荣于首都,也广泛分布于地方州县村镇。例如苏东坡《水龙吟》词就绘声绘色地描绘了黄州的早市:

小沟东接长江,柳堤苇岸连云际。

烟村潇洒,人闲一哄,渔樵早市。

通过这首词,可以想见黄州早市的热闹。另外,其他宋代诗人也在诗句中纷纷描绘了地方早市的情景,如梅尧臣的"晓日鱼虾市,新霜桔柚桥"①,范成大的"晨兴过墟市,喜有鱼虾卖"②,赵蕃的"晨钟离野寺,早市出村墟"③,董嗣杲的"纷纭赴墟者,未晓听钟起"④,陆游的"峒人争趁五更市"⑤,都反映了地方早市的繁荣。

其次,宋代的夜市比早市更为繁盛。例如北宋汴梁,宋太祖赵匡胤于乾德三年(公元965年)下令:"京城夜市至三鼓已来,不得禁止。"⑥此后汴梁夜市就日益兴旺,尤其以州桥夜市与马行街夜市最为繁荣。据《东京梦华录》载:

---

① [清]吴之振编:《宋诗钞》卷八《送马廷评之余姚》,文渊阁四库全书本。
② [宋]范成大:《清逸江》,《宋诗钞》卷六十一,文渊阁四库全书本。
③ [宋]赵蕃:《秋陂道中三首》,《淳熙稿》卷八,文渊阁四库全书本。
④ [宋]董嗣杲:《过林口市》,《庐山集》卷二,文渊阁四库全书本。
⑤ [宋]陆游:《游卧龙寺》,见《剑南诗稿》卷二,文渊阁四库全书本。
⑥ [清]徐松:《宋会要辑稿》食货六七之一,北京:中华书局1957年影印本。

出朱雀门,直至龙津桥。自州桥南去,当街水饭、爊肉、干脯。王楼前獾儿、野狐、肉脯、鸡。梅家鹿家鹅鸭鸡兔肚肺鳝鱼包子、鸡皮、腰肾、鸡碎,每个不过十五文。曹家从食。至朱雀门,旋煎羊、白肠、鲊脯、冻鱼头、姜豉子、抹脏、红丝、批切羊头、辣脚子、姜辣萝卜。夏月麻腐鸡皮、麻饮细粉、素签沙糖、冰雪冷元子、水晶角儿、生淹水木瓜、药木瓜、鸡头穰沙糖、绿豆、甘草冰雪凉水、荔枝膏、广芥瓜儿、咸菜、杏片、梅子姜、莴苣笋、芥辣瓜儿、细料馉饳儿、香糖果子、间道糖荔枝、越梅、刀紫苏膏、金丝党梅、香枨元,皆用梅红匣儿盛贮。冬月盘兔旋炙、猪皮肉、野鸭肉、滴酥水晶脍、煎角子、猪脏之类,直至龙津桥须脑子肉止,谓之杂嚼,直至三更。

——孟元老:《东京梦华录》卷二《州桥夜市》

夜市北州桥又盛百倍,车马阗拥,不可驻足,都人谓之"里头"。

——孟元老:《东京梦华录》卷三《马行街北医铺》

夜市直至三更尽,才五更又复开张。如要闹去处,通晓不绝。寻常四梢远静去处,夜市亦有燂酸豏、猪胰、胡饼、和菜饼、獾儿、野狐肉、果木翘羹、灌肠、香糖果子之类。冬月虽大风雪阴雨,亦有夜市:子姜豉、抹脏、红丝水晶脍、煎肝脏、蛤蜊、螃蟹、胡桃、泽州饧、奇豆、鹅梨、石榴、查子、榅桲、糍糕、团子、盐豉汤之类。至三更方有提瓶卖茶者。盖都人公私荣干,夜深方归也。

——孟元老:《东京梦华录》卷三《马行街铺席》

可见北宋首都汴梁夜市之繁华。甚至有观点认为,北宋汴梁马行街蚊子的灭绝就与夜市的过于繁荣有关,据《铁围山丛谈》①载:

天下苦蚊蚋,都城独马行街无蚊蚋。马行街者,都城之夜市酒楼极繁盛处也。蚊蚋恶油,而马行人物嘈杂,灯火照天,每至四鼓罢,故永绝蚊蚋。上元五夜,马行南北几十里,夹道药肆,盖多国医,咸巨富,声伎非常,烧灯尤壮观。故诗人亦多道马行街灯火。

---

① [宋]蔡绦:《铁围山丛谈》卷四,文渊阁四库全书本。

南宋时,临安夜市的繁华程度也不逊于汴梁。据《梦粱录》载:

> 杭城大街,买卖昼夜不绝,夜交三四鼓,游人始稀;五鼓钟鸣,卖早市者又开店矣。大街关扑,如糖蜜糕、灌藕、时新果子、像生花果、鱼鲜猪羊蹄肉,及细画绢扇、细色纸扇、漏尘扇柄、异色影花扇、销金裙、缎背心、缎小儿、销金帽儿、逍遥巾、四时玩具、沙戏儿。春冬扑卖玉栅小球灯、奇巧玉栅屏风、捧灯球、快行胡女儿沙戏、走马灯、闹蛾儿、玉梅花、元子槌拍、金橘数珠、糖水、鱼龙船儿、梭球、香鼓儿等物。夏秋多扑青纱、黄草帐子、挑金纱、异巧香袋儿、木犀香数珠、梧桐数珠、藏香、细扇、茉莉盛盆儿、带朵茉莉花朵、挑纱荷花、满池娇、背心儿、细巧笼仗、促织笼儿、金桃、陈公梨、炒栗子、诸般果子及四时景物,预行扑卖,以为赏心乐事之需耳。
>
> ……
>
> 其余桥道坊巷,亦有夜市扑卖果子糖等物,亦有卖卦人盘街叫卖,如顶盘担架卖市食,至三更不绝。冬月虽大雨雪,亦有夜市盘卖。至三更后,方有提瓶卖茶。冬间,担架子卖茶,馓子慈茶始过。盖都人公私营干,深夜方归故也。
>
> ——吴自牧:《梦粱录》卷十三《夜市》

根据以上《梦粱录》的描述,南宋临安夜市的繁华程度令人赞叹。正如《宋代城市风情》对南宋临安夜市所做的形象描绘:"临安就是一座不夜的城市。在临安的'夜市'上游巡一遍,从穿的背心,到行走时所用的细巧笼杖;从吃的鲜鱼猪羊蹄肉,到居住用的黄草帐子……奇巧器皿白色物件,应有尽有。除了天空缀满星斗,一切都与临安的白天相同。在那大街上还有不少四处游动装有茶汤的车担。卖茶汤的小贩,其用意是想以此方便奔走累了唇干舌燥的市民,让他们呷一口香茶,饮一碗甜汤,提神爽气,继续去那有'夜场'的勾栏瓦舍游玩。"[①]可以看出,南宋临安存在着繁盛的夜市,吸引了众多市民到夜市消费,包括去当时的夜店——勾栏瓦肆的"夜场"进行娱乐。

最后,据文献记载,北宋汴梁还有所谓的"鬼市"。例如《东京梦华录》载:

---

① 伊永文:《宋代城市风情》,哈尔滨:黑龙江人民出版社1987年版,第54页。

> 潘楼东去十字街,谓之土市子,又谓之竹竿市。又东十字大街,曰从行裹角,茶坊每五更点灯,博易买卖衣服图画花环领抹之类,至晓即散,谓之"鬼市子"。
>
> ——孟元老:《东京梦华录》卷二《潘楼东街巷》

可以看出,汴梁的鬼市一方面开市时段在夜市结束以后到天光见人之前,在时间上起到衔接夜市和早市的作用。不过,当天空蒙蒙亮时,买卖双方就作鸟兽散,从而与夜市和早市有所区别。另一方面,鬼市交易物品以衣物和文化用品为主。鬼市的出现,进一步增加了宋代商品交易的机会,促进了市场的繁荣。

总之,和前代相比,宋代的早市、夜市和鬼市,极大地延长了商品交易的时间,从而有力地促进了宋代商品经济的发展和市场的繁荣。

第二章

宋代文化市场繁荣的具体表现

宋代商品经济的发达,为宋代文化市场的繁荣提供了时代基础。在商品经济发达的时代基础之上,宋代文化市场取得了长足的发展。例如《中国文化通史》在谈及宋代瓦肆业时就指出瓦肆业的繁荣是宋代城市经济繁荣的必然结果:"两宋瓦子勾栏的兴起,代表着一种时代新潮流,即民间文化的兴起,也可以说是市民文化的兴起,这是宋代城市经济繁荣的必然结果。"[1]可以说,由于宋代商品经济的空前繁荣,从而导致了宋代文化市场繁荣的时代特色。例如,北宋汴梁的大相国寺不仅是最大的商品交易市场,而且还是北宋重要的文化市场。据李清照晚年所写《〈金石录〉后序》载,李清照和丈夫赵明诚在汴梁时就经常去大相国寺逛文化市场,所获颇丰。[2] 对大相国寺的文化市场,有论者描述道:"饶有兴味的是,在这盛大的庙市上,工艺品和图书交易也很兴旺。在中庭弥勒殿前,有赵文秀的笔和潘谷的墨,在当时属于名牌产品,而后庭资圣殿前便有书籍、图画和古玩出售,这些商品与香料、药材和各地土产摆在一起,可能是由于都带点特产味道吧!更让人感兴趣的是,据朱弁《曲洧旧闻》卷四的记述,黄庭坚曾在大相国寺的庙市上买到过宋祁的《唐史稿》,可见商业发达带动了学术交流的发展。另外,相国寺后庭两廊间,有诸寺师姑的工艺制品出售,如刺绣品、衣饰花朵、金箔金线制成的图案、黄金装饰花样的幞头帽子,等等。寺庙既然已成百货商场,师姑理所当然也就成了工艺匠师,一切都显得顺理成章。"[3]

---

[1] 郑师渠:《中国文化通史·两宋卷》,北京:北京师范大学出版社2009年版,第393页。
[2] [宋]赵明诚:《金石录》,济南:齐鲁书社2009年版。
[3] 韩经太:《徜徉两端》,郑州:河南人民出版社2000年版,第7页。

可见作为文化市场的大相国寺市场同样繁荣。

再如，北宋汴梁的鬼市也是重要的文化市场。据《东京梦华录》载，鬼市"博易买卖衣服图画花环领抹之类，至晓即散"。① 由这一记述可知汴梁的鬼市所交易物品以衣物和文化用品为主，是重要的文化市场。

又如，宋代存在着繁荣的文物交易市场，当时文人士大夫阶层纷纷加入到文物交易市场这一文化市场中来。据《文化市场概论》介绍："宋代以前的民间文物收藏，基本限于历代的书画和碑帖方面。宋代中叶以后，随着以青铜器、石刻为主要研究对象的金石学研究的兴起，逐渐形成了收藏古器物的社会风气，由此形成了涵盖范围更广的文物市场。当时这类文物统称为'古器物'或'古物'，明代和清初普遍称为'古董'或'骨董'，清乾隆年间改称为'古玩'。古器物包括石器、玉器、陶器、骨角牙器、铜器、铁器、金器、银器、铅锌器、瓷器、漆器、竹木品、纺织品、工艺品等。这些文化遗物，在寻常百姓人家不过是废铜烂铁，在文人雅士眼里却是不可再生、价值连城的宝贵财富。由于它们反映着社会发展、社会生产、社会生活、社会文化等各个方面的情况，因而具有历史见证、艺术鉴赏和科学研究的价值。宋代士大夫阶层中文物收藏家众多，如欧阳修收藏历代金石拓本 1000 多种，并撰《集古录》；赵明诚与其妻李清照收藏商周彝器及汉唐石刻拓本 2000 多种，并撰有《金石录》；米芾收藏历代书画既多又精，并著有《书史》、《画史》二书。"②可以看出，宋代文物交易市场十分发达，体现了宋代文化市场繁荣的时代特色。

不过，由于以下各章均会涉及宋代文化市场相关领域的状况，因此本章仅以宋代的图书市场和民间工艺市场为例来揭示宋代文化市场繁荣的具体表现。

第一节 宋代的图书市场

宋代，图书市场已经初具规模。随着印刷术的推广，宋代全国各地图书市场都十分兴盛。《文化市场概论》指出："宋元时期的书籍，分为官刻本、私刻本

---

① [宋]孟元老：《东京梦华录》卷二《潘楼东街巷》，北京：中国商业出版社 1982 年版。
② 赵玉忠：《文化市场概论》，北京：中国时代经济出版社 2004 年版，第 55 页。

和坊刻本三种,书籍种类包括了当时的各种知识门类,如儒家经典、佛教文献、道教学说、天文、地理、数学、医学、农业、工业、诗词、小说、历史、文集等。随着雕版印刷术的广泛应用和活字印刷术的逐渐推广,民营书坊如雨后春笋般蓬勃发展。各地书商开办的书坊既刻书又卖书。书商开办的书坊有各种名称,如书肆、书铺、书堂、书馆、书籍铺、经籍铺等。杭州、成都、建安(今福建建瓯)成为全国的三大书坊刻书和书籍交易中心。"①可见当时图书市场的繁荣。

宋代图书有官刻、私刻和坊刻三种形式,图书市场也分为官刻图书市场、私刻图书市场和坊刻图书市场,其中占市场主流的是坊刻图书市场。

首先,官刻图书主要通过政府发行,从而保证了官刻图书市场的兴旺。尤其是,国子监作为中央官刻机构的代表和全国的出版管理机构,一方面向国家提供图书,另一方面也采用市场机制向社会售书。据河北版《中华文明史》介绍:"在发展刻书业的同时,宋朝政府建立和完善了自己的各级刻书机构。宋代中央政府的主要刻书机构是国子监。它既是国家教育管理机关和最高学府,也是国家的出版管理机构。其下设的印书钱物所(后更名为书库官)专掌雕印经史群书。国子监出书注重质量,镂版前都经过专门的校勘和整理。其刻书内容除了翻刻五代监本十二经外,又遍刻九经的唐人旧疏和宋人新疏。"②而且,"宋代国子监除校刻经史外,还刻印了许多医书,如《脉经》、《千金要方》、《千金翼方》、《补注本草》等。类书、算书以及文选等也有校刻。宋代凡教育系统,下至各州学、县学和公私书院都有图籍刊行。"③同时,除国子监外,中央官刻机构还有秘书监、崇文院、太史局、校正医书局等机构。其中,秘书监掌管古今经籍图书、国朝实录、天文历算等,太史局的印历所则侧重于刻印天文历算方面的专业书籍。另外,宋代地方政府也刻印发行图书,地方官刻是宋代官刻的有力补充和重要组成部分,据河北版《中华文明史》介绍:"在中央各殿、院、监、司、局刻书风气的带动下,各级地方政府也竞相刻书。宋代各州(府、军)县均有刻书;各路安抚司、转运司、提刑司等也都有刻本传世。就连接待安寓往来官员的公使库,也常设有印书局以刻印书籍。由于地方官刻往往请知名学者担任校勘,因此其

---

① 赵玉忠:《文化市场概论》,北京:中国时代经济出版社2004年版,第54页。
② 宋德金、张希清:《中华文明史》第六卷,石家庄:河北教育出版社1994年版,第601页。
③ 宋德金、张希清:《中华文明史》第六卷,石家庄:河北教育出版社1994年版,第601页。

刻印质量均属上乘。"①在宋代官刻图书市场中,地方官刻也发挥着重要作用。例如南宋建立之初,旧存汴梁国子监的书版已全遭毁弃,南宋政府于是在临安新设的国子监重刻经史。但由于国力有限,在恢复和重建的过程中国子监一方面调集地方官刻书版,一方面也依靠地方政府搜集旧有的监本书籍进行翻刻。可见,地方官刻是官刻图书市场的重要组成部分。总体上看,宋代官刻图书装帧考究,纸墨精良,深受欢迎,不仅广泛流通于国内市场,而且远销海外,甚至高丽王朝也曾多次派遣使节向宋朝政府求购书籍,宋代官刻图书市场呈现出一片繁荣。

其次,相对于前代,私刻在宋代也更为流行,例如临安附近的衢州、婺州等地区的私刻出版业就十分发达,从而出现了一个私刻图书市场。例如《新编四六必用方舆胜览》②所载两浙转运司谍文就称:

> 据祝太傅宅干人吴吉状:本宅见雕郡志名曰《方舆胜览》、《四六宝苑》两书,并系本宅进士私自编辑,数载辛勤,今来雕板所费浩瀚,窃恐书市嗜利之徒辄将上件书版翻开,或改换名目,或以节略舆地纪胜等书为名,翻开攘夺,致本宅徒劳心力,枉费钱本,委实切害。照得雕书合经使台申明,乞行约束,庶绝翻版之患。乞给榜下衢、婺州雕书籍处张挂晓示,如有此色,容本宅陈告,乞追人毁板断治施行。奉台判备榜须至指挥。右令出榜衢、婺州雕书籍去处张挂晓示,各令知悉,如有似此之人,仰经所属陈告追究,毁板施行。故榜。嘉熙二年十二月日榜,衢、婺州雕书籍去片张挂。转运副使曾名押。

该文被学界称为现存最早的保护版权文告。文中提及了盗版风行的严重情况,也从一个侧面反映出当时私刻图书市场的繁荣。

最后,虽然宋代官刻图书市场和私刻图书市场十分繁荣,然而从宋代总体图书市场的状况来看,三种图书市场中,官刻图书市场和私刻图书市场并非宋代图书市场的主流,坊刻图书市场才是宋代图书市场的真正主力。书坊在古代

---

① 宋德金、张希清:《中华文明史》第六卷,石家庄:河北教育出版社1994年版,第601页。
② 日本宫内厅书陵部藏书:《新编四六必用方舆胜览》,见王仲尧:《文化市场与管理》,哈尔滨:黑龙江人民出版社2002年版,第37~38页。

称书肆,后来也称作书林、书堂、书棚、书铺、书籍铺、经籍铺,是卖书兼刻书的店铺和作坊。作为宋代图书市场的主力,宋代坊刻图书市场形成了成熟的运营模式,例如临安睦亲坊陈起父子的书籍铺和建安余氏刻书世家都十分有名。其中直接售书的发行模式十分流行,成为书坊最主要的运营模式。一般来说,宋代书坊往往集编辑、刻印、出版、发行于一体,图书刻印后往往由书坊附属的铺子直接发行销售,构成了一个完整的坊刻图书市场。例如在北宋首都汴梁,市区遍布书坊,尤其在宫城附近及城东北、东南主要街道附近集中了大量书坊,据《东京梦华录》载,相国寺寺东门大街"皆是幞头、腰带、书籍、冠朵铺席,丁家素茶。"①南宋首都临安也是如此,市区遍布书坊,除刻印出售佛经外,还包括经史子集以及俗文、杂书等,例如贾官人经书铺、张官人诸史子文籍铺、太庙前尹家书籍铺等,都是非常有名的批发兼零售书坊,在临安的坊刻图书市场中享有很高的威信。据《张秀民印刷史论文集》统计,南宋临安的书坊多达16家,如"临安府棚北睦亲坊南陈宅书籍铺"、"杭州沈二郎经坊"、"钱塘俞宅书塾"等。有论者评论道:"南宋临安的商业性书铺往往在城中热闹地段。如有名的临安府棚北睦亲坊南陈起父子相继经营'陈宅经籍铺',约自13世纪前半叶起,在不到50年时间里几乎刻遍了唐宋人诗文集和小说,唐人集可能刻了百种以上,宋人集则分编为江湖前、后、续、中兴各集各若干卷,临安城中太庙前的'尹家书经铺'则刻了许多小说和文集。临安睦亲坊内的沈八郎、众安桥南街东的'贾官人书经铺'和棚前南街西经坊的'王念三郎家',则专刻零本佛经出售,其中'贾官人书经铺'刻的《佛国禅师文殊指南图赞》和佛经扉画,'王念三郎家'刻的连环画式《金刚经》,都是当时版画印刷品中的精品。在临安都市文化繁荣背景下,迅速成长和繁荣起来的都市书坊市场,对于时代的文学风尚、文学趣味甚至文学发展趋向,都渐渐通过出版和传播特定范围和扩展新的出版作品范围,而开始施展自己的影响。"②可见当时书坊直接售书这一发行模式的流行和坊刻图书市场的繁荣。宋代坊刻图书市场的发展状况在宋代诗歌中也时有反映,例如陈藻《赠许秀才》就记载了一个集编刻售于一体的书坊世家:

---

① [宋]孟元老:《东京梦华录》卷三《寺东门街巷》,北京:中国商业出版社1982年版。
② 刘方:《宋代两京都市文化与文学生产》,上海师范大学博士论文,2008年,第213页。

祖工俪句集刊行,业贩儒书乃父能。

莫耻向人佣作字,世禅文教后须兴。

这首诗对徐秀才家这一书坊世家给予了高度称赞,鼓励其为社会文化事业的发展做出贡献,也可以看出当时坊刻图书市场的发达。

宋代坊刻图书市场形成了成熟的运营模式。具体来说,经营方式方面,书坊经营灵活,书籍可借可赊。例如南宋著名的书商陈起,在临安睦亲坊棚北大街开设了书坊,名为"芸居楼"或"万人楼"。他身边聚集了一大批江湖诗人,主编了《江湖集》。他的书坊集编书、印书、卖书于一身,主要刊刻出售诗集,而且经营形式灵活,办理书籍的借阅和赊欠业务,被称为"成卷好诗人借看"[1],"赊书不问金"[2]。当时许多诗人都写诗称赞他,例如下面的几首:

陈侯生长纷华地,却以芸香自沐熏。

炼句岂非林处士,鬻书莫是穆参军。

——刘克庄:《赠陈起》

官河深水绿悠悠,门外梧桐数叶秋。

中有武林陈学士,吟诗消遣一生愁。

——叶绍翁:《赠陈宗之》

十载京尘染布衣,西湖烟雨与心违。

随车尚有书千卷,拟向君家卖却归。

——叶绍翁:《赠陈宗之》

六月长安热似焚,廛中清趣总输君。

买书人散桐阴晚,卧看风行水上文。

——许棐:《赠陈宗之》

品牌战略方面,从现存这些书坊的图书来看,书坊大都明确标示了品牌,有意识地运用品牌战略。一般来说,在市场上,品牌是一种名称、术语、标记、符号或设计,或是它们的组合运用。通过品牌,可以使消费者辨明其是某个销售者或某些销售者的产品和服务,并同竞争对手的产品和服务相区别。对一个书坊

---

[1] [宋]陈起:《前贤小集拾遗》卷三《赠陈宗之》(杜耒)。
[2] [宋]陈起:《前贤小集拾遗》卷四《秋怀寄陈宗之》(黄简)。

而言,品牌对其生存发展有着重大的意义。第一,品牌是书坊的无形资产。在图书市场竞争激烈的情况下,不同书坊的图书种类、图书质量、销售服务的差异日益缩小,品牌已成为消费者选择图书时决策的主要依据。图书市场的竞争在某种意义上就是品牌竞争,品牌的竞争力是书坊利润的主要源泉。第二,品牌有助于树立良好的书坊形象,从而极大地、稳定地扩大图书的销售。第三,品牌作为图书质量和书坊信誉的代表,可以起到良好的广告宣传作用。在一千年前,宋代的书坊已经有意识地运用品牌策略,为抢占图书市场提供支撑,例如尹家书坊所出书均记有"临安府经籍铺尹家刊行"字样,反映了其具有鲜明的品牌意识。同时,也因为品牌策略的运用得当,各地书商和读者往往蜂拥于这些书坊附属的书铺。尤其是临安城北丰乐桥至棚桥一带书铺林立,是当时最大的专业图书市场,品牌效应吸引了各地大批书商前来贩运书籍。除此之外,宋代地方上的书坊同样注重品牌建设,例如南宋时的建阳图书品牌,朱熹就评论道:"建阳版本书籍,行四方者,无远不至。"①河北版《中华文明史》也评论建阳本、麻沙本等图书品牌道:"至宋代,书坊的规模更加兴旺发达,其地域遍布全国,而以开封、杭州、建阳和麻沙等地的坊肆最为集中和有名。这些肆主以刻印书籍为职业,以图书流通为手段,以营利为目的。他们拥有写工、刻工、印工等劳动生产组织,也具备雕版、印刷、装订等生产手段,他们有的专事刻印鬻卖,有的本人就是藏书家或编辑,能够集编辑、出版、发行于一坊一肆。这使坊刻之书具有名目新,刻印快,行销广等特点。肆主为吸引读者,还常常在版刻形式上刻意翻新,如经与注疏合刊、加书耳以及上图下文等,都属坊间的艺术创新。"②可见,当时的书坊具有比较明确的品牌战略,为抢占图书市场通过一系列手段来打响自身的品牌。

市场定位方面,为了在激烈的市场竞争中生存,书坊自觉以市场为导向。例如为降低出版发行成本、使图书便于携带运输,书坊尽量挤紧版式、压缩册数,并创造出一种适宜于密排的粗细线分明的瘦长字体。再如,为了满足市场需求,书坊紧密围绕大众审美趣味,出版发行了大量医卜星相图书和日用百科类图书,例如《家居必用》、《事林广记》等。这些都显示了宋代书坊具有以市场

---

① [宋]朱熹:《晦庵集》卷七十八,文渊阁四库全书本。
② 宋德金、张希清:《中华文明史》第六卷,石家庄:河北教育出版社1994年版,第601~602页。

为导向的明确的定位。

宣传营销方面,除了传统的宣传营销手段,书坊还往往通过附在书中的刊记来进行市场宣传。例如阮仲猷种德堂本《春秋经传集解》①刊记:

> 谨依监本写作大字附以释文,三复校正刊行,如履通衢,了亡室碍处,诚可嘉矣。兼列图表于卷首,迹夫唐虞三代之本末源流,虽千岁之久豁然如一日矣,其明经之指南欤。以是衍传愿垂清鉴。淳熙柔兆君滩中夏初吉,闽山阮仲猷种德堂刊。

但仔细检查这本书,却可以发现讹误极多,甚至连刊记本身的"了亡窒碍处"之"窒"也误作"室",但即使这样,这篇刊记仍说是三复校正刊行,并自夸"其明经之指南欤"。可以说,这篇刊记实际上就是一则商业性广告,甚至还对消费者进行了虚假宣传,但这也从一个侧面反映出宋代书坊业宣传营销理念的灵活与成熟。

同时,流动售书模式也在宋代大量出现。除了官刻图书市场、私刻图书市场以及坊刻图书市场中常见的店铺售书模式,宋代还大量出现了流动售书模式,成为宋代图书市场的有益补充。在宋代,许多流动书商通过肩挑等方式,穿梭于城市乡村之间,沿途叫卖或长途贩运,更为直接地促使了图书的流通,成为宋代图书市场繁荣的有益补充。例如南宋藏书家陈振孙就曾在路旁旧书摊重金购得五代刻本的《九经字样》②,显示了流动售书模式的价值和作用。

另外,图书销售也是宋代集市贸易的重要组成部分。在宋代集市贸易中,大多有图书销售,例如据《东京梦华录》载,大相国寺庙会"每月五次开放万姓交易……殿后资圣门前,皆书籍、玩好、图画及诸路罢任官员土物香药之类"③。可以看出,大相国寺不但是当时最著名的市场,也是当时最著名的图书集散地。再如南宋时,会稽是浙东繁华的中心城市,每年定期举行大型的商品交易集会,其中就有图书销售。据《会稽志》载:"岁正月几望,为灯市,傍十数郡及海外商估皆集,玉帛、珠犀、名香、珍药、织绣、髹藤之器,山积云委,眩耀人目;法书、名

---

① [晋]杜预:《春秋经传集解》种德堂本,见[清]叶德辉《书林清话》卷六。
② 谢彦卯:《宋代图书市场初探》,《河南图书馆学刊》2003年第4期,第79页。
③ [宋]孟元老:《东京梦华录》卷三《相国寺内万姓交易》,北京:中国商业出版社1982年版。

画、钟鼎、彝器、玩好、奇物亦间出焉。士大夫以为可配成都药市。"①可以看出，会稽的市场上存在着图书销售，图书销售是集市贸易的组成部分。

第二节　宋代的工艺品市场

随着宋代商品经济的发展和商品意识在社会方方面面的滋生和蔓延，宋代文化市场中的工艺品市场也异常活跃。据《东京梦华录》卷二《东角楼街巷》载，北宋汴梁已有规模很大的工艺品市场，例如潘楼街：

> 东去乃潘楼街，街南曰"鹰店"，只下贩鹰鹘客，余皆真珠匹帛香药铺席。南通一巷，谓之"界身"，并是金银彩帛交易之所，屋宇雄壮，门面广阔，望之森然，每一交易，动即千万，骇人闻见。以东街北曰潘楼酒店，其下每日自五更市合，买卖衣物书画珍玩犀玉。至平明，羊头、肚肺、赤白腰子、奶房、肚胘、鹑兔、鸠鸽、野味、螃蟹、蛤蜊之类讫，方有诸手作人上市买卖另碎作料。饭后饮食上市，如酥蜜食、刺䴵、䭔砂团子、香糖果子、蜜煎雕花之类。向晚卖河娄头面、冠梳领抹、珍玩动使之类。东去则徐家瓠羹店。街南桑家瓦子，近北则中瓦，次里瓦。其中大小勾栏五十余座。内中瓦子、莲花棚、牡丹棚、里瓦子、夜叉棚、象棚最大，可容数千人。自丁先现、王团子、张七圣辈，后来可有人于此作场。瓦中多有货药、卖卦、喝故衣、探搏、饮食、剃剪、纸画、令曲之类。终日居此，不觉抵暮。

可见潘楼街白天是"小吃一条街"，每天一早一晚则做"珍玩"生意，成为繁荣的工艺品市场。不过，在北宋汴梁，还是大相国寺的工艺品市场最为著名，"都城相国寺最据冲会，每月朔望、三八日即开，伎巧百工列肆，罔有不集；四方珍异之物，悉萃其间。"②《东京梦华录》卷三《相国寺内万姓交易》对大相国寺的工艺品市场更有着详细的记载：

---

① [宋]施宿等：《会稽志》卷七《府城》，文渊阁四库全书本。
② [宋]王得臣：《麈史》卷三《谐谑》，文渊阁四库全书本。

相国寺每月五次开放万姓交易,大三门上皆是飞禽猫犬之类,珍禽奇兽,无所不有。第二、三门皆动用什物,诞中设彩幕露屋义铺,卖蒲合、簟席、屏帏、洗漱、鞍辔、弓剑、时果、腊脯之类。近佛殿,孟家道院王道人蜜煎,赵文秀笔,及潘谷墨,占定两廊,皆诸寺师姑卖绣作、领抹、花朵、珠翠头面、生色销金花样幞头帽子、特髻冠子、绦线之类。

南宋工艺品市场也相当发达,据《都城纪胜》载,临安城中"自大内和宁门外,新路南北,早间珠玉珍异及花果时新海鲜野味奇器天下所无者,悉集于此"①,其中的"珠玉"、"珍异"、"奇器"等指的就是指工艺品市场,有些甚至形成了专业工艺品市场,例如"花行",其"所聚花朵,冠梳,钗环,领抹,极其工巧,古所无也"②。可见当时工艺品市场上商品的丰富和品质的上乘。尤其值得注意的是,南宋临安"其夜市除大内前外,诸处亦然,惟中瓦前最胜,扑卖奇巧器皿百色对象,与日间无异"③。由此可知"扑卖奇巧器皿百色对象"的工艺品市场已经扩展到了夜市。《西湖老人繁胜录》也记载南宋临安"诸行市"中有"象牙玳瑁市"、"金银市、珍珠市"、"银朱彩色行"、"纸扇行"等工艺品市场。其中,扇市中扇子的品种很多,而且许多具有书画内涵,例如图扇、细画绢扇、山水扇、梅竹扇面儿④、花巧画扇⑤等。据《西湖老人繁胜录》介绍,"京都有四百十四行",其中"银朱印色"、"琉璃泛子"、"象牙梳"、"扫金银"、"造翠纸"、"笔砚匣"、"钻真珠"、"解玉板"、"碾玉槁"、"扇牌儿"、"锦胭脂"、"葫芦笛"、"纸画儿"等"行"都属工艺品市场,⑥南宋临安工艺品市场的兴盛由此可见一斑。另外,随着临安工艺品市场发达的影响,附近地区亦出现了一些重要的工艺品市场,例如越州(今宁波)的开元寺庙会,凡集市之日"傍数十郡及海外商贾皆集",集市中商品品种极多,包括许多工艺品,尤其书画作品"亦间出焉"。⑦

值得注意的是,随着宋代工艺品市场的繁荣,尤其是剪纸、灯彩、刺绣、泥

---

① [宋]耐得翁:《都城纪胜·市井》,北京:中国商业出版社1982年版。
② [宋]耐得翁:《都城纪胜·诸行》,北京:中国商业出版社1982年版。
③ [宋]耐得翁:《都城纪胜·市井》,北京:中国商业出版社1982年版。
④ [宋]吴自牧:《梦粱录》卷十三《夜市》,北京:中国商业出版社1982年版。
⑤ [宋]孟元老:《东京梦华录》卷八《端午》,北京:中国商业出版社1982年版。
⑥ [宋]西湖老人:《西湖老人繁胜录·诸行市》,北京:中国商业出版社1982年版。
⑦ [宋]沈作宾等:《嘉泰会稽志》卷七,见《宋元方志丛刊》,北京:中华书局1990年版。

塑、面塑、瓷器等逐渐形成了专业的工艺品市场。首先是剪纸。剪纸,又称剪花、窗花和刻纸,是我国源远流长的民间工艺,被誉为"窗户上的艺术"。民俗上有时将剪纸作为礼品的点缀,有时将剪纸贴在窗上,有时将剪纸装饰灯彩,有时则剪成所谓"龙虎"之类的图形。而宋代,剪纸形成了专业的工艺品市场,出现了以剪纸为职业的艺人,剪纸也逐渐从民间家庭自剪、自玩的手工艺品演变为在花市、灯市上出售的工艺商品。据南宋周密的《志雅堂杂钞》①载:"旧都天街,有剪诸色花样者,极精妙。又中原有余承志者,每剪诸家书字,毕专门。其后有少年能于衣袖中剪字及花朵之类,极精工。"可见当时剪纸市场的繁荣。

第二是花灯。花灯又称灯彩、彩灯,是用竹木、绞绢、明球、玉佩、丝穗、羽毛、贝壳等材料,经彩扎、裱糊、编结、刺绣、雕刻,再配以剪纸、书画、诗词等装饰制作而成,是我国独特的民间艺术,同时也是实用性与装饰性兼具的工艺品。按民俗,花灯象征着喜庆、吉祥,因此在我国民间每逢节日或婚寿喜庆之时,往往都要张灯结彩,以烘托喜庆气氛。尤其是每年农历正月十五元宵节自古都是展览、观赏花灯的盛大节日,被称为"灯节"②。同时,花灯在宋代也形成了专业的工艺品市场,出现了专门以此为生的职业艺人。

第三是刺绣。刺绣,又名"针绣"、"绣花"。以绣针引彩线(丝、绒、线),按设计的花样,在织物(丝绸、布帛)上刺缀运针,以绣迹构成纹样或文字,是我国优秀的民间传统工艺之一。宋代时,刺绣形成了专业的工艺品市场。一方面,宋朝政府除设立文绣院外,还设立了绣画专科,专门从事依样绣制各类绘画艺术品的工作,分为山水、楼阁、人物、花卉、翎毛等各科,形成了官方的刺绣业。另一方面,民间大街小巷到处遍布着绣坊。据《东京梦华录》载,宋代大相国寺附近就开设有专业的刺绣市场——绣巷:"寺东门大街,皆是幞头、腰带、书籍、冠朵铺席,丁家素茶。寺南即录事项妓馆。绣巷皆师姑绣作居住。"③可见,宋代刺绣业十分繁荣,形成了专业的工艺品市场,甚至存在着众多师姑绣作居住的"绣巷"。

第四是泥塑。泥塑是我国一种古老常见的民间艺术,它以泥土为原料,以手工捏制成形。宋代,泥塑同样形成了专业的工艺品市场,出现了专门以制作

---

① [宋]周密:《志雅堂杂钞》,见《笔记小说大观》第四辑,扬州:江苏广陵古籍刻印社 1983 年版。
② 元宵节的英文翻译是 Lantern Festival,也即"灯节"。
③ [宋]孟元老:《东京梦华录》卷三《寺东门街巷》,北京:中国商业出版社 1982 年版。

泥塑为业的民间艺人,街巷中也出现了专售泥塑的货摊和货担。北宋时,东京著名的泥玩具"磨喝乐",一般在七月七日前后出售,不仅平民百姓买回去"乞巧",社会上层也纷纷在七夕期间买回去供奉玩耍。据《东京梦华录》记载:"七月七夕,潘楼街东宋门外瓦子、州西梁门外瓦子、北门外、南朱雀门外街及马行街内,皆卖磨喝乐,乃小塑土偶耳。悉以雕木彩装栏座,或用红纱碧笼,或饰以金珠牙翠,有一对直数千者。禁中及贵家与士庶为时物追陪。"①可见当时泥塑业的发达。

第五是面塑。面塑在我国也有着悠久的历史,宋代清明节制作面塑成为了一项习俗。据《东京梦华录》载:"清明节,寻常京师以冬至后一百五日为大。寒食前一日谓之'炊熟',用面造枣锢飞燕,柳条串之,插于门楣,谓之'子推燕'。"②同时,与泥塑一样,宋代面塑也逐渐形成了专业的工艺品市场,出现了专门以制作面塑为业的民间艺人。每当逢年过节,这些宋代面塑艺人就会到集市上、庙会上出售面塑,或者走街串巷叫卖以销售挣钱。

最后是瓷器。宋代号称"瓷的时代",当时瓷器业蓬勃发展,瓷窑遍布各地,并且远销亚非拉。据赵汝适《诸番志》载,宋代从中国直接进口瓷器的国家和地区达十五个之多③,而转口到达的国家和地区则应远过此数。而且宋朝政府也在东南沿海的广州、明州、杭州、泉州等口岸城市设立了市舶司,以增加税收。同时,宋代形成了北方烧制白瓷的定窑系、烧制青瓷的耀州窑系、烧制钧釉瓷器的钧窑系、烧制白釉黑花器的磁州窑系、南方龙泉窑青瓷系、景德镇青白瓷系等六大瓷窑体系,市场进一步扩大,销售更加繁荣。

综上所述,从宋代图书市场和民间工艺市场就可看出,宋代商品经济的发达为宋代文化市场的繁荣提供了历史基础,而随着宋代商品经济的空前繁荣,宋代文化市场呈现出了欣欣向荣的时代风貌。同时,文化市场的繁荣对宋代文学审美俗趣的凸显产生了关键性的影响,是宋代文学审美俗趣凸显的直接原因。以下各章将具体分析宋代文化市场对文学审美俗趣的影响,并对文化市场影响下的文学审美俗趣现象初步进行系统梳理。

---

① [宋]孟元老:《东京梦华录》卷八《七夕》,北京:中国商业出版社1982年版。
② [宋]孟元老:《东京梦华录》卷七《清明节》,北京:中国商业出版社1982年版。
③ [宋]赵汝适著、杨博文校释:《诸蕃志校释》,北京:中华书局2000年版。

第三章

宋代娱乐业与商品词的审美俗趣

第一节 关于宋代娱乐业

在宋代,词的审美趣味与整个娱乐业都有着紧密的联系。而我国古代社会早期的各种娱乐活动,主要不是通过市场来开展的。正如有观点认为:"古代社会早期的各种文化与娱乐活动,通常主要是作为特权享受,而不是通过市场来扩展的,一般不发生交易行为。"[①]因而形不成娱乐业。中晚唐以后,娱乐作为一种消费服务,开始在市场上出现。到了宋代,以谋生和营利为目的的商业性文化娱乐活动已相当普遍,娱乐业发育趋于成熟。宋代娱乐业的发达,主要表现在各种商业性服务业、消费业和文艺演出业的繁荣。例如宋代茶馆、酒肆、妓院和勾栏瓦肆等商业性娱乐场所不仅数量多,而且分布范围很广,并带动了相关行业的繁荣。这种以营利为目的的娱乐业的确立和成熟与宋代的历史背景有着密切关系。

一方面,城市经济的持续繁荣为娱乐业的发达提供了时代基础。娱乐业的发展主要依托城市经济的繁荣,而宋代和以往的朝代相比,城市经济取得了长足进步。首先,城市数量成倍增加。当时,府、州级的大中城市约有 350 个以上,是唐代的两倍。其次,城市规模进一步扩大。在宋代,人口在 50 万以上的

[①] 龙登高:《南宋临安的娱乐市场》,《历史研究》2002 年第 5 期,第 29 页。

城市约有 40 个左右,北宋首都汴梁和南宋首都临安,人口甚至多达百万。而且根据考证,其城镇总人口约有数百万户、千万人以上,超过当时总人口 10%。在南方经济发达地区,城镇人口占的比例超过 20%。① 最后,宋代城市在格局上打破了传统的坊市界限,时间上也突破了前代的限制。街市上民居与店铺杂处,店铺遍及内城外城,甚至出现了早市、夜市和鬼市,商品交易的时间延长。

另一方面,政治的长期稳定为娱乐业的发达提供了环境基础。经历了五代十国封建割据的动乱时期,宋朝建立了统一的中央集权帝国。尽管也受到多次内乱外扰,但其生产力空前发展,社会生产关系相对稳定,呈现出长期相对稳定的社会局势,从而既维护了统治阶级的既得利益,客观上也促进了社会经济的快速发展,为宋代娱乐业的快速发展提供了有利的社会环境。

按类型来分,宋代娱乐业主要表现为以瓦肆为代表的专业演出业、以节庆庙会为代表的集市娱乐业、以茶馆酒肆妓院为代表的日常娱乐业三种具体类型。

首先,是以瓦肆为代表的专业演出业。在宋代,随着市民阶层的兴起和文化娱乐需求的日益增长,城市中的专业演出市场便应运而生,容纳了大量民间职业艺人,形成了瓦肆,又称瓦市、瓦舍、瓦子、瓦。瓦肆中具体的戏院、看场、表演大棚则称作勾栏,又称勾阑、构栏。《中国文化史》称:"两宋 300 余年,大部分时期是安定的,经济日趋繁荣。与此相应的是'瓦舍'的大量出现,这种群众性娱乐场所荟萃着各种民间艺术形式,给市民的业余生活带来了欢乐。"②

北宋时期,瓦肆以首都汴梁为代表,据孟元老《东京梦华录》卷二《东角楼街巷》载,北宋首都汴梁"街南桑家瓦子,近北则中瓦、次里瓦。其中大小勾栏五十余座。内中瓦子莲花棚、牡丹棚,里瓦子夜叉棚、象棚最大,可容数千人"。《东京梦华录》卷五《京瓦伎艺》则记载了瓦肆的热闹:"不以风雨寒暑,诸棚看人,日日如是。"③南宋时期,瓦肆以首都临安为代表。周密《武林旧事》卷六《瓦子勾栏》称当时临安有瓦肆 23 处,其中"北瓦内勾栏十三座最盛",④详情见下表:

---

① 鲁亦冬:《中国宋辽金夏经济史》,北京:人民出版社 1994 年版。
② 张维青、高毅清:《中国文化史》第三册,济南:山东人民出版社 2002 年版,第 280 页。
③ [宋]孟元老:《东京梦华录》,北京:中国商业出版社 1982 年版。
④ [宋]周密:《武林旧事》,北京:中华书局 1982 年版。

区域	瓦肆名称	瓦肆地址
城内瓦子	南瓦	清冷桥、熙春楼下
	中瓦	三元楼前,属市南坊
	大瓦	三桥街,又名上瓦,属市西坊
	北瓦	众安桥南羊棚楼前,又名下瓦
	东瓦	蒲桥东,又名蒲桥瓦
郊外瓦子	菜市瓦	东青门外菜市桥侧
	苍桥门瓦	崇新门外章家桥南
	新门瓦	新开门外南,旧名四通馆瓦
	小堰门瓦	保安门外,小堰门前
	候潮门瓦	候潮门外北首
	便门瓦	便门外北
	钱湖门瓦	钱湖门外省马院前
	赤山瓦	赤山埠后军寨前
	行春桥瓦	灵隐天竺路行春桥侧
	北郭瓦	北郭税务司前,又名大通瓦
	米市桥瓦	米市桥下
	旧瓦	石牌头北麻线巷内
	嘉会门瓦	嘉会门外
	北关门瓦	北关门侧,又名新瓦
	艮山门瓦	艮山门外
	羊坊桥瓦	羊坊桥侧
	王家桥瓦	王家桥侧
	龙山瓦	龙山下

《西湖老人繁胜录》也提到临安著名瓦肆有清冷桥畔的南瓦、三元楼的中瓦、众安桥的北瓦、三桥街的大瓦等。其中北瓦最大,内有勾栏十三座。[①] 同时,瓦肆也带动了相关服务行业的发展,在瓦肆中进行娱乐的消费者能随时获得饮食等相关服务。据耐得翁《都城纪胜》记载,"都下市肆,名家驰誉者"大多就位

---

① [宋]西湖老人:《西湖老人繁胜录》,北京:中国商业出版社1982年版。

于城内五大瓦子附近。①而瓦肆里面也设有各种店铺和娱乐场所,五花八门,一应俱全,据《东京梦华录》载,"瓦中多有货药、卖卦、喝故衣、探搏、饮食、剃剪、纸画、令曲之类。终日居此,不觉抵暮。"②甚至瓦肆也是军队时常光顾的娱乐场所,《梦粱录》就称"城内外创立瓦舍,招集伎乐,以为军卒暇日娱戏之地"③。南宋临安的二十来处瓦肆的附近,几乎全部演变成商业繁华街市或商道要冲,显示了其对相关服务行业的巨大带动性。总之,以瓦肆为代表的专业演出业的出现是宋代娱乐业的最大特点,也是其繁荣兴盛的重要标志。

其次,是以节庆庙会为代表的集市娱乐业。宋代,随着商品经济的渗透,节庆庙会活动中存在着大量商业性娱乐活动,从而形成了集市娱乐业。节庆方面,以元宵节为例,据《东京梦华录》卷六《元宵》载,北宋元宵节具有丰富多彩的商业性娱乐活动:

> 正月十五日元宵,大内前自岁前冬至后,开封府绞缚山棚,立木正对宣德楼,游人已集御街两廊下。奇术异能,歌舞百戏,鳞鳞相切,乐声嘈杂十馀里,击丸蹴踘,踏索上竿。赵野人,倒吃冷淘。张九哥,吞铁剑。李外宁,药法傀儡。小健儿,吐五色水、旋烧泥丸子。大特落,灰药。榾柮儿,杂剧。温大头、小曹,嵇琴。党千,箫管。孙四,烧炼药方。王十二,作剧术。邹遇、田地广,杂扮。苏十、孟宣,筑球。尹常卖,《五代史》。刘百禽,虫蚁。杨文秀,鼓笛。更有猴呈百戏,鱼跳刀门,使唤蜂蝶,追呼蝼蚁。其馀卖药、卖卦,沙书地谜,奇巧百端,日新耳目。

另外,宋代庙会也有大量的商业性娱乐表演,如二月八日霍山行宫朝拜,三月三日殿司真武会,三月二十八日东岳生辰社会等,都是"百戏竞集"。

最后,是以茶馆酒肆妓院为代表的日常娱乐业。随着宋代娱乐业的繁荣,宋代城镇中设立的茶馆、酒肆和妓院极为普遍,正如《东京梦华录·自序》称:"举目则青楼画阁,绣户珠帘,雕车竞驻于天街,宝马争驰于御路,金翠耀目,罗

---

① [宋]耐得翁:《都城纪胜·诸行》,北京:中国商业出版社1982年版。
② [宋]孟元老:《东京梦华录》卷二《东角楼街巷》,北京:中国商业出版社1982年版。
③ [宋]吴自牧:《梦粱录》,北京:中国商业出版社1982年版。

绮飘香。新声巧笔于柳陌花衢,按管调弦于茶坊酒肆。"①

第一,宋代茶馆十分兴盛。唐代时,江南一带寺院就有"茶寮",官署和驿舍则有"茶室"。据《封氏闻见记》载,唐玄宗开元年间"自邹、齐、沧、棣、渐至京邑,城市多开店铺煎茶卖之,不问道俗投钱取饮。"②而宋代人口倍增,商业繁华,市民对多功能大众休闲活动场所的需求愈发强烈。在这种形势下,茶馆业更为兴盛。据《东京梦华录》载,北宋时,在汴梁闹市和居民区遍布茶坊,如朱雀门外"以南东西两教坊,余皆居民或茶坊"③。为了在激烈的市场竞争中赢得茶客,很多茶馆在售卖茶水的同时进行一些商业性娱乐活动,其中较为普遍的是伴乐唱词,即《东京梦华录》中所称的"按管调弦于茶坊酒肆"。《梦粱录》则专门指出南宋临安城内有五处允许妓女陪客喝茶、"朝歌暮弦,摇荡心目"的"花茶坊",并称"此五处多有吵闹,非君子驻足之地也"④。也可见当时茶馆娱乐业的兴盛。而且,据《梦粱录》载,南宋临安的茶馆已不是早期简陋的茶水铺,而是富丽堂皇的高档会所。茶馆内布置考究,挂画插花、摆放盆景以吸引顾客。同时茶馆往往和瓦肆相连,有的艺人就常来茶馆表演,通过奏乐唱词供茶客欣赏:

> 汴京熟食店,张挂名画,所以勾引观者,留连食客。今杭城茶肆亦如之,插四时花,挂名人画,装点店面。四时卖奇茶异汤,冬月添卖七宝擂茶、馓子、葱茶,或卖盐豉汤,暑天添卖雪泡梅花酒,或缩脾饮暑药之属。向绍兴年间,卖梅花酒之肆,以鼓乐吹《梅花引》曲破卖之,用银盂杓盏子,亦如酒肆论一角二角。今之茶肆,列花架,安顿奇松异桧等物于其上,装饰店面,敲打响盏歌卖,止用瓷盏漆托供卖,则无银盂物也。夜市于大街有车担设浮铺,点茶汤以便游观之人。大凡茶楼多有富室子弟、诸司下直等人会聚,习学乐器、上教曲赚之类,谓之"挂牌儿"。人情茶肆,本非以点茶汤为业,但将此为由,多觅茶金耳。又有茶肆专是五奴打聚处,亦有诸行借工卖伎人会聚行老,谓之"市头"。

---

① [宋]孟元老:《东京梦华录·自序》,北京:中国商业出版社1982年版。
② [唐]封演:《封氏闻见记》卷六《饮茶》,见赵贞信:《封氏闻见记校注》,北京:中华书局1958年版。
③ [宋]孟元老:《东京梦华录》卷二《朱雀门外街巷》,北京:中国商业出版社1982年版。
④ [宋]吴自牧:《梦粱录》卷十六《茶肆》,北京:中国商业出版社1982年版。

大街有三五家开茶肆,楼上专安着妓女,名曰"花茶坊",如市西坊南潘节干、俞七郎茶坊,保佑坊北朱骷髅茶坊,太平坊郭四郎茶坊,太平坊北首张七相干茶坊,盖此五处多有炒闹,非君子驻足之地也。更有张卖面店隔壁黄尖嘴蹴球茶坊,又中瓦内王妈妈家茶肆名一窟鬼茶坊,大街车儿茶肆、蒋检阅茶肆,皆士大夫期朋约友会聚之处。巷陌街坊,自有提茶瓶沿门点茶,或朔望日,如遇吉凶二事,点送邻里茶水,倩其往来传语。又有一等街司衙兵百司人,以茶水点送门面铺席,乞觅钱物,谓之"龊茶"。僧道头陀欲行题注,先以茶水沿门点送,以为进身之阶。

——吴自牧:《梦粱录》卷十六《茶肆》

由上文可以看出,南宋临安的茶馆十分兴盛,而且装修豪华,大多具备大众休闲活动场所的功能。例如上文提及的王妈妈家茶肆"一窟鬼茶坊",即是设在中瓦中的茶肆。"一窟鬼"指"西山一窟鬼",是宋代著名民间故事,这家王妈妈家茶肆之所以名为"一窟鬼茶坊",应该是因为其以演唱或上演此故事出名的缘故。

第二,宋代酿酒业发展迅速,各类酒肆遍布全国各地。据孟元老的《东京梦华录》记载,当时北宋汴梁拥有"正店",即大酒店72个,其余中小酒店"不能遍数",而且几乎都兼营商业性娱乐活动:

凡京师酒店,门首皆缚彩楼欢门,唯任店入其门,一直主廊约百馀步,南北天井两廊皆小子,向晚灯烛荧煌,上下相照,浓妆妓女数百,聚于主廊槏面上,以待酒客呼唤,望之宛若神仙。

——孟元老:《东京梦华录》卷二《酒楼》

又有下等妓女,不呼自来,筵前歌唱,临时以些小钱物赠之而去,谓之"札客",亦谓之"打酒坐"。

——孟元老:《东京梦华录》卷二《饮食果子》

南宋酒肆继承了北宋酒肆兼营商业娱乐活动的传统,而且更为丰富,不仅有歌姬歌唱,而且有乐器独奏、合奏以及杂剧表演等。《武林旧事》列举了当时著名的"熙春楼"、"三元楼"等十八所酒楼之名称,并说"每处各有私名妓数十辈,皆时妆袪服,巧笑争妍。……又有吹箫、弹阮、息气、锣板、歌唱、散耍等人,谓之'赶趁'。……歌管欢笑之声,每夕达旦,往往与朝天车马相接。虽风雨暑雪,不少减也。"①

第三,宋代妓院也十分发达,分布在大街小巷。据孟元老《东京梦华录》记载,北宋汴梁有数十家妓院,如曲院街,"向西去皆妓馆舍,都人谓之院街"②;朱雀门外,"东去大街、麦秸巷、状元楼,馀皆妓馆,至保康门街"③;旧曹门外之南北斜街,"两街有妓馆"④。南宋临安也是妓院云集,据《武林旧事》载:"平康诸坊,如上下抱剑营、漆器墙、沙皮巷、清河坊、融和坊、新街、太平坊、巾子巷、狮子巷、后市街、荐桥,皆群花所聚之地。"⑤同时,宋代的妓院并非单纯的性交易,大都有文艺表演活动,唱词就是其中重要的项目,具有一定的文化属性。

第二节 关于宋代商品词

宋词是词艺术的发展高峰。袁行霈先生主编的《中国文学史》指出"作为有宋一代文学之胜的是宋词。在词史上,宋词占有无与伦比的巅峰地位。"⑥郭预衡先生主编的《中国古代文学史》也指出:"词产生于唐,而大盛于宋,作品如云,名家辈出,派别繁昌,风格各异。"《中国词史》更是高度评价道:"辉煌的宋词,是词国的最高峰。"⑦关于宋词的发展状况,《中国文化史》指出:"北宋开国以后经过休养生息,出现了所谓'百年无事'的相对安定局面。经济的发展促进了城市的兴盛,国家标榜文治政策也使文化生活日益丰富。当时的皇室、贵族、官僚、文人,在富贵享乐中倾心于酣歌醉舞;市民阶层的娱乐要求,也随生活水平

---

① [宋]周密:《武林旧事》卷六《酒楼》,北京:中华书局1982年版。
② [宋]孟元老:《东京梦华录》卷二《御街》,北京:中国商业出版社1982年版。
③ [宋]孟元老:《东京梦华录》卷二《朱雀门外街巷》,北京:中国商业出版社1982年版。
④ [宋]孟元老:《东京梦华录》卷二《潘楼东街巷》,北京:中国商业出版社1982年版。
⑤ [宋]周密:《武林旧事》卷六《歌馆》,北京:中华书局1982年版。
⑥ 袁行霈主编:《中国文学史》第三卷,北京:高等教育出版社2003年版,第18页。
⑦ 许宗元:《中国词史》,合肥:黄山书社1990年版,第68页。

的提高日益增强。于是作为合乐歌唱的词,这本是'艳科'、'小道'的文艺形式,以其既具诗歌的艺术性又具音乐的品位性迅速勃兴起来。上至达官贵人的盛典宴会,下到市井民间的娱宾遣兴,皆以词为风雅,词成为赏心乐事的好手段。"①《中国文学史》也指出:"繁华的都市生活,滋生了各类以娱乐为目的的文艺形式,说话、杂剧、影剧、傀儡戏、诸宫调等艺术迅速兴起和发展,而词则成为宋代最引人注目的文学样式。"②

  但以往对宋词的研究往往侧重于文人词,而文人词并不能表现词的全貌。正如有论者指出:"今天的研究者对词体性的认识,一般都以宋代文人词为文本基础,然而在以词名世的宋代,文人词并不能代表宋词的全部。即使我们今天已不能复睹宋代民间词之原貌,但从残存的文本材料和有关记载来看,今人总结出来的所谓词之'本色'也只是对文人词的一种认识,以此来涵盖词发展的全过程无疑是不够全面的,若用这种以文人文学为'正宗'的观点来衡定和规范文学的发展,则有可能扼杀其发展的诸多可能性。"③在文人词之外,还存在着其他词作。因此并不能仅依据文人词的审美趣味来判断宋词的审美风貌。众所周知,总体上看,宋代文人词的发展既是一个"诗化"的过程,也是一个"雅化"的过程。因为受着强大的"诗文化"的熏陶,文人们总会自觉不自觉地将一切韵文归揽到诗门下,也就会自然而然地对新兴文学形式实施"诗化"和"雅化"的改造。对词而言,当唐代文人一接触到这种新的艺术形式,就开始了不断对词进行"诗化"和"雅化"的过程。例如早期的文人词,如李白、白居易、张志和等人的词作,都自觉不自觉地使用文人的话语来仿效民间的词调,在词中蕴含了文人的思想情趣。正如《中国文化史》所指出的那样:"词本是产生于宴乐和民间的一种文艺形式,以其较少庄重严肃而富有闲情逸致引起人们的赏好。特别是在具有文化修养的上层社会成员介入词的品玩后,这一原来不登大雅之堂的文体很快提高了品位,其原有的抒情功能得到强调,而创作的文人化也渐洗民间的俚俗风。曲子词原是一种合乐演唱的歌曲,其句式长短不一,乐调婉转多

---

① 张维青、高毅清:《中国文化史》第三册,济南:山东人民出版社2002年版,第179页。
② 袁行霈主编:《中国文学史》第三卷,北京:高等教育出版社2003年版,第12页。
③ 王晓骊:《论宋代民间词的曲化倾向》,《学术研究》2002年第2期,第111页。

姿,经文人加工后则更具有艺术性。"①宋代的文人也是如此。具体来说,一方面,文人往往将诗的创作规范嫁接到词的创作之中,从而实现词的"诗化"。另一方面,文人往往用创作诗的话语体系来创作词,从而实现词的"雅化"。总体上看,宋代文人词已经基本成为诗的变体,也基本实现了对词的"雅化"。

不过,这些文人词一般上并不适合民间演唱,尤其不适合商业演出,无法参与文化市场的消费。例如张炎《词源》就提到:"昔人咏节序,不惟不多,付之歌喉者,类是率俗,不过为应时纳祜之声耳。……岂如周美成《解语花》赋元夕(词略),不独措辞精粹,且观时序风物之盛,人家宴乐之同,则绝无歌者。"②反映出一般文人词由于缺少以大众消费者为受众主体的商业化特征,因而难以参与文化市场上的消费活动。沈义父的《乐府指迷》也站在文人审美趣味的立场上指出:"前辈好词甚多,往往不协律腔。如秦楼楚馆所歌之词,多是教坊乐工及市井做赚人所作,只缘音律不差,故多唱之。求其下语用字,全不可读。其至咏月却说雨,咏春却说秋,如《花心动》一词,人目之为一年景。又一词之中,颠倒重复,如《曲游春》之'脸薄难藏泪',过云'哭得浑无气力',结又云'满袖啼红',如此甚多,乃大病也。"③虽然沈义父是站在批评的立场上来看待文化市场上流行的词作,然而也反映了一些文人词由于无法满足大众的审美需求而被文化市场所抛弃。从文化市场的角度来说,词要获得听众的认可,必须反映受众主体——大众的自身生活,体现大众的情感需求和审美追求。因此,一般文人词由于不适合商业演出、不具备商品属性被排斥在文化市场之外,而虽不讲究措辞精妙、结构完美,但贴近大众生活、俚俗风趣、追求柔美听觉效果的词作反而能够在文化市场上广泛流行。

但是,并非所有宋代文人皆抛弃了词本身"俗"的底色,在文人词总体趋向雅化的同时也依然存在着俗趣凸显的现象,例如欧阳修、柳永和周邦彦的一些词作。值得注意的是,他们的词作无论在创作时是否以商业演出为目的,但从传播的视角来看,演唱这些词作成为了娱乐业中的商业行为,促使这些词作在文化市场上广为传播,从而使这些词作具有了自身的商品性。其中,欧阳修是

---

① 张维青、高毅清:《中国文化史》第三册,济南:山东人民出版社2002年版,第179页。
② [宋]张炎著,夏承焘校注:《词源注》,北京:人民文学出版社1963年版。
③ [宋]沈义父:《乐府指迷》,见唐圭璋:《词话丛编》,北京:中华书局1986年版,第281页。

北宋诗文革新运动的领袖。他的文学成就以散文最高,影响也最大。然而,他一生也写了许多体现大众审美趣味的"俗"词,流行于勾栏瓦肆、茶楼酒馆,深得歌女们的仰慕并成为她们的谋生的重要资源,从而具有商品性。例如《长相思》:

花似伊,柳似伊,花柳青春人别离,低头双泪垂。

长江东,长江西,两岸鸳鸯两处飞,相逢知几时?

这首《长相思》,写一位女子怀念远人。上片这位女子看花似人、看柳似人,繁花似锦、杨柳依依的春色对她而言反而充满了哀愁。下片则描绘了江畔分飞的鸳鸯,更增添了愁思的绵长。全词以"愁"写"爱",用浅易流畅的语言,和谐的音律,表现女子的怀人之情。特别是春色明媚与鸳鸯分飞的情景,更烘托出哀怨忧伤的气氛,增强了艺术感染力,也体现了这首词不同于一般文人词的直白通俗的特点。

再如《诉衷情》:

清晨帘幕卷轻霜,呵手试梅妆。

都缘自有离恨,故画作、远山长。

思往事,惜流芳。易成伤。

拟歌先敛,欲笑还颦,最断人肠!

这首词生动抒写了女子的离愁别恨。词人从人物的外在转入其内心世界,通过描写一位女子在冬日的清晨起床梳妆的生活情景,展现了女子的痛苦感伤的内心世界。上片写歌女清晨梳妆。通过描写这位女子顾影自怜的举动,展现她内心的凄苦和对爱情的渴望。下片则直接描写女子内心的愁苦。首三句写她追忆往事,哀叹芳年易逝,内心伤感不已。后三句则以女主人公"拟歌先敛"、强颜欢笑、寸肠欲断的情态,更直接地刻画出女子无法获得幸福时的伤心难过。这首词不求雍容典雅的气度,不求立意言志的高度,只是将一个女子的怨嗟和悲苦刻画得栩栩如生、呼之欲出,鲜明地体现了大众的审美趣味。

柳永词更是直接为歌妓而填,以供她们在茶坊酒楼演唱,因而在审美趣味上更为刻意迎合大众口味,许多都是在宋代娱乐业中经常被点唱的流行词作。

例如《迷仙引》：

> 才过笄年,初绾云鬟,便学歌舞。席上尊前,王孙随分相许。
> 算等闲、酬一笑,便千金慵觑。常只恐、容易韶华偷换,光阴虚度。
>
> 已受君恩顾。好与花为主。万里丹霄,何妨携手同归去。
> 永弃却、烟花伴侣。免教人见妾,朝云暮雨。

与欧词相比,柳词更为通俗,许多词作更鲜明地体现了大众审美趣味。这首词就是用直白通俗的手法模拟一个妙龄歌妓的口吻,道出她厌倦风尘、追求爱情的内心世界。上片从曾经的初习歌舞落笔铺写,展现这位歌妓厌倦风尘的心情。下片则抒发了歌妓对正常家庭的渴望之情,以及对自由生活和美好爱情的向往与追求。整首词的字里行间流露出对歌妓渴望告别往昔、获得自由的深切同情。风格上全词纯用白描,全以歌妓之口出之,真挚动人而又通俗易懂,鲜明地体现了大众的审美趣味,受到了娱乐业的欢迎。正如有观点指出:"柳永体本身含有雅词的一面,但俗词更是它的本质属性。柳永其人本身就有两个属性,他本身应该说还是士大夫的一员,也自然拥有雅文化的一面,但他的词作,更多的是代市民立言,是写给市民看的,后者更是他的本质。"[①]从柳永的词作可以看出,其有着自身鲜明的审美俗趣,从而在文化市场中受到广泛欢迎。

再如周邦彦的部分作品也由于符合大众审美趣味而流行于瓦肆酒楼,其中《意难忘》一词流传最广,直到南宋末年还有歌妓演唱:

> 衣染莺黄。爱停歌驻拍,劝酒持觞。低鬟蝉影动,私语口脂香。
> 檐露滴,竹风凉。拚剧饮淋浪。夜渐深,笼灯就月,子细端相。
>
> 知音见说无双。解移宫换羽,未怕周郎。
> 长颦知有恨,贪要不成妆。些个事,恼人肠。
> 试说与何妨。又恐伊、寻消问息,瘦减容光。

《意难忘》诉说了与一位歌妓的交往。这位歌妓美丽多情,才艺绝佳,而且

[①] 木斋:《论柳永体对民间词的回归》,《东方论坛》2005年第4期,第47页。

又"爱停歌驻拍,劝酒持觞",十分善解人意、温柔体贴。为此,男主人公"拚剧饮淋浪",纵情欢愉。哪怕风凉夜深,依然"笼灯就月,子细端相",依恋难舍,不忍分手。清人沈谦称此词"极狎昵之情"①。整体上看,这首词主要靠动作与心理描写来表现情感,词的语言坦率直白、不加掩饰,从而和那些精工典雅、含蓄隽永的一般文人词截然不同,体现着大众的审美趣味。从以上这些词也可以看出,它们蕴含着与一般文人词所不同的"俗趣",而这也正是其流行于瓦肆酒楼的原因所在。

同时,在宋代文人词之外还存在着众多民间词作,有一些论述称之为"民间词",例如《宋代民间词论略》②、《论宋代民间词的曲化倾向》③等论文。宋代民间词主要用于大众的文化消费,更是文化市场上的流行商品。例如无名氏的《阮郎归》:

及妆时结薄衫儿。蒙金艾虎儿。画罗领抹缬裙儿。盆莲小景儿。
香袋子,搞钱儿。胸前一对儿。绣帘妆罢出来时。问人宜不宜。

这首《阮郎归》首先用工笔细描展现了女子的娇媚的打扮,接着用蒙太奇的手法突出了绣帘一摆、佳人出来的场景,使人脑海中不由自主地浮现出一位美丽女子,她娇俏相问:"我的打扮好不好看呢?"全词极力刻画女子的打扮举止,浸透着作者的亲昵爱怜之情。可以清楚地看到,其在审美趣味上与注重含蓄典雅的一般文人词大相径庭、泾渭分明。然而这类民间词却由于贴合以市民为主的消费者的口味,受到以市民为主体的大众的欢迎,从而占据文化市场上重要的一席之地。可以说,从传播的角度来看,这些民间词和部分文人词一样,具有了自身的商品性。

综上所述,无论宋代以柳永词为代表的许多文人词和众多民间词在创作时是否以商业演出为目的,从传播视角来看这些词作都用于文化市场上的商业活动,具有了商品属性,因此本文姑且将这部分体现了大众审美趣味、具有商品属性、在文化市场上用于商业活动的词作称之为"商品词"。商品词是宋词的重要

---

① [清]沈谦:《填词杂说》,见唐圭璋:《词话丛编》,北京:中华书局1986年版。
② 谢桃坊:《宋代民间词论略》,《贵州社会科学》1981年第3期。
③ 王晓骊:《论宋代民间词的曲化倾向》,《学术研究》2002年第2期。

组成部分,与文化市场密切相关,呈现出审美俗趣凸显的美学特征。

第三节 宋代娱乐业对商品词审美俗趣的影响

宋代娱乐业对宋词审美趣味产生了巨大影响。《中国文学史》指出:"就其整体而言,宋词的兴盛是与宋代都市的繁荣和文化娱乐业的发展密切相关的。"①北大版《中华文明史》也说道:"宋词的繁荣是适应了社会娱乐消费的需要,这本身就是一种文化现象。宋代城市的规模和城市中的手工业、商业活动迅速发展,市民活跃。唐代城市中互相隔离的里坊,代之以便于交通和商业的街市。街市两旁店铺鳞次栉比,其中有不少被称为秦楼楚馆、瓦舍勾栏的娱乐场所。词的演唱作为佐欢侑酒的娱乐手段,便适应城市的娱乐需要而发展起来。"②整体来看,宋代娱乐业广泛影响了宋词的审美趣味,尤其推动了宋代商品词审美俗趣的凸显。

一、宋代商品词产业链与推崇通俗的审美趣味

由于宋代商品经济的繁荣,娱乐业对宋代商品词有了很大的需求,正如有观点认为:"商品经济的繁荣必然改变追求利润的原始积累方式,而涉入人们的情感,以增强顾客购买欲望,追求高级消费模式,促使消费者的消费心理走向成熟,其标志之一就是顾客在购买商品的同时,享受更多更好的文化艺术消费。"③娱乐业的发展,促使宋代商品词形成了创作、传播、消费的完整产业链,这在中国诗歌发展史上是史无前例的。

首先,由于市场对宋代商品词的巨大需求,宋代存在着一大批依靠作词为生的知识分子,这批知识分子主要以科举不得意而流落市井的下层文人为主,

---

① 袁行霈主编:《中国文学史》第三卷,北京:高等教育出版社2003年版,第14页。
② 袁行霈:《中华文明史》第三卷,北京:北京大学出版社2006年版,第337页。
③ 张楠:《从宋代"瓦肆"市场看我国古代商业音乐文化》,《中国音乐》2006年第4期,第187页。

他们在宋代商品词产业链中充当着生产者的角色,如北宋词人柳永。据南宋罗烨《醉翁谈录》载:"耆卿居京华,暇日遍游妓馆。所至,妓者爱其词名,能移宫换羽;一经品题,声价十倍。妓者多以金物资给之。"①叶梦得《避暑录话》也说:"永为举子时,多游狭邪,善为歌辞。教坊乐工,每得新腔,必求永为辞。"②柳永通过为乐工歌妓作词获得报酬,就成为了宋代商品词产业链上的生产者。正如北大版《中华文明史》所说:"柳永经常出入于秦楼楚馆,与乐妓、乐工往还,无心于仕进,自称'白衣卿相',虽然他后来考取了进士并做了屯田员外郎,但轻视功名,沉溺市井,可以说是把全部身心投入适应市井需要的词的创作。柳永这种类型的文人的出现,说明文化的重心正往下移向市井。从封建正统的眼光看来可以说他是一个浪子,从文学的眼光看来可以说他几乎是专业的市井作家。"③同时,秦观、周邦彦等其他著名词人也为歌妓写了不少词作。另外,一些失意文人因生活落魄,参加了书会,成为了书会才人。据范公偁《过庭录》载,当时著名的书会才人丁石"举人也,与刘萃老同里。发贡,萃老第一,丁第四。丁亦才子也,后失途,在教坊中"。④ 可见,这些书会才人更是依托娱乐业生存的宋代职业商品词生产者。

其次,在宋代的娱乐业中,唱词艺人是宋代商品词最主要的传播者。为了在娱乐市场的残酷竞争中脱颖而出,唱词艺人往往要不断创新,以演唱新词吸引客人和抬高身价,但大多数唱词艺人本身并不具备作词的能力,因而其主要通过向词作者"索词"来实现。关于这一点,宋代词人在词中多有提及。如柳永《玉蝴蝶》:"珊瑚席上,亲持犀管,旋叠香纸,要索新词。"辛弃疾《一落索》序云:"醉中有索四时歌者,为赋。"刘过《唐多令》序云:"安远楼小集,侑觞歌板之姬黄其姓者,乞词于龙洲道人,为赋此《唐多令》。"在"索词"过程中,唱词艺人往往要付给词人一些报酬,从而不仅充当了宋代商品词的市场传播者,而且充当了宋代商品词的初级消费者。当然,也有一些词人愿意免费为唱词艺人提供词作。例如晏殊《山亭柳》题为"赠歌者";舒亶《木兰花》题为"次韵赠歌妓";黄庭

---

① [宋]罗烨:《醉翁谈录》丙集卷二,上海:古典文学出版社1957年版,第32~33页。
② [宋]叶梦得:《避暑录话》卷三,文渊阁四库全书本。
③ 袁行霈:《中华文明史》第三卷,北京:北京大学出版社2006年版,第337页。
④ [宋]范公偁:《过庭录》,文渊阁四库全书本。

坚《忆帝京》题为"赠弹琵琶妓"等等。不过,虽然是赠词,仍然是随着娱乐业的发展,市场对宋代商品词需求的结果,并不影响唱词艺人作为宋代商品词传播者的角色定位。

最后,娱乐场所的听众是宋代商品词的主要消费者。例如唱词是宋代瓦肆、庙会、茶馆、酒肆、妓院通常的娱乐节目。例如《梦粱录》载:"街市有乐人三五为队,擎一二女童舞旋,唱小词,专沿街赶趁。元夕放灯、三春园馆赏玩、及游湖看潮之时,或于酒楼,或花衢柳巷妓馆家祗应,但犒钱亦不多,谓之'荒鼓板'。"①甚至在商品词演唱时还连带卖酒。例如《梦粱录》载:"自景定以来,诸酒库设法卖酒,官妓及私名妓女数内,拣择上中甲者,委有娉婷秀媚,桃脸樱唇,玉指纤纤,秋波滴溜,歌喉宛转,道得字真韵正,令人侧耳听之不厌。"②可见,娱乐场所的听众最终成为了宋代商品词的销售终端。

可见,随着宋代娱乐业的发展,宋代商品词的创作、传播、消费三个环节构成了完整的产业链,这一产业链对宋代商品词的审美趣味产生了巨大影响,确立了宋代商品词推崇通俗的审美趣味。

具体来讲,首先,词作者为了市场需要,尽量满足以市民为主的商品词消费者的口味,内容往往以女性口吻写成,并尽可能地日常生活化、通俗化,从而呈现出通俗的美感。例如关于柳永词,北大版《中华文明史》指出:"柳永不仅发展了慢词,而且增加了词的铺陈效果。他把词引向俚俗,吸收大量俚语,表现市民情趣,给词坛带来了新的气息、活力和和趣味。柳词以其新的面貌和声吻征服了广大的读者。"③

其次,唱词艺人作为宋代商品词的传播者,为了吸引观众、满足娱乐市场需求,自然要求词作要通俗、具有表现力,也推动了词作的通俗化。例如《醉翁谈录》记载了众妓要求柳永花笺作俗词的场景④:

  耆卿居京华,暇日遍游妓馆。所至,妓者爱其词名,能移宫换羽;一经品题,声价十倍。妓者多以金物资给之。惜其为人出入所离不

---

① [宋]吴自牧:《梦粱录》卷二十《妓乐》,北京:中国商业出版社1982年版。
② [宋]吴自牧:《梦粱录》卷二十《妓乐》,北京:中国商业出版社1982年版。
③ 袁行霈:《中华文明史》第三卷,北京:北京大学出版社2006年版,第338页。
④ [宋]罗烨:《醉翁谈录》丙集卷二,上海:古典文学出版社1957年版,第32~33页。

常。誉卿一日经由丰条(乐)楼前。是楼在城中繁华之地,设法卖酒,群妓分番,忽闻楼上有呼"柳七官人"之声,仰视之,乃甲(角)妓张师师。师师耍悄而聪敏,酷喜填词和曲。与师师密。及柳登楼,师师责之日:"数时何往?略不过奴行,君之费用,吾家恣君所需,妾之房卧,因君馨矣!岂意今日得见君面,不成恶人情去,且为填一词去。"柳曰:"往事休论。"师师乃令量酒,具花笺,供笔毕。柳方试花笺,忽闻有人登楼声。柳藏纸于怀,乃见刘香香至前,言曰:"柳官人,也有相见。为丈夫岂得有此负心!当时费用,今忍复言。怀中所藏,吾知花笺矣。若为词,妾之贱名,幸收置其中。"柳笑出笺,方凝思间,又有人登楼之声。柳视之,乃故人钱安安。安安叙别,顾问柳曰:"得非填词?"柳曰:"正被你两姐姐所苦,令我作词。"安安笑曰:"幸不我弃。"柳乃举笔,一挥乃至。三妓私喜:"仰官人有我,先书我书矣。"乃书就一句,"师师生得艳冶",香香、安安皆不乐,欲掣其纸。柳再书云,"香香于我情多",安安又嗔柳曰:"先我矣!",挐其纸,忿然而去。柳遂笑而复书云:"安安那更久比和,四个打成一个。幸自苍皇未款,新词写处多磨,几回扯了又重挼,奸字中心着我。"三妓乃同开宴款柳。

这则材料虽然有些小说家笔法,然而却依然透露出宋代唱词艺人为顺应演出市场需要和推销酒水的功利目的而追求俗词的信息。正如有论者对这则材料分析道:"显而易见,这里的记述至少也有三分小说家言的性质,是不必全然信为事实的。不过,即便只有一半真实,所反映的内容也值得关注。首先,妓者爱其词名,能移宫换羽。一经品题,声价十倍。这里分明是一个以'名'换'声价'的交易,一边是知名的词人,一边是要价的歌妓,后者爱前者之'词名',前者爱后者之色艺,彼此间的交往具有浓郁的商业色彩。其次,在那种场合青楼绿窗之间,灯红酒绿之际,以那样的社会角色——妓,居然会爱到词人的名声方面,将今比古,也觉难于理解,除非妓女的生活质量与词曲的质量密切相关!事实果然如此,这即是'设法卖酒'。宋代自太宗起便实行官卖酒制度,至神宗时,为刺激官酒市场,又采取分派官妓于酒肆弹唱的方式来吸引顾客,《醉翁谈录》所谓'群妓分番',指的正是这一背景情况。酒肆弹唱,吸引酒客者不光在歌妓之色,至少还有弹唱的词曲,因为单独追求妓女之色者,不一定非到酒肆中来。

更何况,'设法卖酒'的宗旨迫使弹唱本身必须产生明显的吸引力,如同现今的艺术演出必须产生票房效益一样。于是,可以想见弹唱的词曲从主题内容到风格情调,都不能不适当迎合人们的消费和消遣心理。在这个意义上,柳词的内容与风格就是当时风尚之所在。而这种风尚,乃是艺术与商业的混血儿,乃是文化名人与酒楼歌女的交际品。在这里,雅俗的界限已荡然无存,而艺术本身不仅有其自身的价值,而且有其应时随市的价格,岂不见柳大官人所到之处,'众妓者多以金物资给'吗?"①正如该论者所言,可以看出,宋代唱词艺人为了顺应演出市场需要,往往追求"师师生得艳冶,香香子我情多。安安那更久比和,四个打成一个"之类的俗词,从而推动了词作的通俗化。

最后,以市民为主的宋代商品词消费者要求词作要适合他们的口味,并且方便传唱和流行,也导致了宋代商品词推崇通俗这一审美趣味的确立。因为宋代商品词作为精神产品进入文化市场,它就必须在很大程度上遵循市场机制,从而决定了其从语言到题材、从形式到内容都必须迎合消费者的审美趣味和欣赏水平,否则就无法在文化市场上实现自身商业价值,从而形成了推崇通俗的审美趣味。甚至有观点认为宋词就是当时通俗的"流行歌曲",例如袁行霈先生就说道:"唐五代北宋的词,基本上可以称为当时的流行歌曲。"②《唐宋词与流行歌曲》也说道:"作为当时的'流行歌曲',唐宋词以娱乐大众、表现日常生活为创作旨归,借助于商品流通的渠道广泛流播于民间。这是对以'传道'、'言志'为核心的传统文学观的反叛。"③按此观点,存在于文化市场的宋代商品词当然更是当时的"流行歌曲",如果不具备通俗的审美特征,就无法被消费者所接受,正如谢桃坊先生所说,一些词作由于"缺乏趣味性和娱乐性,不为市民欢迎,不可能有好的经济效益,民间艺人也就不演唱这些作品。"④可见,商品词消费者秉持的"流行歌曲"的审美理念,也促使了宋代商品词重视自身的通俗性,从而推崇通俗。

综上所述,宋代商品词形成了推崇通俗的审美趣味。具体来说,宋代商品

---

① 韩经太:《徜徉两端》,郑州:河南人民出版社 2000 年版,第 99~100 页。
② 袁行霈:《中国诗歌艺术研究》,北京:北京大学出版社 1996 年版,第 279 页。
③ 宋秋敏:《唐宋词与流行歌曲》,北京:中国社会科学出版社 2009 年版,第 65 页。
④ 谢桃坊:《再论宋代民间词》,《贵州社会科学》1987 年第 4 期,第 38 页。

词中对许多日常场景的描摹和欣赏是其他朝代或是其他文学类型所没有的。例如,描写女性浴后情景,有周紫芝的《鹧鸪天》:

荷气吹凉到枕边。薄纱如雾亦如烟。
清泉浴后花垂雨,白酒倾时玉满船。

钗欲溜,髻微偏。却寻霜粉扑香绵。
冰肌近著浑无暑,小扇频摇最可怜。

有李之仪的《鹧鸪天》:

避暑佳人不著妆。水晶冠子薄罗裳。
摩绵扑粉飞琼屑,滤蜜调冰结绛霜。

随定我,小兰堂。金盆盛水绕牙床。
时时浸手心头熨,受尽无人知处凉。

有贺铸的《最多宜》:

半解香销扑粉肌。避风长下绛纱帷。碧琉璃水浸琼枝。
不学寿阳窥晓镜,何烦京兆画新眉。可人风调最多宜。

词中的细节都采自现实,真实地反映了日常生活的状态,以审美的眼光描绘了女性浴后的生活场景,这对于前代的诗歌来说是难以想象的。甚至,有些宋代商品词完全以民间、通俗、日常生活的口吻来表现女性之美,如《解佩令》:

脸儿端正。心儿峭俊。眉儿长、眼儿入鬓。
鼻儿隆隆,口儿小、舌儿香软。耳朵儿、就中红润。

项如琼玉,发如去鬓。眉如削、手如春笋。
奶儿甘甜,腰儿细、脚儿去紧。那些儿、更休要问。

可以看出,随着宋代娱乐业的发展,大量宋代商品词由于要适应娱乐市场的需求,推崇通俗的审美趣味,导致了词为"艳科"的普遍观念。

甚至,宋代商品词对士大夫的审美取向也产生了一定影响。当然,士大夫

对宋词"通俗"到何种程度有不同的看法,例如晏殊和柳永的对话:

  柳三变既以调忤仁庙,吏部不放改官,三变不能堪,诣政府。晏公曰:"贤俊作曲子么?"三变曰:"祗如相公,亦作曲子。"公曰:"殊虽作曲子,不曾道'彩线慵拈伴伊坐'。"柳遂退。
  ——张舜民:《画墁录》①

但是,在娱乐业繁荣的大历史背景下,随着宋代商品词产业链的形成,士大夫也无法改变整体上宋词推崇通俗的审美趣味,只好做出妥协。正如《宋代文学审美特征形成刍议》一文指出:"在这些文人看来,只有诗和散文才是正统的文学样式,宜于反映社会生活中的'重大题材',至于来自里巷的'曲子词'则属于'末技'、'小道',故不需要像对待诗文那样去对她进行干预,也不宜将'重大题材'写入词中,词是反映一己之生活——甚至个人私生活的'艳科'。"②实际上,宋代士大夫已承认了包括商品词在内的宋词整体上是"艳科",从而承认其推崇通俗的审美趣味。

二、宋代商品词格调的市场取向与推崇柔美的审美趣味

在宋代娱乐业中,唱词成为了十分重要的娱乐表演活动,对商品词具有巨大的市场需求,因而宋代商品词的审美格调受到了市场的深刻影响。有观点就认为:"特别是那些和市场联系更为紧密的、靠市场过活的下层文人如书会才人、杂剧作家等,追求市场效应就更是压倒性的考虑了。这种影响,在宋代已经渐渐明显。"③随着娱乐市场的繁荣,格调柔美的词作更受市场欢迎,因而最终促使宋代商品词形成了以柔为美的审美趣味。《梦溪笔谈》在谈及宋词唱腔的圆润柔美时就说:"古之善歌者有语,谓'当使声中无字,字中有声'。凡曲止是一声清浊高下如萦缕耳,字则有喉、唇、齿、舌等音不同,当使字字举本皆轻圆,

---

① [宋]张舜民:《画墁录》卷一,文渊阁四库全书本。
② 郑传寅:《宋代文学审美特征形成刍议》,《武汉大学学报(哲学社会科学版)》,1996 年 2 期,第 75 页。
③ 韩田鹿:《宋代文人与文化娱乐市场》,《河北大学学报(哲学社会科学版)》,2007 年 2 期,第 50 页。

悉融入声中。"①在一些词作中也描述了宋词的推崇柔美,例如"慢引莺喉千样啭,听过处、几多娇态。换羽移宫,偷声减字,不顾人肠断"(杨无咎《雨中花令》),"风流妙舞,樱桃清唱"(晏殊《少年游》),"歌檀敛袂。缭绕雕梁尘暗起。柔润清圆"(欧阳修《减字木兰花》)等,都体现了对柔美词作的推崇。如《唐宋词美学》一书所说:"无论从词的题材内容、构思立意、意象语汇还是表述口吻等诸方面来看,它们都共同体现出了'以柔为美'的倾向。"②

具体来讲,一方面,为了满足出于休闲娱乐目的的市民口味,活跃在城市茶坊酒楼、勾栏瓦肆等娱乐场所的唱词艺人广泛传播了格调柔美的宋代商品词。例如据《东京梦华录》载,北宋酒肆大都有歌妓演唱小词,"又有下等妓女,不呼自来,筵前歌唱"。③ 瓦肆中的唱词更是专门的技艺,出现了许多著名的唱词艺人,如专擅小唱的李师师、徐婆惜、封宜奴和擅长嗓唱的张七七、王京奴等,她们所唱之词实际上大都是格调柔美的词作。南宋的唱词艺人更为活跃,据《梦粱录》载:"街市有乐人三五为队,擎一二女童舞旋,唱小词,专沿街赶趁","有小唱、唱叫、执板、侵曲、曲破,大率轻起重杀,正谓之'浅斟低唱'。"④尤其是,南宋临安的著名的唱词艺人金赛兰、范都宜、唐安安、倪都惜、潘称心、梅丑儿、钱保奴、吕作娘、康三姐、桃师姑、沈三如等,她们唱词时"声音软美","歌喉宛转,道得字真韵正,令人侧耳听之不厌"。⑤ 可以看出,为了满足市民口味,这些唱词艺人唱的也主要是格调柔美的词作。

另一方面,商业活动的需要也进一步强化了柔美词作的主流地位。宋代很多商家都借歌妓的柔美唱词来招徕顾客,如汴梁和临安的茶楼酒肆妓院等都安排有歌姬演唱柔美词作。例如《梦粱录》载:当时"但唱令曲小词,须是声音软美,与叫果子、唱耍令不犯腔一同也",而且"若论动清音,比马后乐加方响、笙与龙笛,用小提鼓,其声音亦清细轻雅,殊可人听"。⑥ 而且,随着宋代娱乐业的繁荣,格调柔美的宋词也通过传唱广泛流传。《碧鸡漫志》载:"今人独重女音,不

---

① [宋]沈括:《梦溪笔谈》卷五,长春:吉林人民出版社1999年版,第84页。
② 杨海明:《唐宋词美学》,南京:江苏教育出版社1998年版。
③ [宋]孟元老:《东京梦华录》卷二《饮食果子》,北京:中国商业出版社1982年版。
④ [宋]吴自牧:《梦粱录》卷二十《妓乐》,北京:中国商业出版社1982年版。
⑤ [宋]吴自牧:《梦粱录》卷二十《妓乐》,北京:中国商业出版社1982年版。
⑥ [宋]吴自牧:《梦粱录》卷二十《妓乐》,北京:中国商业出版社1982年版。

复问能否。而士大夫所作歌词,亦尚婉媚。"①以柔美婉约见长的柳永词则被评价为"凡有井水饮处,即能歌柳词"②,甚至有些格调柔美的词作远达海外。考虑到格调柔美的词作在大众中的广受欢迎,深谙经商之道的宋代商人便往往利用格调柔美的词作来进行变相广告。如《梦粱录》载:"向绍兴年间,卖梅花酒之肆,以鼓乐吹《梅花引》曲破卖之。"③《梅花引》即是格调柔美的词作。

总之,与唐诗表现的才气发扬的宏壮美不同,随着娱乐业的繁荣,鉴于柔美的词作更受到市场的追捧,为了适应市场的需要,招徕和吸引更多的消费者,宋代商品词的格调便必然向市场靠拢,尽可能地满足当时社会潮流对柔美词作的要求,从而形成了推崇柔美的审美趣味。正如《中华审美文化通史》从整体上对宋代的审美风尚总结道:"无论是美学思想还是艺术的创造以及生活趣味,这时也不再是热烈粗犷、难以为感官自由把握的雄强壮美的时空物象,而是幽静简淡、纤柔细腻、微妙新巧的优美小调了。"④推崇柔美的审美趣味贯穿了宋代商品词,仅以代表性词人的词作为例,例如柳永的《忆帝京》:

薄衾小枕天气。乍觉别离滋味。展转数寒更。
起了还重睡。毕竟不成眠,一夜长如岁。

也拟待、却回征辔。又争奈、已成行计。
万种思量,多方开解,只恁寂寞厌厌地。
系我一生心,负你千行泪。

这首《忆帝京》是柳永抒写离别相思的代表作之一,纯用口语白描来表现男女双方的内心感受,深情婉转,柔美缠绵。上阕从居家闺人的角度落笔。首先写初秋天气逐渐凉,闺人突然被思念之情触动,心中荡起了波澜。接着作者具体的描述了闺人深受"别离滋味"折磨的情景,"展转数寒更。起了还重睡。毕竟不成眠,一夜长如岁",闺人辗转反侧,夜不能寐,起来睡下,深感夜长如年。区区数笔就把闺人感念离别、纠结不堪的情状毫不掩饰地描写出来。下阕则改

---

① [宋]王灼:《碧鸡漫志》卷一《古人善歌得名不择男女》,北京:中华书局,1986年版。
② [宋]叶梦得:《避暑录话》,文渊阁四库全书本。
③ [宋]吴自牧:《梦粱录》卷十六《茶肆》,北京:中国商业出版社1982年版。
④ 傅合远:《中华审美文化通史·宋元卷》,合肥:安徽教育出版社2007年版,第10页。

写游子,突出游子盼归的强烈复杂的内心体验。一方面游子"也拟待、却回征辔",表现了由于难遣离情,游子心中不由得起了转马回头的念头。可另一方面却"又争奈、已成行计",既然已经踏上旅程,又怎么能再返回原地呢?回又回不得,行又不愿行,只能"万种思量,多方开解",自己劝导自己,"寂寞厌厌地"接着上路。事已至此,情何以堪。虽然我对你一生不忘,但现实如此无奈,也只能"系我一生心,负你千行泪",表现了游子沉挚又无奈的难舍情怀。整首词格调缠绵悱恻,显示了柔美缱绻的审美趣味。

再如下面这首欧阳修的《蝶恋花》:

> 越女采莲秋水畔,窄袖轻罗,暗露双金钏。
> 照影摘花花似面,芳心只共丝争乱。
>
> 鸂鶒滩头风浪晚,露重烟轻,不见来时伴。
> 隐隐歌声归棹远,离愁引著江南岸。

这首《蝶恋花》虽然只有寥寥六十字,但却以通俗的语言、鲜明的形象、柔美的格调呈现了越女采莲的动人情景,季节、时辰、所在、景物以及越女的容貌、衣着、首饰、心情,无一不描绘得历历如见。上阕首先点明了人物身份和活动环境,使人仿佛看到明净的秋日,一位美丽的江南少女荡舟在荷塘里,正用灵巧的双手采撷莲子。接着词人用温柔的笔触描写了采莲女的神情装束。轻盈的罗袖,玉腕上暗露的金钏,勾勒出采莲女绰约的风姿和婀娜的身影。她那娇美的容颜倒映在水中,与莲花争妍。拗断莲梗时拉出来的丝,撩起了她的绵绵情思。下阕则起笔先写天晚起风,荷塘上涌起阵阵波涛,采莲船在风浪中颠簸的情景。这时沉浸于遐想的采莲姑娘蓦然回神,发现不见了同来的伙伴,慌忙寻找,而天色已渐渐暗了下来,"露重烟轻",暮色苍茫,其焦急之情,仓皇之状,令人可以想见。这时,"隐隐歌声归棹远,离愁引著江南岸",远处传来了隐隐的棹歌声,只听得那歌声愈去愈远,余音袅袅于江南岸边。结尾这两句境界迷离恍惚,启人遐想,曲终而味永。从整首词来看,无论是对人物神情的刻画,还是对迷离意境的营造,都使得这首词笼罩着一层柔美的情调,也体现了推崇柔美的审美趣味。

再如晏几道的这首《临江仙》:

梦后楼台高锁,酒醒帘幕低垂。
去年春恨却来时。落花人独立,微雨燕双飞。

记得小苹初见,两重心字罗衣,琵琶弦上说相思。
当时明月在,曾照彩云归。

这是一首感旧怀人的名篇,为词人为怀念歌女小苹而作。词的上阕写春恨,描绘梦后酒醒、落花微雨的氛围。下阕写相思,追忆初次见面和后来交往的情景。全词在怀人的同时也透出着人世无常、欢娱难再的淡淡愁绪。上阕先写午夜梦回,发现楼台已闭门深锁,这时宿酒方醒,看到重重的帘幕低垂到地。对词人而言,虽然楼台依旧,却已人去楼空;虽然借酒浇愁,醒后却愈加感伤。"梦后"、"酒醒"二句互文,写眼前的实景,对偶工整,意境浑融。第三句转入追忆去年情景,在那因春天逝去而产生"春恨"的时节,我看见你久久地站立庭中,伴着飘零的片片落英;又看见双双燕子,在细细的春雨里轻快地飞去飞来。这两句意境清澈柔美,韵味悠长,历来是传诵的名句。下阕写初见小苹的情景,那时小苹穿着薄薄的罗衫,上面绣有双重的"心"字。这两重的心字,暗示着两人一见钟情,日后心心相印。当时,由于初见时的羞涩,小苹便借助琵琶美妙的乐声,传递胸中的爱慕之意。结尾两句则描绘了别后久久萦绕于词人脑海中的一个场景:在皎洁的明月映照下,小苹像一朵冉冉的彩云飘然归去。而现在明月仍在,伊人却已难觅,这种感伤的情愫使人心有同感、难以忘怀。这首词是晏几道的代表作,抒发了对过去欢乐生活的追忆之情,同时也鲜明地体现着深婉柔美的风格。

从上面的例子可以看出,无论是欧阳修、柳永,还是晏几道,从传播视角来看,他们的许多词作属于文化市场中演唱的"商品词",并且这些词大都渗透着柔婉的思绪、细腻的描绘,体现了推崇柔美这一审美趋向。当然,宋代也偶有豪放之词面世,例如苏轼的《念奴娇·赤壁怀古》,然而由于违背了市场对柔美词作的审美需求,该词并不适合娱乐演出,从而限制了其传播。据俞文豹《吹剑续录》[1]载:

---

[1] 俞文豹:《吹剑录全编·吹剑续录》,上海:古典文学出版社1958年版。

东坡在玉堂，有幕士善讴，因问："我词比柳词何如？"对曰："柳郎中词，只好十七八女孩儿，执红牙拍板，唱'杨柳岸，晓风残月'；学士词，须关西大汉，执铁板，唱'大江东去'。"公为之绝倒。

总之，在宋代娱乐业的巨大影响下，宋代商品词格调上的市场取向导致了整体上凸显出推崇柔美的审美趣味。

三、宋代商品词演唱的娱乐性与推崇真情的审美趣味

在娱乐业繁荣的背景下，与具有政治功能的诗不同，宋代商品词的演唱主要是作为一种娱乐表演形式，与国家政治活动、典礼仪式等无关。例如南宋词人刘过的《酒楼》一诗就描写了在酒楼听唱词的情景："夜上青楼去，如迷洞府深。妓歌千调曲，客杂五方音。藕白玲珑玉，柑黄磊落金。酣歌恣萧散，无复越中吟。"①反映的就是宋代文化市场中商品词演唱所具有的娱乐性。而且，娱乐业中存在着激烈的竞争，也促使宋代商品词更强调自身的娱乐性，不断推陈出新来满足消费者的娱乐审美需求，以求在文化市场上立足。《通志》指出："今都邑有新声，巷陌竞歌之，岂为其辞之美哉，直为其声新耳。"②有论者在谈及瓦肆对唱词等表演活动的影响时指出："瓦肆市场使观众成为'上帝'，观众的评判与需求成为衡量演出质量的杠杆。竞争还常常以'对棚'形式出现，即两个戏班对台唱戏，艺人们为争夺观众要使出浑身绝招。"③而胜出的秘诀正是"娱乐性"。能不能让受众感到快乐、获得放松，是宋代娱乐业最关键的评价标准之一。据《鸡肋篇》记载，当时瓦肆中就采取了类似当代娱乐电视节目中观众评分的评价机制，只不过当时采用的是"青红小旗"：

成都自上元至四月十八日，游赏几无虚辰。使宅后圃名西园，春时纵人行乐。除开园日，酒坊两户各求优人之善者，较艺于府会。……自旦至暮，为杂戏一色。坐于阅武场，环庭皆府官宅看棚。棚外

---

① [宋]刘过：《龙洲集》卷七，上海：上海古籍出版社1978年版，第59页。
② [宋]郑樵：《通志》卷四九，清乾隆十二年于敏中重刻本。
③ 张楠：《从宋代"瓦肆"市场看我国古代商业音乐文化中国音乐》2006年第4期，第189页。

始座高凳,庶民男女左右,立于其上如山。每诨一笑,须庭中哄堂,众庶皆噱者,始以青红小旗各插于垫上为记。至晚,较旗多者为胜。若上下不同笑者,不以为数也。

——庄绰:《鸡肋篇》①

值得注意的是,从这则材料中可以看出当时瓦肆中还有类似当代娱乐电视节目中的特邀评委——"府官宅看棚"中的受众,只有这些特邀评委的态度与普通受众一致时,评分的结果才有效,"每诨一笑,须庭中哄堂,众庶皆噱者,始以青红小旗各插于垫上为记。至晚,较旗多者为胜。若上下不同笑者,不以为数也"。

由此可见,娱乐性是表演活动立足于宋代娱乐业的核心要求之一,宋代商品词的演唱自然也不例外。正如有论者谈到柳词时所言:"柳词的广泛流布,正是由于城市经济及其商业文明的繁荣所提供的广大的歌庭文会和勾栏瓦舍、茶楼酒肆等大众文化娱乐消费环境场所,才使其传播的范围进一步扩大,流布的速度也更加迅速。因为人们到这些场合的主要目的就是为了消遣娱乐,为了寻找感官刺激,惟其如此,词才能引人入胜。"②由于宋代商品词演唱的娱乐性,所以词作者和歌者敢于不掩饰自我、打开心扉、更多地抒发真感受、表露真性情。袁行霈先生主编的《中国文学史》指出:"由于词被看作是用于抒写个人情愫的文体,很少受到'文以载道'思想的约束,因而文人可以比较自由地抒写旖旎风情。"③

许宗元先生的《中国词史》也指出:"词的本质既为抒情格律诗,抒情性则天然地成为它的一大特点","综而言之,我们可以说:词是一种情文,是一种用美学方法吟成的有韵的情文"。④ 宋代商品词更是如此,由于自身的娱乐追求,这种抒发真感受、表露真性情的倾向潜移默化中就形成了宋代商品词推崇真情的审美趣味。如李泽厚先生所说:"词则常一首(或一阕)才一意或一境,形象细腻,含意微妙,它经常是通过对一般的、日常的、普通的自然景象的白描来表现,

---

① [宋]庄绰著、萧鲁阳校点:《鸡肋篇》卷上,北京:中华书局1983年版。
② 黄佳:《宋代经济文化与杂(戏)剧的关系》,《四川戏剧》2008年第3期,第59页。
③ 袁行霈主编:《中国文学史》第三卷,北京:高等教育出版社2003年版,第13页。
④ 许宗元:《中国词史》,合肥:黄山书社1990年版,第7页。

从而也就使所描绘的对象、事物、情节更为具体、细致、新巧,并有更浓厚更细腻的主观感情色调。"①在宋代商品词中,词人的真情实感通过对生活场景、心理状态的真实描绘来表现,生动展现了推崇真情的审美趣味,以欧阳修的词作为例:

> 凤髻金泥带,龙纹玉掌梳。走来窗下笑相扶。
> 爱道画眉深浅、入时无。
>
> 弄笔偎人久,描花试手初。等闲妨了绣功夫。
> 笑问双鸳鸯字、怎生书。
> ——欧阳修:《南歌子》

这首词不是描写征战羁旅,不是托言游子思妇,不是借喻帝王将相,而是生动细腻地描绘了新婚的吉祥喜庆和新娘新郎融洽无间的真情实意。词的语言活泼浅近,细腻传神。通过宛若口语的白描、富有动态性和形象性的描写,勾画出一个天真、妩媚、活泼、俏丽的新婚少妇形象,着力表现了她的音容笑貌、心理活动,以及她对爱人的一往情深。上阕写新娘精心梳妆的情形。"凤髻金泥带,龙纹玉掌梳"写其发饰之美,描摹细腻,对仗精巧。"走来窗下笑相扶。爱道画眉深浅、入时无"则通过对女子连续性动作、神态和语言的简洁描述,表现了新娘子娇羞爱美的情态、心理以及她与新郎两情相悦、亲密无间的柔情蜜意。下阕写这位新婚少妇写字绣花的情景,读起来趣味盎然。其中"弄笔偎人久"一句极力凸显新娘在新郎怀里撒娇时间之长。结尾两句则写道,新娘由于与新郎亲热笑闹、相互依偎太久,耽误了针线活,只好拿起彩笔,撒娇地问新郎鸳鸯二字怎样写呢?活灵活现地描绘出新婚少妇的娇痴和新婚夫妻的情笃。笑问两句还流露出新娘希望与新郎永远相爱、情同鸳鸯的美好愿望。可以看出,整首词虽然化用唐诗意境,审美趣味却更加凸显"真情"的特质,极力描摹男女间的真情实意,表现了推崇真情的审美趣味。

尤其欧阳修《玉楼春》一词,则更是活生生地描写了夫妻吵架后和解的情景,是对真实生活、真实情感的生动描绘:

---

① 李泽厚:《美学三书》,合肥:安徽文艺出版社1999年版,第155页。

> 夜来枕上争闲事。推倒屏山褰绣被。
> 尽人求守不应人,走向碧纱窗下睡。
>
> 直到起来由自嗔。向道夜来真个醉。
> 大家恶发大家休,毕竟到头谁不是。

夫妻间的怄气斗嘴是司空见惯的,也是日常生活中常见的场景。可前代文人一般都会忽视这些日常凡俗的场面,而专注于描摹那些含蓄隽永的情愫,而宋词却不然,善于描绘真实生活、真实情感,表现出推崇真情的审美趣味。这首词中,词人捕捉了夫妻吵架后又和好这样一个别有情趣的日常俗事,写得活泼真切。"夜来枕上争闲事",夫妻怄气其实往往没有什么大不了的事情,都是一些生活细节或琐事。往往一句话不对头或一件事没做妥当,就会"争闲气"。夫妻间,往往越深爱对方就会越在意对方,对琐碎"闲事"也越发夸张对待,尤其在在气头上又各不相让,以至于"推倒屏山褰绣被"。而当一方软语相求时,另一方反而更加委屈,更加作态,"走向碧纱窗下睡"。可是,第二天一觉醒来,彼此又感到不好意思,只好把吵嘴的原因推托为"夜来真个醉",然后又各自谦让,"大家恶发大家休"。因为"毕竟到头谁不是",生活"闲事"又能说清谁是谁非呢?这首词通篇用口语、俚语,将夫妻吵架、和好的场面描绘得活灵活现,传神逼真。正是由于其中的"真情实意",才使这首词意趣盎然、广受喜爱。

再如晏殊的词:

> 青梅煮酒斗时新,天气欲残春。
> 东城南陌花下,逢着意中人。
>
> 回绣袂,展香茵,叙情亲。
> 此时拚作,千尺游丝,惹住朝云。
> ——晏殊:《诉衷情》

同样是活生生地描绘真情,生动呈现了女子真情流露时的动人场景,表现了推崇真情的审美理念。"青梅煮酒斗时新,天气欲残春"写残春季节,青梅煮酒,铺叙生活背景。"东城南陌花下,逢着意中人"写女孩春游时与意中人不期而遇,欣喜之情,溢于言表。"回绣袂,展香茵,叙情亲"描述女孩与意中人相遇后的情景。女孩铺开了芳美的茵席,与意中人依偎相坐、畅叙情怀。两个人的亲密无间、殷勤款洽,说明了女孩跟她的意中人心心相印、情深意浓。爱到深处是不舍,柔情密语之间,女孩心中与意中人长相厮守的愿望更为强烈,"此时拚作,千尺游丝,惹住朝云"一句便将这种情愫倾泻而出。"朝云",喻指意中人。女孩此时此刻希望能化身为千尺游丝,好把那如同朝云的意中人牵住。可是,世间多少偶然的相会、短暂的欢娱,最终都不可避免地离散。那么,这柔弱袅娜的游丝,是否真能把那易散的朝云留住?短短十二字中,蕴含了多少深情、多少怅惘、多少怀思?多少柔情深意,都已尽在不言中。从整首词来看,全词文笔纯净含蓄,展现出浓浓的真挚情感,也表现了宋词推崇真情的审美趣味。

如晏几道的词:

彩袖殷勤捧玉钟。当年拚却醉颜红。
舞低杨柳楼心月,歌尽桃花扇影风。

从别后,忆相逢。几回魂梦与君同。
今宵剩把银釭照,犹恐相逢是梦中。
——晏几道:《鹧鸪天》

这首词是晏几道脍炙人口的名作,在宋代娱乐业中应该经常被点唱。这首词主要写词人与一个歌女的久别重逢。"彩袖殷勤捧玉钟,当年拚却醉颜红"两句用浓墨重彩渲染了当年的欢会情景和当初的情深义重。那时,这个歌女殷勤劝酒,自己拼命痛饮。歌女在杨柳围绕的高楼中曼妙起舞,摇动着绘有桃花的团扇缓缓而歌。当时,两情欢悦、逸兴遄飞,直到月落风定还意犹未尽,那种浓烈的欢畅长久地印刻在词人的心中,所以在这重逢的时刻,"彩袖"、"玉钟"、"醉颜红"、"杨柳楼"、"桃花扇",一个个意象在词人的心空中翩然翻飞。可是,所有这一切又都是追忆往事,似实却虚,当前一现,倏忽即归乌有。"从别后,忆相逢,几回魂梦与君同"写久别相思,而且长久的思念郁积于胸以致结想成梦,更突出了不期而遇重逢时的惊喜。"今宵剩把银釭照,犹恐相逢是梦中",由于长久只能在梦中欢聚,今日真的相遇了,反觉如梦如幻,疑是梦中。全词来看,情思缠绵委婉,辞句清空如话,情文相生,既烘托出一种迷离恍惚的朦胧意境,更衬托出浓郁深挚的片片真情,呈现出推崇真情的审美情趣。

　　总之,与唐诗负载了许多政治功能的特点不同,在娱乐业的影响下,宋代商品词演唱主要是作为一种商业娱乐表演形式,因而更多地描绘了真实生动的日常场景,抒发了人们的真情实感。正如《中国文学史》所说:宋代"用诗文来表现有关政治、社会的严肃内容,词则用来抒写纯属个人私生活的幽约情愫。"①在宋代商品词的浅吟低唱中,人们抛下了言志明道的岸然道貌,尽情地抒发最真实的爱恨情仇。总体上来看,宋代商品词演唱的娱乐性促使了其主旨远离政治功能,因而宋代商品词的作者和歌者敢于不掩饰自我、打开心扉,更多地抒发真感受、表露真性情,从而形成了推崇真情的审美趣味。

---

① 袁行霈主编:《中国文学史》第三卷,北京:高等教育出版社2003年版,第13页。

第四章

宋代演艺业与宋戏曲的审美俗趣

　　宋戏曲是中国戏曲成熟的标志,而其自身的发展与宋代的文化市场有着密切的关系。正如有论者所说:"中国古代戏曲最大特点是:与市场的紧密结合。……传统的中国戏剧史,很大程度上是一部中国的市场戏剧史。"①总的来说,宋戏曲是随着宋代商品经济的发展而逐渐繁荣起来的,受到了文化市场的巨大影响。有观点认为:"文化娱乐行业的高度发达,对宋代文人的创作产生了重大的影响。在市场的刺激下,一些直接面对市场的文艺类型得到巨大的发展。这种情况可以举出宋杂剧、戏文、说话,也包含一些为射利的词作,比如柳永在相当长的时间中实际上就是靠填词谋生的。如果没有发达的文化娱乐市场,它们的存在也就失去了依托。"②与宋代商品词一样,宋戏曲的审美趣味也受到了整个宋代娱乐业的影响,不过具体来说宋戏曲的审美趣味则主要是与宋代文化市场中的演艺业有着最为密切关系,演艺业的繁荣对宋戏曲审美俗趣的凸显产生了关键性影响,因此本章将重点论述宋戏曲的审美俗趣与宋代演艺业之间的相互关系。

---

① 孙文辉:《戏剧哲学——人类的群体艺术》,长沙:湖南大学出版社1998年版,第193~201页。
② 韩田鹿:《宋代文人与文化娱乐市场》,《河北大学学报(哲学社会科学版)》2007年第2期,第49页。

第一节 宋代演艺业的繁荣

随着宋代商品经济的发展和文化市场的繁荣,宋代演艺业也逐渐繁荣起来。主要表现在以下四个方面:

一、宋代演艺业具有了专业演出团体和创作团体

在宋代,演艺业的主体——专业演出团体已经具备。如周密《武林旧事》卷四《乾淳教坊乐部》谈到宫廷杂剧时所说的"甲",就是宋代的专业演出团体,如"刘景长一甲八人","盖门庆进香一甲五人","内中祗应一甲五人","潘浪贤一甲五人"。① 宋代将专业演出团体称为"班"、"部"、"社"。耐得翁《都城纪胜》载:"演戏而以班名,自宋'云韶班'起。考宋教坊外,又有'钧容直'、'云韶班'二乐,……后世总称为班也。"②周密《齐东野语》也载"掖庭有菊夫人者,善歌舞,妙音律,为仙韶院之冠,宫中号为菊部头。"③南宋临安的专业演出团体则尤为众多,例如"绯绿社"(杂剧)、"齐云社"(蹴球)、"遏云社"(唱赚)、"同文社"(耍词)、"角抵社"(相扑)、"清音社"(清乐)、"锦标社"(射弩)、"锦体社"(花绣)、"英略社"(使棒)、"翠锦社"(行院)、"绘革社"(影社)、"律华社"(吟叫)、"云机社"(撮弄)等。④ 随着宋代演艺业的成熟,演出团体中更涌现了一大批演艺明星,例如北宋汴梁勾栏明星丁都赛,据《东京梦华录》载:"是时弟子萧住儿、丁都赛、薛子大、薛子小、杨总惜、崔上寿之辈,后来者不足数。"⑤再如南宋临安诸宫调明星熊保保,据《梦粱录》载:"说唱诸宫调,昨汴京有孔三传编成传奇灵

---

① [宋]周密:《武林旧事》,北京:中华书局1982年版。
② [宋]耐得翁:《都城纪胜》,北京:中国商业出版社1982年版。
③ [宋]周密:《齐东野语》卷十六《菊花新曲破》,北京:中华书局1983年版。
④ 徐宏图:《论宋室南迁与戏剧繁盛》,见何忠礼主编:《南宋史及南宋都城临安研究(下)》,北京:人民出版社2009年版,第1013~1014页。
⑤ [宋]孟元老:《东京梦华录》卷七《驾登宝津楼诸军呈百戏》,北京:中国商业出版社1982年版。

怪,入曲说唱。今杭城有女流熊保保及后辈女童皆效此,说唱亦精,于上鼓板无二也。"①此外依靠专业团体而声名鹊起的还有高朗妇、黄淑卿、王双莲、袁太道等。这些演艺明星的大量涌现进一步反映出宋代专业演出团体的发达。

同时,宋代演艺业还具有了专业的创作团体,即书会。书会是随着宋代娱乐业的发展而应运而生的专业创作团体,也是宋代演艺业的专业创作团体,例如古杭书会、九山书会、武林书会、玉京书会等。书会的主要功能是创作戏曲、话本、商谜、歌词等脚本,其中创作戏文是其重要功能。例如宋代戏文《张协状元》题为"九山书会编",《宦门子弟错立身》题为"古杭才人新编",《小孙屠》则注明为"古杭书会新编"。关于书会是宋代演艺业的专业创作团体这一定位,学界有着比较一致的看法。例如《永乐大典戏文三种校注》指出:书会是"宋金元时代编写戏剧、话本等等的团体组织。"②《话本小说概论》认为:"书会是文人们编撰剧本和话本组织,有些是业余的或半职业性的艺术团体,也有些是职业性的组织"③,"替说话人、戏剧演员编写话本和脚本的文人行会组织"④。《戏曲艺术论》称:"从事话本或剧本创作的人自行组织的团体,进行创作,将作品卖与演出者,此种团体名为书会。"⑤《中国戏曲发展史纲要》也指出书会是"编撰词曲或其他唱本的集团"⑥。《中国戏曲史漫话》也认为书会"是读书人和民间艺人合作的一种编写剧本的创作团体"⑦。这些学术著作都对宋代书会作为专业创作团体的定位有着相同的看法,也可见书会就是宋代演艺业的专业创作团体。参加书会的作家则称为书会才人。《武林旧事》卷六《诸色伎艺人》在"书会"条就有如下记载:李霜涯(作赚绝伦)、李大官人(谭词)、叶庚、周竹窗、平江周二郎(猢狲)、贾廿二郎。这些人就是当时著名的书会才人。《东京梦华录》的作者孟元老南渡后也在临安参加了书会,成为了书会才人。书会才人是职业的作家,他们结成书会,创造出大量戏曲、话本、商谜、歌词等脚本,流传至今的

---

① [宋]吴自牧:《梦粱录》卷二十《妓乐》,北京:中国商业出版社1982年版。
② 钱南扬:《永乐大典戏文三种校注》,北京:中华书局1979年版,第4页。
③ 胡士莹:《话本小说概论》,北京:中华书局1980年版,第20页。
④ 胡士莹:《话本小说概论》,北京:中华书局1980年版,第65页。
⑤ 张庚:《戏曲艺术论》,北京:中国戏剧出版社1980年版,第37页。
⑥ 周贻白:《中国戏曲发展史纲要》,上海:上海古籍出版社1979年版,第31页。
⑦ 吴国钦:《中国戏曲史漫话》,上海:上海文艺出版社1980年版,第88页。

戏曲不少是他们的作品。他们为当时的演艺业提供了大量戏曲,适应了人们的审美娱乐需要。以九山书会的《张协状元》为例,其在剧本中就通过"末"、"生"二个角色进行了书会的自我介绍:

> 但咱们,虽宦裔,总皆通,弹丝品竹,那堪咏月与嘲风。
> 昔会扬科使砌,何必搽灰抹土,歌笑满堂中。
> ——第一出(末白)《水调歌头》

> 暂息喧哗,略停笑语,试看别样门庭。教坊格范,绯绿可同声。
> 酬酢词源诨砌,听谈论四座皆惊。浑不比乍生后学,谩自逞虚名。

> 《状元张协传》,前回曾演,汝辈搬成。这番书会,要夺魁名。
> 占断东瓯盛事,诸宫调唱出来因。
> 厮罗响,贤们雅静,仔细说教听。
> ——第一出(再白)《满庭芳》

> 九山书会,近目(日)翻腾,别是风味。
> ——第二出(生唱)《烛影摇红》

在这些表述中,"九山书会"声称他们是宦裔子弟,能弹琴吹笛,能诗词文咏,能编写剧本,能化妆表演,并准备要与其他书会或民间剧社展开竞赛来争夺魁名。由此我们可以看出书会可以自编自演,从而进一步印证书会是成熟的专业创作团体。

二、宋代演艺业具有了固定的演出场地

与前代不同,宋代演艺业具有固定的演出场地,主要包括勾栏瓦肆和神庙两种形式。一方面,随着宋代文化市场的繁荣和城市商业演出发展,宋代城市演艺业对专门场地提出了要求,这就是勾栏瓦肆。在勾栏瓦肆中,综合了多种表演形式,例如杂剧、傀儡戏、影戏、诸宫调、小说、讲史等。稍后的元代套曲《般

涉调·耍孩儿·庄家不识勾栏》①也可以印证宋代勾栏瓦肆的状况：

[耍孩儿]风调雨顺民安乐，都不似俺庄家快活。桑蚕五谷十分收，官司无甚差科。当村许下还心愿，来到城中买些纸火。正打街头过，见吊个花碌碌纸榜，不似那答儿闹穰穰人多。

[六煞]见一个人手撑着椽做的门，高声的叫"请请"，道"迟来的满了无处停坐"。说道"前截儿院本调风月，背后么末敷演刘耍和"。高声叫："赶散易得，难得的妆合"。

[五煞]要了二百钱放过听咱，入得门上个木坡，见层层叠叠团圝坐。抬头觑是个钟楼模样，往下觑却是人旋窝。见几个妇女向台儿上坐，又不是迎神赛社，不住的擂鼓筛锣。

[四煞]一个女孩儿转了几遭，不多时引出一伙。中间里一个央人货，裹着枚皂头巾顶门上插一管笔，满脸石灰更着些黑道儿抹。知他待是如何过？浑身上下，则穿领花布直裰。

[三煞]念了会诗共词，说了会赋与歌，无差错。唇天口地无高下，巧语花言记许多。临绝末，道了低头撮脚，爨罢将么拨。

[二煞]一个妆做张太公，他改做小二哥，行行行说向城中过。见个年少的妇女向帘儿下立，那老子用意铺谋待取做老婆。教小二哥相说合，但要的豆谷米麦，问甚布绢纱罗。

[一煞]教太公往前挪不敢往后挪，抬左脚不敢抬右脚，翻来覆去由他一个。太公心下实焦燥，把一个皮棒槌则一下打做两半个。我则道脑袋天灵破，则道兴词告状，划地大笑呵呵。

[尾]则被一胞尿爆的我没奈何。刚挣刚忍更待些儿个，枉被这驴颓笑杀我。

《庄家不识勾栏》是元代曲作家杜仁杰的代表作，也是研究勾栏瓦肆状况的重要文献，可以印证宋代勾栏瓦肆的状况。杜仁杰（1201～1283），字仲梁，号止轩；原名之元，字善夫。济南人。金正大（1224～1231）中隐居内乡山中（今河

---

① [元]杜仁杰：《般涉调·耍孩儿·庄家不识勾栏》，见王起：《元明清散曲选》，北京：人民文学出版社1998年版。

南)。元初屡征不起,谢表中有"惟愿学陆龟蒙,拜赐江湖散人之号"的话,世称杜散人。学问宏博,善于谐谑,尤其善用通俗口语写市井生话。《庄家不识勾栏》描写了一个不识勾栏为何物的庄家人进城看戏的有趣经过,形象地反映出当时勾栏瓦肆的具体情景,在套曲中提及了"花碌碌纸榜"的海报、高声叫"请请"的剧场迎宾服务员、形为"木坡"的梯状看台、"钟楼模样"的舞台以及"人旋涡"般的观众,可以印证宋代演艺业的固定演出场地——勾栏瓦肆的相关状况。

另一方面,宋代的神庙也是常见的固定演出场地。正如有观点指出:"中国古代的戏台,很早就成了神庙建筑中不可缺少的部分。除佛寺外,其他庙宇没有戏台就不算完整。关于神庙舞楼创建之缘起,应当是这样:每一座庙宇都以某一主神为中心,然后拉来许多其他的神灵,构成一个圆满自足的神系。古代农村以及大多数城镇戏台,就建立在这种神秘文化的背景下。"①北宋时,相国寺是最著名的固定演出场地,据欧阳修《归田录》卷二载:宋真宗咸平五年(1002年)"南省试进士有教无类赋,……时有轻薄子拟四句云:相国寺前,熊翻筋斗,望春门外,驴舞拓枝。"②可见宋初时相国寺就盛行着各种表演,从而使那些进京赶考的士子也流连忘返。吴曾《能改斋漫录》也载:仁宗时期(1023～1063年),建州江泃"以布衣游场屋三十年,未成名",其在京师时就"游相国寺,与众书生倚殿观倡优"。③ 具体来说,相国寺的表演场所是在大殿前的广场上,即《东京梦华录》所载的"殿庭供献乐部马队之类"④。而且,宋代还在大殿前广场上专门设立了"乐棚"作为表演的舞台,观者众多,以至深夜。据《东京梦华录》载:

> 于是贵家车马,自内前鳞切,悉南去游相国寺。寺之大殿,前设乐棚,诸军作乐,两廊有诗牌灯云:'天碧银河欲下来,月华如水照楼台。'并'火树银花合,星桥铁锁开'之诗。其灯以木牌为之,雕镂成字,以纱绢幂之于内,密燃其灯,相次排定,亦可爱赏。资圣阁前安顿佛牙,设

---

① 刘元声:《文物物语——论宋代戏曲文物与宋代演出》,上海戏剧学院博士论文,2009年,第107页。
② [宋]欧阳修:《归田录》,北京:中华书局1981年版。
③ [宋]吴曾:《能改斋漫录》卷十八,上海:上海古籍出版社1979年版。
④ [宋]孟元老:《东京梦华录》卷三《国寺内万姓交易》,北京:中国商业出版社1982年版。

以水灯,皆系宰执、戚里、贵近占设看位。最要闹:九子母殿及东西塔院、惠林、智海、宝梵,竞陈灯烛,光彩争华,直至达旦。

——孟元老:《东京梦华录》卷六《十六日》

由此可见,北宋相国寺是当时各种表演的著名固定场地。同时,除相国寺外,其他许多宫观寺庙也是演出的固定演出场地,皆设有表演舞台"乐棚",例如《东京梦华录》载:"其余宫观寺院,皆放万姓烧香。如开宝、景德大佛寺等处,皆有乐棚,作乐燃灯。"①同时,《东京梦华录》也记载了北宋神保观在殿前露台上搭建乐棚、举办包含杂剧在内的演出的盛况:

庙在万姓门外一里许,敕赐神保观、二十三日御前献送后苑作与书艺局等处制造戏玩,如球杖、弹弓、戈射之具,鞍辔、衔勒、樊笼之类,悉绵精巧,作乐迎引至庙,于殿前露台上设乐棚,教坊钧容直作乐,更互杂剧舞旋。太官局供食,连夜二十四盏,各有节次。至二十四日,夜五更争烧头炉香,有在庙止宿,夜半起以争先者。天晓,诸司及诸行百姓献送甚多。其社火呈于露台之上,所献之物,动以万数。自早呈拽百戏,如上竿、趯弄、跳索、相扑、鼓板、小唱、斗鸡、说诨话、杂扮、商谜、合笙、乔筋骨、乔相扑、浪子、杂剧、叫果子、学像生、倬刀、装鬼、砑鼓、牌棒、道术之类,色色有之。至暮呈拽不尽。殿前两幡竿,高数十丈,左则京城所,右则修内司,搭材分占上竿呈艺解。或竿尖立横木列于其上,装神鬼,吐烟火,甚危险骇人。至夕而罢。

——孟元老:《东京梦华录》卷八
《六月六日崔府君生日二十四日神保观神生日》

从其中可以得知,北宋神保观的演出一直持续到夜晚才结束,"至夕而罢",可见其也是当时著名的固定演出场地。

南宋时,神庙依然是演艺业固定的演出场地,其中尤其以首都临安的神庙最为繁盛。《梦粱录》卷十四涉及的"山川神"、"忠节祠"、"仕贤祠"、"古神祠"、"土俗祠"、"东都随朝祠"等条目就介绍了临安近一百座各种神庙,这些神

---

① [宋]孟元老:《东京梦华录》卷六《十六日》,北京:中国商业出版社1982年版。

庙大都是固定的演出场地,例如:

> 初八日,钱塘门外霍山路有神曰祠山正佑圣烈昭德昌福崇仁真君,庆十一日诞圣之辰。祖庙在广德军,敕赐庙额"广惠",自梁至宋,血食已一千三百余年矣。凡邦国有祷,士民有告,感通即应。其日都城内外,诣庙献送繁盛,最是府第及内官迎献马社,仪仗整肃,装束华丽。又有七宝行排,列数卓珍异宝器珠玉殿亭,悉皆精巧。后苑诸作,呈献盘龙走凤,精细靴鞋,诸色巾帽,献贡不俗。各以彩旗、鼓吹、妓乐、舞队等社……台阁巍峨,神鬼威勇,并呈于露台之上。自早至暮,观者纷纷。十一日,庙中有衙前乐,教乐所人员部领诸色乐部,诣殿作乐呈献。
>
> ——吴自牧:《梦粱录》卷一《八日祠山圣诞》

通过材料中"台阁巍峨,神鬼威勇,并呈于露台之上。自早至暮,观者纷纷"等表述可以看出南宋时神庙演出依然十分兴盛,神庙也依然被作为演艺业固定的演出场地,经常上演着各类精彩节目。

再如,《武林旧事》也描述了霞山行宫的演出:

> 二月八日为桐川张王生辰,霞山行宫朝拜极盛,百戏竞集,如绯绿社(杂剧)、齐云社(蹴球)、遏云社(唱赚)、同文社(耍词)、角社(相扑)、清音社(清乐)、锦标社(射弩)、锦体社(花绣)、英略社(使棒)、雄辩社(小说)、翠锦社(行院)、绘革社(影戏)、净发社(梳剃)、律华社(吟叫)、云机社(撮弄)。而七宝、马二会为最。
>
> ——周密:《武林旧事》卷三《社会》

从这则材料中我们除可以看出神庙中的演出十分热闹外,还可以看出当时各演出团体纷纷将神庙作为竞技的场所、一较高下的态势。当然,除了提及的这些神庙外,临安其他神庙中的演出也十分热闹,例如"若三月三日殿司真武会,三月二十八日东岳生辰社会之盛,大率类此,不暇赘陈"。①

另外,除了临安等城市中的神庙,宋代乡村中的神庙同样是演出的固定场

---

① [宋]周密:《武林旧事》卷三《社会》,北京:中华书局1982年版。

所。根据考古发现,目前主要有三则材料涉及了宋代乡村神庙演出的情况,分别是《创建后土圣母庙碑记》(北宋天禧四年山西万荣县桥上村圣母庙)、《威胜军关帝侯新庙记》(北宋元丰三年山西沁县城内关帝庙碑)、《重修圣母之庙》(北宋建中靖国元年山西平顺县东河村九天圣母庙碑)。① 这三则材料中都含有宋代神庙演出的信息,例如"舞亭"(《创建后土圣母庙碑记》)、"舞楼一座"(《威胜军关帝侯新庙记》)、"修舞楼"和"创建舞楼"(《重修圣母之庙》),可见宋代乡村中的神庙同样具有演出固定场所的功能。总之,宋代的神庙也是演艺业常见的固定演出场地。

三、宋代演艺业具有广泛的观众群

由于商品经济的繁荣与发展,宋代城乡大众的娱乐审美需求不断增强,从而为宋代演艺业提供了庞大的观众群。同时,随着坊市合一和宵禁废弛,商品意识在宋代城市社会中迅速滋长和蔓延,并无孔不入地渗透进社会生活的每一个角落,市民阶层作为城市社会主体,产生了旺盛的生活热情和生活欲望,从而构成了宋代演艺业的主要观众群。正如日本学者加藤繁在《中国经济史考证》中所说:"当时(宋代)都市制度上的种种限制已经除掉,居民的生活已经颇为自由、放纵,过着享乐的日子。不用说这种变化,是由于都市人口的增加,它的交通商业的繁盛,它的财富的增大,居民的种种欲望强烈起来的缘故。"②正是由于市民阶层"颇为自由、放纵"的生活和强烈的生活欲望,他们构成了宋代演艺业庞大的观众群。据孟元老《东京梦华录》记载,北宋汴梁看戏的场面非常壮观:"不以风雨寒暑。诸棚看人,日日如是。教坊、钧容直,每遇旬休安乐,亦许人观看。每遇内宴前一月,教坊内勾集弟子小儿,习队舞,作乐杂剧节次。"③北宋演艺业的城市观众群之庞大由此可见一斑。南宋也是如此,有论者指出:"杂剧、南戏,在南宋城市娱乐活动中更为活跃,占有很重要的地位。在瓦子勾栏这

---

① 参见谭帆:《论宋代神庙剧场》,《华东师范大学学报》(哲学社会科学版)》1996 年第 6 期,第 36 页。
② [日]加藤繁:《中国经济史考证》第一卷,台北:华世出版社 1981 年版,第 277 页。
③ [宋]孟元老:《东京梦华录》卷五《京瓦伎艺》,北京:中国商业出版社 1982 年版。

样最好的戏场中,杂剧表演是主要的方面,以它独特的魅力吸引着观众。"①法国学者谢和耐也说道,南宋时"大的都城,尤以杭州为最,因其人口的稠密和城市中各种商贩士庶人物之杂处,大大增加了不同阶层人士交往接触的机会,使他们之间更为息息相关。杭城中有许多的聚会的场所,使得种种团体会社的组织更形便利。总之它是一个供各种娱乐、文艺活动得以发展的理想处所,城市居民最重要的心理特征之一便是对娱乐感无穷之趣味,热衷于各式的休闲玩乐,社交聚会和饮宴。"②可见,随着商品经济的发展,宋代市民阶层空前壮大,成为了宋代演艺业的主要观众群。而宋代演艺业由于具有了一个以市民为主体的庞大观众群,也为演艺业的发展繁荣打下了良好的观众基础。

同时,在宋代广大乡村,也一样有着庞大的观众群。据陈淳《上傅寺丞论淫戏书》所载:宋代演艺业"筑棚于居民丛萃之地,四通八达之郊,以广会观者。至市廛近地四门之外,亦争为之不顾忌。"③反映出宋代演艺业在广大乡村也有着巨大的观众群。例如南宋诗人陆游就是一位戏迷,对戏曲有着浓厚的兴趣,其在《初夏·之二》④就写道:"薤韭腌菹粟作浆,新炊麦饭满村香。先生醉后骑黄犊,北陌东阡看戏场",可见其对戏曲的热爱。他的诗作《小舟游近村,弃舟步归》描述了当时乡村观众的众多以及对演出的热烈追捧:

斜阳古柳赵家庄,负鼓盲翁正作场。

死后是非谁管得,满村听说蔡中郎。

斜阳西下,在古柳依依的赵家庄中,伴随着鼓点的节奏,一位盲翁正在讲唱蔡邕的故事。关于当时所讲的蔡中郎故事,我们可以从南戏《赵贞女》中了解其大概内容:蔡中郎,即蔡邕应举中了状元,之后却抛弃双亲和妻子,入赘了相府。他的妻子赵贞女在家独撑门户,赡养公婆。后公婆去世,赵贞女剪发将他们埋葬,然后身背琵琶上京寻夫。但蔡邕却不肯相认,而且放马把赵贞女踹死。这

---

① 郑师渠:《中国文化通史·两宋卷》,北京:北京师范大学出版社2009年版,第38页。
② [法]谢和耐著、马德程译:《南宋社会生活史》,台北:中国文化大学出版部1982年版,第180页。
③ 谢柏梁:《中国戏曲文化学》,南京:南京大学出版社2004年版,第186页。
④ 北京大学古文献研究所:《全宋诗》,北京:北京大学出版社1998年版。本文所引诗除特别注明外,皆引自该书。

种忘恩负义的行为惹得天神震怒,蔡邕最后遭到了雷击。这个故事在宋代广泛流传,受到了观众的热烈欢迎,而从讲唱时"满村听说蔡中郎"的情景也可以看出当时乡村观众的众多和对演出的热捧。

另一首诗《春社》也反映了浙江越州山阴一带农村演出的盛况:

太平处处是优场,社日儿童喜欲狂。

且看参军唤苍鹘,京都新禁舞斋郎。

优场就是演戏的场所。参军与苍鹘是宋代杂剧中的两个基本角色,两者相互问答,调谑讽刺。斋郎则是宋代舞队的一种。《梦粱录》卷一《元宵》载南宋临安元宵节有"十斋郎"等不下数十种舞队表演,"自十四日为始","至十六夜收灯舞队方散"。这首诗说道,太平时节到处都有演戏的场所,而且在社日的时候最为热闹,儿童这时格外欢喜,大家纷纷去看滑稽谐谑的参军戏和舞队的表演。整首诗反映出了当时乡村演出十分兴盛,具有庞大的观众群,而且乡村观众对演出十分喜爱和欢迎。

尤其值得注意的是,在宋代乡村神庙中的演出甚至还有夜场,例如陆游《书喜》称:"酒坊饮客朝成市,佛庙村伶夜作场";《出游》称:"云烟古寺闻僧梵,灯火长桥见戏场";刘克庄《闻祥应庙优戏甚盛》也称:"空巷无人尽出嬉,烛光过似放灯时,山中一老眠初觉,棚上诸君闹未知"。可以看出,宋代乡村神庙中的演出已具有了深夜场次,由此更可见当时演出在乡村所受到的热烈追捧以及观众人数之众。

总之,因为有广大的城乡观众群,宋代艺人的经济来源变得稳定,从而使其更有余力在技艺上追求精进。同时,纯熟的技艺也促使演艺节目水平不断提高,也使这些宋代艺人更受观众欢迎,从而实现了宋代演艺业发展的良性循环。

四、宋代演艺业的发展受到了官方的支持

宋代演艺业的发展还与当时官方的支持分不开。一方面,官方对宋戏曲演出十分喜爱和欢迎。例如北宋时戏曲演出成为了皇帝喜爱的娱乐项目之一,以供欢宴,赏赐不贵。据《宋会要辑稿·乐五·教坊乐》、南宋灌圃耐得翁《都城纪胜》等相关记载,北宋真宗赵恒曾亲自编写过杂剧剧本。《宋史》卷七《乐志》也保留了一段关于宋代宫廷戏曲的重要资料：

> 宋初循旧制，置教坊，凡四部（雅乐、宴乐、清乐、散乐），每春秋圣节三大宴：其第一，皇帝升座，宰相敬酒，庭中吹觱篥，以众乐和之……第十，杂剧，罢，皇帝起更衣。……第十五，杂剧。①

南宋时，宋戏曲更是受到了官方的追捧。例如南宋理宗朝（1225～1264），每五月五日天基圣节，禁中均要举行寿筵，必令教坊承应。据《武林旧事》卷一《圣节》载：天基圣节排当乐次分"上寿"、"初坐"、"再坐"三场。其中"上寿"共13盏，除《万寿永无疆》引子外，其余依次为：觱篥起《圣寿齐天乐慢》、笛起《帝寿昌慢》、笙起《升平乐慢》、方响起《万方迎慢》、篥起《永遇乐慢》、笛起《寿南山慢》、笙起《恋春光慢》、觱篥起《永遇乐慢》、方响起《碧牡丹慢》、笛起《上苑春慢》、笙起《庆寿乐慢》、觱篥起《柳初新慢》、诸部合《万寿无疆薄媚》曲破。"初坐"共十盏，乐奏夷则宫，除歌舞《万岁梁州》、《圣寿永》、《延寿长》等外，尚演杂剧。如第四盏，演杂剧《君圣臣贤爨》，断送《万岁声》；第五盏，演杂剧《三京下书》，断送《绕游》。此外尚有"杂手艺"，如第七盏，演杂手艺《祝寿地香仙人》。"再坐"共20盏，除歌舞《庆芳春慢》、《延寿曲慢》、《月中仙慢》等外，尚有杂剧、傀儡、百戏、杂手艺等。杂剧，如第四盏演《杨饭》，断送《四时欢》；第六盏演《四偕少年游》，断送《贺时丰》。傀儡，如第七盏，演《踢架儿》；第十三盏，演"傀儡舞"；第十九盏，演《群仙会》。百戏，如第十五盏，演"巧百戏"。参加演出的艺人有"杂剧色"：吴师贤等15人；"弄傀儡"：卢逢春等6人；"杂手艺"：姚润等9人；"女厮扑"：张椿等10人；"筑球军"：陆宝等24人；"百戏"：沈庆等64人；"百禽鸣"：胡福等2人；"舞旋色"：范宗茂1人。乐器有"歌板色"：李文庆1人；"拍板色"：王良卿等3人；"箫色"：傅昌宁等3人；"筝色"：陈仪等6人；"琵琶色"：王荣祖等5人；"嵇琴色"：李松等3人；"笙色"：侯璋等14人；"觱篥色"：齐汝贤等32人；"笛色"：杨德茂等48人；"方响色"：余胜等6人；"杖鼓色"：朱尧卿等10人；"大鼓色"：王喜等4人。此外尚有"内中上教"：张明等5人。从这些宫廷戏曲演出的庞大阵容以及众多的剧目可以看出宋代官方对宋戏曲演出的喜爱。

---

① ［元］脱脱：《宋史》卷七《乐志》，北京：中华书局1977年版。

另一方面,宋代官方对宋戏曲演出的喜爱也促使了对演艺业的支持。例如,在元宵节时,官方允许民间剧团艺人"露台弟子"与官方的教坊、钧容直同台竞技、共同演出,"教坊、钧容直、露台弟子,更互杂剧"①,显示了官方对演艺业的支持。另据《东京梦华录》载,宋代演艺业的明星萧住儿、丁都赛、薛子大、薛子小、杨总惜、崔上寿等人曾被邀请为皇帝演出,②也反映了官方对宋代演艺业的支持。

尤其值得注意的是,到了南宋时期,官方逐渐废除了教坊。据《宋史》载:"高宗建炎初省教坊,绍兴十四年复置","绍兴三十一年有诏,教坊即日蠲罢,各令自便"。③ 教坊被废除之后,凡是宫廷的宴享活动大都委托社会上的演艺团体进行演出。例如《宋史》载:"乾道后,北使每岁两至,亦用乐,但呼市人使之,不置教坊,止令修内司先两旬教习。"④《朝野类要》也载:"今虽有教坊之名,隶属修内司教乐所,然遇大宴等,每差衙前乐权充之不足,则又和雇市人。近年衙前乐已无教坊旧人,多是市井歧路之辈。"⑤可见,由于官方废除了教坊,从而给了民间的演艺团体宝贵的支持和发展机遇,如《中国戏曲史略》所说:"南宋绍兴三十一年(1160年)罢教坊,遇有宴享活动,则找城市勾栏乐工和百戏、杂剧艺人担当。"⑥官方的这种支持进一步促进了宋代演艺业的发展。

总之,宋戏曲演出受到了当时官方的喜爱,由此使得宋代演艺业得到了官方的支持,从而进一步获得了发展的空间。

---

① [宋]孟元老:《东京梦华录》卷六《元宵》,北京:中国商业出版社1982年版。
② [宋]孟元老:《东京梦华录》卷七《驾登宝津楼诸军呈百戏》,北京:中国商业出版社1982年版。
③ [元]脱脱:《宋史》卷一四二,北京:中华书局1977年版。
④ [元]脱脱:《宋史》卷一四二,北京:中华书局1977年版。
⑤ [宋]赵升:《朝野类要》卷一《教坊》,文渊阁四库全书本。
⑥ 余从、周育德、金水:《中国戏曲史略》,北京:人民音乐出版社2003年版,第39页。

第二节　关于宋戏曲

随着宋代演艺业的发展和繁荣,宋戏曲成为宋代演艺业最主要的演出内容,其涵盖了滑稽戏、参军戏、乐曲、歌舞、杂戏、小说、傀儡、影戏等百戏,其中主要是杂剧和南戏。王国维《宋元戏曲史》指出:"宋元之际,始有南曲、北曲之分,此二者亦综合宋代各种乐曲而为之也。"①《中国文化通史》也指出:"宋代社会生活非常丰富,民间娱乐极为普遍,民间艺人活跃于社会的各个角落,其表现手法和艺术风格促进了宋代文学的进一步繁荣。在民间说唱歌舞表演艺术基础上产生了戏曲,具有划时代的意义。宋代的杂剧可以视为古代戏曲的雏形;南宋的戏文,是在杂剧和南方民间歌舞基础上形成的戏曲形式。"②

同时,宋戏曲还包括滑稽戏、参军戏、乐曲、歌舞、杂戏、傀儡、影戏等百戏,据《宋元戏曲史》,王国维在研究了宋代各种戏曲形式后,认为北宋确有戏曲,但不知其体裁如何,只能从《武林旧事》所载的二百八十段官本杂剧段数中,窥两宋戏曲之大概。但整体上看,宋代杂剧和南戏是宋代戏曲的典型代表。

一方面,宋杂剧是在继承唐参军戏、歌舞戏传统的基础上,广泛吸收民间说唱、杂耍、武艺和唐宋大曲而形成的一种歌舞与故事表演初步结合的艺术,它分为"艳段"、正杂剧、杂扮三部分,而且三部分各有自身内容,互不连贯,同时角色有末泥、引戏、副净、副末、装孤五种,所以又叫"五花爨弄"。关于宋杂剧的表演体制,《都城纪胜》载:"杂剧中,末泥为长。每四人或五人为一场。先做寻常熟事一段,名曰艳段,次做正杂剧,通名两段。末泥色主张,引戏色分付,副净色发乔,副末色打诨,又或添一人装孤。其吹曲破断送者,谓之把色。大抵全以故事,世务为滑稽。本是鉴戒,或隐为谏诤也。故从便跣露,谓之无过虫。"③《梦粱录》也有相似记载:"散乐传学教坊十三部,惟以杂剧为正色","且谓杂剧中末泥为长,每一场四人或五人。先做寻常熟事一段,名曰'艳段'。次做正杂剧、

---

① 王国维:《宋元戏曲史》,上海:商务印书馆1915年版,第19页。
② 郑师渠:《中国文化通史·两宋卷》,北京:北京师范大学出版社2009年版,第292页。
③ [宋]耐得翁:《都城纪胜·瓦舍众伎》,北京:中国商业出版社1982年版。

通名两段。末泥色主张,引戏色分付,副净色发乔,副末色打诨。或添一人,名曰'装孤'。先吹曲,破断送,谓之'把色'。大抵全以故事,务在滑稽唱念,应对通遍。此本是鉴戒,又隐于谏诤,故从便跣露,谓之'无过虫'耳。"①可以看出,宋杂剧已有成熟的表演体制,各表演单元也已逐渐固定,从而成为成熟的剧种。

从数量上来看,宋代的杂剧数目很多,《武林旧事》卷十《官本杂剧段数》中就保留着二百八十段杂剧剧名,具体如下:

《争曲六幺》	《扯拦六幺》(三哮)	《教声六幺》
《鞭帽六幺》	《衣笼六幺》	《厨子六幺》
《王子高六幺》	《崔护六幺》	《骰子六幺》
《莺莺六幺》	《大宴六幺》	《驴精六幺》
《慕道六幺》	《三偌慕道六幺》	《双拦哮六幺》
《孤夺旦六幺》	《照道六幺》	《女生外向六幺》
《赵厥夹六幺》	《羹汤六幺》	《索拜瀛府》
《哭骰子瀛府》	《醉院(陈刻"县")君瀛府》	《厚熟瀛府》
《懊(陈刻"燠")骨头瀛府》	《赌钱望瀛府》	《四僧梁州》
《三索梁州》	《诗曲梁州》	《头钱梁州》
《食店梁州》	《法事馒头梁州》	《四哮梁州(陈刻"伊州")》
《领伊州》	《食店伊州》	《烧花新水》
《铁指甲伊州》	《闹五伯伊州》	《裴少俊伊州》
《桶(陈刻"橘")担新水》	《双哮新水》	《打调薄媚》
《简贴薄媚(陈刻"补")》	《请客薄媚》	《错取薄媚》
《传神薄媚》	《九妆薄媚》	《本事现薄媚》
《拜褥薄媚》	《郑生遇龙女薄媚》	《土地大明乐》
《打球大明乐》	《三爷老大明乐》	《列女降黄龙》
《双旦降黄龙》	《柳比上官降黄龙》	
《赶厥胡渭州》	《单番将胡渭州》	《银器胡渭州》
《看灯胡渭州》(三厥)	《入寺降黄龙》	《榆标降黄龙》
《打地铺逍遥乐》	《病郑逍遥乐》	《崔护逍遥乐》

① [宋]吴自牧:《梦梁录》卷二十《妓乐》,北京:中国商业出版社1982年版。

续表

《烙涵(陈刻"面")逍遥乐》	《单打石州》	
《和尚(陈刻"石和")那石州》	《赶厥石州》	
《塑金刚大圣乐》	《单打大圣乐》	《柳毅大圣乐》
《霸王中和乐》	《马头中和乐》	《大打调中和乐》
《喝贴万年欢》	《托合万年欢》	《迓鼓儿熙州》
《骆驼熙州》	《二郎熙州》	《大打调道人欢》
《会子道人欢》	《双(陈刻"打")拍道人欢》	
《越娘道人欢》	《打勘长寿仙》	《偌卖姐长寿仙》
《分头子长寿仙》	《棋盘法曲》	《孤和法曲》
《藏瓶儿法曲》	《车儿法曲》	《病爷老(陈刻无"老"字)剑器》
《霸王剑器》	《黄杰进延寿乐》	《义养娘延寿乐》
《扯篮(陈刻"槛")儿贺皇恩》	《崔妆贺皇恩》	《封陟中和乐》
《唐辅采莲》	《双哞采莲》	《病和采莲》
《诸宫调霸王》	《诸宫调卦册儿》	《相如文君》
《崔智韬艾虎儿》	《王宗(陈刻"崇")道休妻》	
《李勉负心》	《四郑舞杨花》	《四偌皇州》
《槛偌宝(陈刻"保")金枝》	《浮沤传永成双》	
《浮沤暮云归》	《老孤嘉庆乐》	《两相宜万年芳》
《进笔庆云乐》	《裴航相遇乐》	《能知他泛清波》
《三钓鱼泛清波》	《五柳菊花新》	《梦巫山彩云归》
《青阳观碑彩云归》	《四小将整乾坤》	《四季夹竹桃花》
《禾打千秋(陈刻"春")乐》	《牛五郎罢金征》	《百花爨》
《新水炊》	《三十拍爨》	《天下太平爨》
《三十六拍爨》	《门子打三教爨》	《孝经借衣爨》
《大孝经孙(陈刻"狐")爨》	《喜朝天爨》	《说月爨》
《风花雪月爨》	《醉青楼爨》	《宴瑶池爨》
《钱手帕爨》(小字太平歌。"帕"陈刻"拍")	《诗书礼乐爨》	

续表

《醉花阴爨》	《钱爨》	
《涝勒爨》("涝"陈刻"蕾","勒"字无考)	《借听爨》	
《大彻底错爨》	《黄河赋爨》	《睡爨》
《门儿爨》	《火发爨》	《棹孤舟爨》
《上借门儿爨》	《抹紫粉爨》	《夜半乐爨》
《借衫爨》	《烧饼爨》	《调燕爨》
《闹夹棒爨》	《铜博爨》	《金莲子爨》
《木兰花爨》	《月当听爨》	《醉还醒爨》
《扑蝴蝶爨》	《闹八妆爨》	《钟馗爨》
《恋双双爨》	《恼子爨》	《像生爨》
《思乡早行孤》	《睡孤》	《迓鼓孤》
《讳药(陈刻"乐")孤》	《大暮故孤》	《小暮故孤》
《老姑(陈刻"孤")遣姐》	《孤惨》	《双孤惨》(肉骨突)
《三孤惨》	《四孤醉留客》	《四孤夜宴》
《论禅孤》	《四孤好》	《王魁三乡题》
《四孤披头》	《四孤擂》	《病孤三乡题》
《强偌三乡题》	《文武问命》	《两同心卦铺儿》
《一蟮金卦铺儿》	《满皇州卦铺儿》	《变猫卦铺儿》
《白芷卦铺儿》	《探春卦铺儿》	《庆时丰封铺儿》
《三哮卦铺儿》	《三哮好女儿》	《三哮上小楼》
《三哮文字儿》	《三哮揭榜》	《三哮一檐脚》
《襤哮合房》	《急慢酸》	《黄元儿》
《襤哮店休姐》	《襤哮负酸》	《秀才下酸擂》
《眼药酸》	《食药酸》	《风流药》
《医淡》	《医马》	《调笑驴儿》
《雌虎》(崔智韬)	《毁庙》	《单背影》
《觧熊》	《鹘打兔变二郎》	《二郎神变二郎神》
《入庙霸王儿》	《单调霸王儿》	《单调宿》
《单兜》	《双打球》	《双三教》

续表

《单顶戴》	《单唐突》	《单折洗》
《双搭手》	《双厥送》	《双厥投拜》
《双顶戴》	《双园子》	《双索帽》
《双虞候》	《双养娘》	《双快(陈刻"抉")》
《双捉》	《双禁师》	《双罗罗啄木儿》
《赖房钱啄木儿》	《大双惨》	《醉排军》
《围城啄木儿》	《大双头莲》	《小双头莲》
《小双惨》	《小双索》	《双排军》
《双卖妲》	《三入舍》(陈刻"三合人")	《三教闹著棋》
《三出舍》(陈刻"三出合")	《三笑月中行》	《三京下书》
《三登乐院公狗儿》	《三教安公子》	《三社争赛》
《三顶戴》	《三偌一赁驴》	《三盲一偌》
《三借乐货儿》	《三献身》	《三教化》
《三短雷》	《打三教庵宇》	《普天乐打三教》
《满皇州打三教》	《领三教》	《三姐醉还醒》
《三姐黄莺儿》	《卖花黄莺儿》	《大四小将》
《四小将》	《四国朝》	《四脱空》
《四教化》	《泥孤》	

同时,宋代杂剧演出市场也十分繁荣。据《东京梦华录》载,北宋汴梁"构肆乐人,自过七夕,便般《目连救母》杂剧,直至十五日止,观者增倍"。① 当时杂剧的繁荣可见一斑。《中国文化通史》指出:"在瓦子勾栏这样最好的戏场中,杂剧表演是主要的方面,以它独特的魅力吸引着观众。"②《东京梦华录》也载:

> 正月十五日元宵,大内前自岁前冬至后,开封府绞缚山棚,立木正对宣德楼,游人已集御街,两廊下。奇术异能,歌舞百戏,鳞鳞相切,乐声嘈杂十余里。……内设乐棚,差衙前乐人作乐杂戏,并左右军百戏在其中,驾坐一时呈拽。宣德楼上皆垂黄缘,帘中一位乃御座。用黄罗设一彩棚,御龙直执黄盖掌扇,列于帘外。两朵楼各挂灯球一枚,约

---

① [宋]孟元老:《东京梦华录》卷八《卷八中元节》,北京:中国商业出版社1982年版。
② 郑师渠:《中国文化通史·两宋卷》,北京:北京师范大学出版社2009年版,第38页。

方圆丈余,内燃椽烛,帘内亦作乐。宫嫔嬉笑之声,下闻于外。楼下用枋木垒成露台一所,彩结栏槛,两边皆禁卫排立,锦袍幞头簪赐花,执骨朵子,面此乐棚。教坊、钧容直、露台弟子,更互杂剧。

——孟元老:《东京梦华录》卷六《元宵》

从中可以看出,北宋元宵节时的戏曲演出由不同演出团体轮流上台表演,"差衙前乐人作乐杂戏"、"左右军百戏"等,十分繁荣。所谓"教坊、钧容直、露台弟子,更互杂剧"则反映了民间杂剧团体的实力。其中的"露台弟子"指的就是民间剧团艺人,其能在国家重大节日的杂剧演出中与官方的教坊、钧容直相抗衡,从一个侧面也反映出当时民间杂剧演出市场的发展盛况。同时,《东京梦华录》也记载了汴梁露台弟子于皇帝游春时在金明池演出杂剧的盛大场面:

后部乐作,诸军缴对杂剧一段,继而露台弟子杂剧一段。是时弟子萧住儿、丁都赛、薛子大、薛子小、杨总惜、崔上寿之辈,后来者不足数。

——孟元老:《东京梦华录》卷七《驾登宝津楼诸军呈百戏》

值得注意的是,这则材料中提到了北宋著名的杂剧女演员丁都赛,而其妙曼绰约的形象已被刻入雕像砖[1],流传各地,从而也从另一个侧面反映了宋代杂剧演出市场的繁荣。另外,除这则材料所列出的杂剧演员之外,《东京梦华录》卷七《京瓦伎艺》还提到了"教坊减罢并温习"的勾栏杂剧艺人,有张翠盖、张成弟子、俏枝儿、周寿奴、称心等杂剧演员。这些杂剧明星的出现也都反映了宋代杂剧演出市场的繁荣。

另一方面,南戏则是南曲戏文的简称,它是在宋杂剧的基础上,与南方地区曲调结合而发展起来的一种新兴的戏剧形式,由于其流行于温州、永嘉一带,因此又称温州杂剧、永嘉杂剧。《宋辽夏金文化史》在谈及南戏特点时指出:"两宋之际,南方尤其是浙东沿海流行南曲戏文,吸收南方民间散乐,结合各种伎艺歌舞表演动作,逐渐形成有一定程式的戏曲,与杂剧齐名。早期南戏唱词据词和民间里巷曲谣等,结构疏散,科诨较多,无一定模式,主要在温州一带流

---

[1] 参见山西师范大学戏曲文物研究所:《宋金元戏曲文物图论》,太原:山西人民出版社1987年版,图五七。

行。"①据明代祝允明《猥谈》载:"南戏出于宣和之后,南渡之际,谓之温州杂剧。"②徐渭《南词叙录》则记载:"南戏始于宋光宗朝,永嘉人所作《赵贞女》、《王魁》两种实首之。"③《中国大百科全书·戏曲曲艺卷》总结道:"从徽宗至光宗,这中间的七十余年,正是南戏由原始状态的村坊小戏逐渐成长演变为完整的戏剧形式的过程。"④

具体来说,形式方面,与宋杂剧不同,南戏已有独唱、对唱、合唱等多种演唱形式,并综合了歌唱、念白和动作等表现手段来表演一个完整的故事。内容方面,南戏中故事的叙说占有重要地位,而且有头有尾,因果分明。音乐方面,南戏以南方流行的小曲、歌谣为主,同时采用唱赚、词调和大曲的部分曲调。体制方面,南戏的结构是弹性的,可以自由伸缩,长的可达五六十出,短的只有二三十出。

早期南戏除《赵贞女》、《王魁》外,还有《乐昌分镜》(见《中原音韵》)、《王焕》(见《钱塘遗事》)等南戏,这些南戏影响深远,然而却由于多种原因没有流传下来。不过,《永乐大典》保存的《张协状元》是比较可靠的早期南戏代表。《张协状元》是由当时温州九山书会才人创作,距今已有八百年的历史,是现存唯一最早、保留最完整的古代戏曲剧本。它记载着中国戏曲萌发期的表演形态和美学观念,在中国戏曲发展史上占有非常重要的地位,被称为"中国第一戏"和"戏曲活化石"。其剧情大致是:北宋时成都府解元张协进京赶考,雪天路过五鸡山时受强盗劫掠,被打成了重伤。这时被古庙贫女所救并与贫女结为夫妇,后贫女卖发为张协筹措进京赶考的路费。张协入京应举高中状元后,当朝权贵王德用要招他为女婿,愿把女儿胜花嫁给他,但不料却被张协拒绝,胜花因此羞愧而亡。后贫女听说张协显贵,便千里入京寻夫。此时张协认为接纳贫女有辱身份,不仅拒绝相认,反让门人将贫女痛打一番。在无奈和绝望中,贫女只得乞讨回家。封官后的张协离京赴任,路过五鸡山时再次遇到了贫女,遭到贫女斥责。张协为了杀人灭口,掩盖其所认为的人生污点,竟然剑劈贫女,幸贫女

---

① 叶坦、蒋松岩:《宋辽夏金文化史》,上海:东方出版中心2007年版,第247页。
② [明]祝允明著,雅俗轩校笺:《猥谈》,《文化学刊》2007年第1期,第185页。
③ [明]徐渭:《南词叙录》,北京:中国戏剧出版社1989年版。
④ 中国大百科全书编辑委员会:《中国大百科全书·戏曲曲艺卷》,北京:中国大百科全书出版社1993年版,第366页。

侥幸未死。而王德用为报复张协的拒婚,也请调任梓州为官,在路过五鸡山古庙时将贫女收为养女,后在梓州任上指责张协,使其哑口无言。不过,最终在当地官员的撮合下,张协答应王德用做王家女婿,接受了贫女,实现了一个大团圆的结局。《张协状元》全剧共五十三出,角色包括生、旦、净、末、丑、外、贴七个,数量多于此前的宋杂剧,戏文表演的主体是通过生、旦说唱来敷演故事,同时末、净、丑等角色插科打诨的滑稽表演也占较大的比重。另外,《张协状元》的语言俚俗浅露,留存有大量口语、谚语和温州方言。《张协状元》在宋元戏曲中属鸿篇巨制,艺术成就达到了较高的水平,对后世戏曲产生了深远的影响。通过《张协状元》可以看出,宋代南戏在形式、内容、音乐、体制等方面形成了自身比较鲜明的特点。

　　总体上看,虽然目前仅有《张协状元》、《宦门子弟错立身》、《小屠孙》三种早期南戏剧本见于《永乐大典》,但据《宋辽夏金文化史》介绍:宋代南戏戏文"有记载的戏文达一百六十多种,但极少流传,从出土的戏俑来看,有生、旦、净、末等角色。"①可见,南戏与杂剧一样,在宋代也很繁荣。另外,有的学者还进一步认为总体上南宋戏曲比北宋戏曲更为繁荣,指出:"南宋戏剧承北宋而来,而又比北宋繁荣。北宋除杂剧外,尚有说话、傀儡、影戏、诸宫调、唱赚、杂扮、相扑等20余种。南渡后,骤增至50多种,其中南戏影响尤大。这些不同门类的艺术汇聚一地,通过同台演出、交流和竞争,对戏曲的形成与发展发挥一定的积极作用,在题材方面通过彼此移植,扩大反映社会生活的领域;在艺术上通过取长补短、吸收各种审美因素,获得进一步的提高,以满足广大市民日益提高了的审美需求。这是宋封建文化高度发达的产物,是商品经济极大繁荣的结果,是中国戏剧发展史的重要篇章。"②总之,杂剧和南戏是宋戏曲的主要内容,代表了宋戏曲的成就。正如《宋辽夏金文化史》所说:"宋代的杂剧和南戏,成为中国戏曲发展史上的重要成就,为后世戏曲发展准备了条件。"③总体上来看,宋戏曲十分繁荣,百戏相竞,其中尤其以杂剧和南戏为杰出代表,达到了一个新的艺术高度。

---

① 叶坦、蒋松岩:《宋辽夏金文化史》,上海:东方出版中心2007年版,第247页。
② 徐宏图:《论宋室南迁与戏剧繁盛》,见何忠礼主编:《南宋史及南宋都城临安研究(下)》,北京:人民出版社2009年版,第1020页。
③ 叶坦、蒋松岩:《宋辽夏金文化史》,上海:东方出版中心2007年版,第247页。

第三节　宋代演艺业对宋戏曲审美情趣的影响

一、演出的市场机制与宋戏曲的民间性

在宋代之初,政府沿袭唐代传统设立了宫廷演出机构——教坊。教坊进行宋戏曲演出的费用由宋朝政府负担,为宋朝统治阶层服务,因而讲究演出的仪式性、演出内容的颂扬性,并适应贵族的审美趣味。但从整体上看,在宋代,宋戏曲演出主要受到了市场机制的制约,因而整体的审美趣味由作为消费主体的大众阶层所决定,从而与统治阶层的审美趣味有很大的不同,呈现出了强烈的民间性特色。

具体而言,宋戏曲演出市场主要由城市市场、乡村市场和流动市场构成。宋代演艺业以这三种市场为基础构建了宋戏曲演出的市场机制,这种市场机制对宋戏曲的审美趣味产生了重要影响,导致了宋戏曲在审美趣味上的民间性。

首先,宋代城市中,勾栏瓦肆是宋戏曲的最主要的演出市场,几乎每天都有宋戏曲在勾栏瓦肆中上演,有着一整套比较成熟的市场机制。例如北宋时,勾栏瓦肆遍布首都汴梁,据孟元老《东京梦华录》卷二《东角楼街巷》载:"街南桑家瓦子,近北则中瓦,次里瓦,其中,大小勾栏五十余座。"[1]南宋时,首都临安的勾栏瓦肆规模比汴梁更大,据《西湖老人繁胜录·瓦舍》、《梦粱录》卷十九《瓦舍》、《武林旧事》卷六《瓦子勾栏》等文献记载,临安有大小瓦子二十三座,而其中仅北瓦子一处,就有勾栏十三座。瓦肆中的勾栏为宋戏曲的具体演出场地,由戏台、戏房(后台)、神楼、腰棚(看席)构成,观众入场时要收入场费,已经形成了成熟的运营模式。而且勾栏瓦肆还注重对宋戏曲的市场宣传,例如在勾栏门外张贴有各种各样的演出宣传海报,称为"花招儿"或"招子",其上写有演员的名字。另外,勾栏瓦肆还很可能会在报纸上刊登广告。据考证,当时的文化市场上除了有官方邸报,还有私家小报,主要登载一些新闻、广告等,颇受欢迎。

---

[1] [宋]孟元老:《东京梦华录》,北京:中国商业出版社1982年版。

例如有诗称："门前卖报走如水。"①总之,城市中宋戏曲演出的市场机制决定了其要符合市民的审美要求,因此上演的剧目及审美趣味更多地满足市民的口味,从而彰显了宋戏曲的民间性。

其次,在乡村,宋戏曲的演出主要为农闲时的庙会演出。乡村演出的市场机制也促使其要照顾乡民的审美需求。南宋陈淳的《上傅寺丞论淫戏书》认为宋戏曲的乡村演出市场"无故剥民膏为妄费",并谈及乡村中宋戏曲的演出机制是"数十群共同相唱者,号曰戏头,逐家哀敛钱物,豢优人作戏"②。不过,从另一个方面我们也可以窥见乡村市场机制对宋戏曲的巨大影响。从当时人们的记录来看,宋代乡村市场中已有历史剧、神话剧等各种剧目,都贴近着乡村观众的审美趣味,尤其《赵贞女》等与乡村生活有关的剧目以及滑稽戏等更受欢迎,所谓"满村听说蔡中郎"③,"且看参军唤苍鹘,京都新禁舞斋郎"④。宋代诗人刘克庄对福建乡村的演出活动作了生动描绘,同样可看出乡村演出市场的机制对宋戏曲民间性的巨大影响。例如《观社行用实之韵再和》就描绘了乡村社祭时的演出活动:

> 陌头侠少行歌呼,方演东晋谈西都。
> 淫哇奇响荡众志,澜翻辩吻矜群愚。
> 狙公加之章甫饰,鸠盘谬以脂粉涂。
> 荒唐夸父走弃杖,恍惚象罔行索珠。
> 效牵酷肖渥洼马,献宝远致昆仑奴。

从这首诗中可以看出,当时社祭的演出既有历史剧,又有神话剧,情节有趣,化妆夸张,表演者十分投入,深深吸引着众多观众,在审美趣味上则"淫哇奇响荡众志,澜翻辩吻矜群愚"。虽然诗人对宋戏曲的乡村演出市场有着负面的评价,然而也透露出当时乡村戏曲演出由于要适应市场机制的要求而在审美趣味上有意迎合乡民的情况,这种迎合同样导致了宋戏曲在审美趣味上的民间性

---

① [宋]李若水:《御笔免房钱一旬》,见[明]佚名:《诗渊》第一册,北京:书目文献出版社1984年版,第79页。
② 谢柏梁:《中国戏曲文化学》,南京:南京大学出版社2004年版,第186页。
③ [宋]陆游:《小舟游近村,弃舟步归》。
④ [宋]陆游:《春社》。

特色。除此之外，刘克庄的其他诗作中也描绘了当时乡村戏曲演出市场由于适应了乡民的审美趣味而广受欢迎、观众众多的情景。例如《田舍即事》写道："儿女相携看市优，纵谈楚汉割鸿沟。山河不暇为渠惜，听到虞姬直是愁。"描写了当时众多乡村观众"儿女相携"前往观看霸王别姬的戏剧、并为之深深感动的情景，同时也透露出乡村演出的审美趣味上的民间性。再如《即事》："抽簪脱袴满城忙，大半人多在戏场"，"湘累无奈众人醉，鲁蜡曾令一国狂"，同样反映了当时乡村观众对演出的热烈追捧以及演出在审美趣味上的民间性。由此可见宋戏曲乡村演出的市场机制也决定了其审美趣味要满足当地乡民的审美需求，从而也体现了宋戏曲审美趣味上的民间性。

最后，宋戏曲演出的流动市场是城市市场、乡村市场的有益补充。在宋代，宋戏曲演出的流动市场主要有堂会和流浪卖艺两种形式。堂会多由家庭举办，少数由社会团体等组织举办。堂会是在厅堂或宅院内举行，不需要专门剧场和舞台，演出费用由邀请方垫付。而流浪卖艺则不限地点时间，随时随地应顾客需要进行演出，宋代称之为"打野呵"。据周密《武林旧事》载："或有路歧不如勾栏，只在要闹宽阔之处做场者，谓之'打野呵'。此又艺之次者。"①这些流浪艺人通过为路人演出宋戏曲等方式获得收入。同样在市场机制的影响下，无论是堂会还是流浪卖艺，这些场合的宋戏曲演出必须适应民间观众的审美趣味，否则就无法在市场上存活下去。如果堂会无法满足委托方的审美需求，就无法在当地的演艺市场生存下去，更谈不上持续发展。流浪卖艺更是如此，如果观众的审美要求得不到满足，流浪艺人连生存都会受到威胁。因此，受到流动演出市场机制的制约，该市场上宋戏曲的审美趣味同样体现出了自身的民间性。

总之，由于演出的市场机制的制约，无论是在城市市场，在乡村市场，还是在流动市场，宋戏曲必然适应民间的审美需求，从而体现出自身审美趣味的民间性。

二、创作演出的功利追求与宋戏曲的娱乐性

宋戏曲的创作者由民间艺人、书会才人和士大夫构成。其中士大夫为宫廷教坊写剧本主要是出于兴趣，对宋戏曲的创作影响很小。宋戏曲的创作者主体

---

① [宋]周密：《武林旧事》卷六《瓦子勾栏》，北京：中华书局1982年版。

是由民间艺人和书会才人构成。其中书会才人是宋代的职业写手,以编写话本、戏曲等为生。民间艺人和书会才人编写宋戏曲主要是为了谋生这一功利目的,而与"经国之大业,不朽之盛事"①无关。正如《中国文化通史》所总结的那样:"商业经济的发展,使宋代的城市空前繁荣起来。艺人们迎合了都市百姓的口味,反映了市井细民的要求的情况,自然就会引起人们的注目。"②只有所写的戏曲满足了消费者的娱乐审美需求,演出后受到大众欢迎,民间艺人、书会才人才能得到经济利益,其个人生存与事业发展才能得到保障。正如有论者指出:"特别是那些和市场联系更为紧密的、靠市场过活的下层文人如书会才人、杂剧作家等,追求市场效应就更是压倒性的考虑了。这种影响,在宋代已经渐渐明显。"③因此,民间艺人、书会才人在创作之初就主动迎合大众口味,从而使宋戏曲剧本天然具有娱乐性。例如,关于宋代南戏代表《张协状元》,《宋代状元文化背景下的市民观照》一文就指出:"《张协状元》以其市民阶层立场,反旧有状元系统文学思路,予以改弦更张,其目的是为迎合市民趣味的娱乐需求,追求情感与感官刺激、剧场效果。"④《谈昆剧〈张协状元〉的戏乐精神》也指出:"'戏乐'精神是中国古戏一个十分明显的特征,体现了中国古戏的娱乐追求。中国戏曲的表演,历来就是以娱乐为本的,宋杂剧'全以故事,务为滑稽';南戏《张协状元》也明示其搬演就是要'教看众乐陶陶'、'歌笑满堂中'。"⑤总之,宋戏曲的创作者在创作之初即主动迎合大众的娱乐需求,从而促使宋戏曲在审美趣味上呈现出娱乐性的特色。

同时,宋代还出现了宋戏曲的职业演出者,他们把宋戏曲演出作为职业,演出就是为了生存与发展。例如《武林旧事》卷六《诸色伎艺人》所列出的专业杂剧演员,无论是李霜涯、李大官人、叶庚,还是周竹窗、平江周二郎、贾廿二郎,他们之所以投身宋戏曲演艺业,主要是为了个人生存发展的功利目的。而随着宋

---

① [三国]曹丕:《典论·论文》,见[南朝梁]萧统:《文选》卷五二,文渊阁四库全书本。
② 郑师渠:《中国文化通史·两宋卷》,北京:北京师范大学出版社2009年版,第36页。
③ 韩田鹿:《宋代文人与文化娱乐市场》,《河北大学学报(哲学社会科学版)》2007年第2期,第50页。
④ 伊永文:《宋代状元文化背景下的市民观照》,《哈尔滨工业大学学报(社科版)》2005年第1期,第99页。
⑤ 徐大军:《谈昆剧〈张协状元〉的戏乐精神》,《戏文》2002年第1期,第18页。

代演出市场的发展,宋戏曲职业演出者之间的竞争也不断加剧,因此必然促使其努力迎合目的受众——主要是大众阶层的娱乐审美需求,从而进一步导致了宋戏曲的娱乐性。而只有彰显娱乐性,宋戏曲才能受到观众的欢迎,例如孟元老《东京梦华录》载:"般杂剧:杖头傀儡任小三,每日五更头回小杂剧,差晚看不及矣。"① 一些宋戏曲职业演出者,正是通过增强宋戏曲的娱乐性,从而长期占据勾栏,甚至扬名四海,获得更多的经济利益。例如孟元老《东京梦华录》卷七《驾登宝津楼诸军呈百戏》提及的丁都赛,即是当时的宋戏曲明星。另外,流动市场上还有"打野呵"的"路歧人"。《中国文化通史》指出:"除瓦子勾栏外,在街头巷口的一些开阔地带,是游动的'路歧人'的活动场所,其境遇不如瓦子勾栏中的艺人,没有固定的场所,这些艺人多是流入城市的破产农民,这些艺人和瓦子勾栏中的专业艺人一起共同繁荣了城市的文化生活,促进了宋代都市文化的兴盛。"② 路歧人进行宋戏曲演出更是出于生存需要,而不是个人爱好与艺术追求。吴自牧《梦粱录》就明确指出了他们是为了"求觅铺席、宅舍、钱酒之资"。③ 南宋周南《山房集·刘先生传》则记载了一则反映"路歧人"为生存而表演的材料:"市南有不逞者三人,女伴二人,莫知其为兄弟妻姒也。以谑丐钱。……自一钱以上皆取焉,而独不能鉴空。"④ 描绘了他们为了谋生,在街头巷尾模仿各种滑稽人物进行表演的情景,也体现了谋生的功利目的对宋戏曲演出的娱乐性的影响。

总之,无论是宋戏曲的创作者还是宋戏曲的演出者,其之所以参与到宋戏曲中来,主要是为了个人生存与发展这一功利目的。在这一功利目的的驱使下,他们主动适应市场要求,满足消费者的娱乐审美需要,从而导致了宋戏曲在审美趣味上的娱乐性。

三、目的受众的审美趣味与宋戏曲的通俗性

任何一种有偿娱乐服务,都属于文化产品,其审美趣味都受到目的受众的

---

① [宋]孟元老:《东京梦华录》卷五《京瓦伎艺》,北京:中国商业出版社1982年版。
② 郑师渠:《中国文化通史·两宋卷》,北京:北京师范大学出版社2009年版,第37页。
③ [宋]吴自牧:《梦粱录》卷二十《百戏伎艺》,北京:中国商业出版社1982年版。
④ 周华斌:《中国戏剧史新论》,北京:北京广播学院出版社2003年版,第217页。

严重影响,宋戏曲也不例外。对宋戏曲而言,宋戏曲的目的受众主要是以市民为主的大众阶层,因此其必须满足以市民为主的大众阶层的审美需求。正如有观点指出:"这种'观众就是上帝'的创作意识使中国古典戏剧拥有了最广泛的'市场'。在现代社会,'对象意识'无疑是文化产品进入市场机制运行的成功秘诀之一。一部电视剧、一首流行歌曲、一本畅销书能否一炮打响,关键在于创作者对'观众正在想什么'这一问题的把握程度。中国古人的圆梦智慧对于现代工商业社会的文化人来说是不无启示的。"①因此,和当代的情况一样,作为宋戏曲的主要的目的受众,宋代大众阶层的审美趣味直接影响、甚至某种程度上决定了宋戏曲的审美趣味,而所造成的最明显的审美特征便是通俗性。

在宋戏曲的演出市场上,为了更好地适应目的受众的审美趣味,宋戏曲从语言到题材、从形式到内容都必须迎合以市民为主的大众阶层的审美趣味和欣赏水平,而这一群体的最主要的审美趣味便是对"通俗"的追求,因此宋戏曲便在审美趣味上体现出了自身的通俗性。按照"眼球经济"的规律,为了吸引以市民为主的大众阶层,宋戏曲在内容上必须体现他们的思想、感情、愿望和理想,演出内容要重点对以市民为主的大众阶层的生活和感情进行描写,这就要求其在审美追求上体现"通俗"的特征。

具体来说,一方面,为了贴合以市民为主的大众阶层的审美需要,宋戏曲中的主人公主要是活跃于民间的手工业者、商人、小贩、下层妇女、游民等。如宋杂剧中的《眼药酸》、《柳毅大圣乐》、《裴航相遇乐》、《相如文君》、《三京下书》、《杨饭》、《四偌少年游》等。北京故宫博物院藏有宋绢画《眼药酸图》,画中有两个杂剧角色。左边的角色冠帽、衣服、背袋上都绘有眼睛图形,此人手里拿着一瓶眼药,正要递给右边患有眼疾者使用,显然是个眼科郎中在问诊。右边的角色长有胡须,市井打扮,其右手指着自己的眼睛,正在诉说病情。他的左手中执有一长条板状物,腰后插有一扇,扇上书有一草体字,已模糊不清。据考证,这幅《眼药酸图》是为了宣传宋杂剧《眼药酸》而作②,实际上就是宋杂剧《眼药酸》的宣传海报,也可看出宋杂剧中由民间大众充当主要角色的状况。

另一方面,宋戏曲的题材也几乎都为爱情、伦理及人生的悲欢离合,与以市

---

① 温天、黎瑞刚:《梦·象·易:智慧之门》,杭州:浙江人民出版社1992年版,第179页。
② 周贻白:《南宋杂剧的舞台人物形象》,《文物精华》1959年第1期。

民为主的大众阶层的生活息息相关。例如南戏《王焕》、《乐昌分镜》、《王魁》等。其中《王焕》(又名《风流王焕贺怜怜》)写王焕与妓女贺怜怜倾心相爱,虽经磨难,终究团圆的故事;《乐昌分镜》(又名《乐昌公主破镜重圆》)写乐昌公主与丈夫徐德言,战乱离散,破镜重圆的故事。《王魁》(又名《王魁负桂英》)则是南戏最早剧目之一,流传较广。关于王魁,据周密《齐东野语》载:"世俗所谓王魁之事殊不经,且不见于传记杂说,疑无此事。《异闻集》虽有之,然集乃唐末陈翰所编,魁乃宋朝人,是必后人剿入耳。"①并认为其原型是北宋嘉祐年间状元王俊民,由于他二十七岁即得狂疾而死,所以引发了种种猜疑和传说。其中对后世影响最大的,当数宋代张邦基《侍儿小名录拾遗》所引的《摭遗》②:

> 王魁遇桂英于莱州北市深巷,桂英酌酒求诗于魁。时魁下第,桂英曰:"君但为学。四时所须,吾为办之。"由是魁朝去暮来。逾年,有诏求贤,桂为办西游之用。将行,往州北海神庙盟曰:"吾与桂英誓不相负,若生离异,神当殛之。"魁后唱第为天下第一,魁父约崔氏为亲,授徐州签判。桂英不之知,乃喜曰:"徐去此不远,当使人迎我矣!"遣仆持书。魁方坐厅决事,大怒,叱书不受。桂英曰:"魁负我如此,当以死报之。"挥刀自刎。魁在南都试院,有人自烛下出,乃桂英也。魁曰:"汝果无恙乎?"桂英曰:"君轻恩薄义,负誓渝盟,使我至此!"魁曰:"我之罪也。为汝饭僧诵佛书,多焚纸钱,舍我可乎?"桂英曰:"得君之命即止,不知其他。"后魁竟死。

宋南戏《王魁》已散佚,但从现存残曲可以看出其内容应该是表现王魁负心的情节,这与同时代的笔记小说一致,也可见宋戏曲在题材上对日常生活的艺术表现,这两方面都反映了宋戏曲的通俗特征。

总之,为了满足宋戏曲的主要目的受众——以市民为主的大众阶层的审美要求,无论是杂剧还是南戏,宋戏曲在整体上都呈现出了极为明显的通俗性。

---

① [宋]周密:《齐东野语》卷六《王魁传》,北京:中华书局1983年版。
② [宋]张邦基:《侍儿小名录拾遗》,见[清]虫天子:《香艳丛书》卷三,北京:人民文学出版社1992年版,第156页。

第五章

宋代说书业与宋话本的审美俗趣

第一节 宋代说书业的繁荣

随着宋代商品经济的繁荣,大众对精神生活的需求日益增长,而以大众阶层为目的受众的宋代说书业便应运而生并逐渐繁荣起来,并体现出鲜明的自身特征。《中国审美文化史》指出:"进入宋代以后,开封、洛阳、扬州、荆州、临安、成都等地的商业活动日益发达,市民人口不断增加,形成了著名的通都大邑。而整天与金钱打交道的市民阶层已不再满足于宗教道德的宣传和文人士子的情调,在商品生产的刺激下,他们要求更加世俗、更加感性、更能满足感官享受的文化娱乐方式;与此同时,城市中坊市制度的取消、宵禁制度的废除,又使得这种要求成为可能。于是,一种新的、既不在寺院也不在书房的口头文学,便在瓦子、勾栏中发展了起来。在这种情况下,说话伎艺人才辈出,仅开封、临安两地可考的著名'说话人'就在百人以上。"①《中国文学史》也说道:"宋代的"说话",上承唐代"说话"而来。又因城市经济的繁荣、瓦舍勾栏的设立、说话艺人的增多、市井听众的捧场,民间说话呈现出职业化与商业化的特点。"②都说明了随着宋代商品经济的繁荣,适应大众审美需求的宋代说书业逐渐繁荣起来。甚至有观点认为:"在新兴的、基本上是为市民阶层服务的宋代民间伎艺中,'说

---

① 陈炎:《中国审美文化史·唐宋卷》,济南:山东画报出版社2000年版,第422~423页。
② 袁行霈主编:《中国文学史》第三卷,北京:高等教育出版社2003年版,第258页。

话'是最有影响的一种。"①

在宋代的说书业中,大量的职业说书人——"说话人"以瓦子、勾栏为家,以口头文学为职业,为了在竞争激烈的商业演出中胜出,不断提高着自己的学识、修养和技艺,从而进一步促进了宋代说书业的繁荣。据《西湖老人繁胜录》载,当时的著名说书艺人有蔡和、李公佐、史惠英和小张四郎,尤其是小张四郎是北瓦的独家专聘说书艺人:"一世只在北瓦,占一座勾栏说话,不曾去别瓦作场。"②罗烨《醉翁谈录》甲集卷一《小说开辟》③就描写了宋代说书业的盛况:

> 夫小说者,虽为末学,尤务多闻。非庸常浅识之流,有博览该通之理。幼习《太平广记》,长攻历代史书。烟粉奇传,素蕴胸次之间;风月须知,只在唇吻之上。《夷坚志》无有不览,《琇莹集》所载皆通。动哨、中哨,莫非东山笑林;引倬、底倬,须还《绿窗新话》。论才词有欧、苏、黄、陈佳句;说古诗是李、杜、韩、柳篇章。举断模按,师表规模,靠敷演令看官清耳。只凭三寸舌,褒贬是非;略传万余言,讲论古今。说收拾寻常有百万套,谈话头动辄是数千回。说重门不掩底相思,谈闺阁难藏底密恨。辨草木山川之物类,分州军县镇之程途。讲历代年载废兴,记岁月英雄文武。有灵怪、烟粉、传奇、公案,兼朴刀、捍棒、妖术、神仙。自然使席上风生,不枉教坐间星拱。说捍棒之序头。论《种叟神记》、《月井文》、《金光洞》、《竹叶舟》、《黄粱梦》、《粉合儿》、《马谏议》、《许岩》、《四仙斗圣》、《谢溏落海》,此是神仙之套数。言《西山聂隐娘》、《村邻亲》、《严师道》、《千圣姑》、《皮篮袋》、《骊山老母》、《贝州王则》、《红线盗印》、《丑女报恩》,此为妖术之事端。也说《黄巢拨乱天下》,也说《赵正激恼京师》。说征战有《刘项争雄》,论机谋有《孙庞斗智》。新话说张、韩、刘、岳;史书讲晋、宋、齐、梁。《三国志》诸葛亮雄材;《收西夏》说狄青大略。说国贼怀奸从佞,遣愚夫等辈生嗔;说忠臣负屈衔冤,铁心肠也须下泪。讲鬼怪令羽士心寒胆战;论闺怨遣佳人绿惨红愁。说人头厮挺,令羽士快心;言两阵对圆,使雄夫壮

---

① 程千帆、吴新雷:《关于宋代的话本小说》,《社会科学战线》1981年第3期,第283页。
② [宋]西湖老人:《西湖老人繁胜录·瓦市》,北京:中国商业出版社1982年版。
③ [宋]罗烨:《醉翁谈录》,上海:古典文学出版社1957年版,第3~5页。

志。谈吕相青云得路,遣才人着意群书;演霜林白日升天,教隐士如初学道。瞳发迹话,使寒门发愤;讲负心底,令奸汉包羞。讲论处不滞搭、不絮烦;敷演处有规模、有收拾。冷淡处提掇得有家数,热闹处敷演得越久长。曰得词,念得诗,说得话,使得砌。言无诡舛,遣高士善口赞扬;事有源流,使才人怡神嗟讶。

这篇《小说开辟》涉及了宋代说话艺术的许多问题,是我们研究宋代说话的重要文献,从中我们也可以清楚地看出宋代说书业的繁荣的盛况。同时,随着宋代说书业的发展,为了更好地适应大众的审美要求,说书业进行了市场细化,进一步促使了宋代说书业的"产业升级"。例如,从说话的内容上看,宋代说书业中的说话人各有专长。一般来说,宋代的口头文学——"说话"大致可分为四种:第一种是反映现实生活的"小说",第二种是讲述历史故事的"讲史",第三种是申明宗教义理的"说经",第四种是插科打诨、调笑逗乐的"合生"。在四种说话中,前两种"小说"和"讲史""最为发达,体现了浓厚的世俗性,是说话艺术的主体。"说经"则明显带有唐代"俗讲"的宗教遗迹,但已不是说话艺术的主流。"合生"则类似今天的相声、谜语之类,已不属于长篇叙事文学的范围。由此可见,宋代说书业已经实现了专业化和分工细化,并且鲜明地体现了自身的特质。正如《中国审美文化史》指出:"从形式上讲,当时的'说话人'以口语敷衍故事为主,故而叫做'说话',语言自然流畅,富有生活气息,不仅比唐代的'传奇'更加生动,而且比唐代的'俗讲'艺术更加活泼。"[1]从整体上来看,当时说书业最主要的说话艺术是讲史和小说,主要作为它们说话底本的"平话"和"小说"也构成了宋话本的主体部分。

第二节 关于宋话本

说书业的发展和繁荣直接促进了宋代白话小说——宋话本的产生。正如《中国文化通史》所说:"城市的繁荣不仅表现在商品流通上,更重要体现在城市

---

[1] 陈炎:《中国审美文化史·唐宋卷》,济南:山东画报出版社2000年版,第424页。

的文化娱乐上,因此为适合平民阶层的文化需要以及达官显贵的消遣需要,城市中出现了杂耍、伎艺等文化娱乐形式,话本也就应运而生。"①《中国古代文学史》也说道:"宋代小说无疑以'话本'的成就最高。'话本'即说书艺人演出的底本。说书艺人只能以当时流行的口语演说,故而作为文字记录的话本即为白话小说。这种白话小说一出现,就以其通俗性、生动性和远超出传统的传奇小说、志怪小说的表现力受到人们的喜爱,获得蓬勃的生命力,以至传奇与志怪在它面前失去了竞争力而黯然失色。"②可见,宋话本与宋代说书业有着最为密切的关系。

"小说"一词最早见于《庄子》一书,班固在《汉书·艺文志》中,比较具体地谈到小说的渊源及作用,并列举出一千三百多篇小说作品的篇目。与班固同时期的桓谭则在《新论》中对小说的写作及社会作用做了进一步说明:"小说家合众残丛小语。"③不过,严格来说,这些作品属于小说的萌芽状态,从当时的作品来看,大多属于神话传说、名人逸事、寓言等,没有完整生动的情节,不追求人物性格的鲜明。而宋话本的出现,则是白话小说成熟的重要标志。《中国小说史》指出:"宋元话本在小说史上占有重要的地位。它继承和发展了前代说唱文学的成果,确立了白话小说这样一种崭新的文体,形成了人民群众喜闻乐见的民族形式和民族风格,从而为后代通俗小说的繁荣打下了良好的基础。"④《宋代文化史》也指出:"宋代话本的出现,是中国文学史上的一件大事,因为它确立了白话小说这一崭新的文体。"⑤《中国文化通史》同样认为:"尤其重要的是民间艺人在说话艺术基础上产生了话本,它是用口语和通俗易懂的文字写成的,是宋代的话本,也可以视为我国白话小说的开端"⑥,"宋代话本的出现,的确是中国文学史上的一件大事,它的主要贡献在于白话小说这一崭新的文体"⑦。宋话本大多没有留下作者信息,而是通过口耳相传不断完善,它的主要内容包括

---

① 郑师渠:《中国文化通史·两宋卷》,北京:北京师范大学出版社 2009 年版,第 350 页。
② 郭预衡主编:《中国古代文学史》第三册,上海:上海古籍出版社 1998 年版,第 288 页。
③ [东汉]桓谭:《新论》,见李善注《文选》卷三十一引《新论》。
④ 北京大学中文系:《中国小说史》,北京:人民文学出版社 1978 年版,第 84 页。
⑤ 姚瀛艇:《宋代文化史》,开封:河南大学出版社 1992 年版,第 442 页。
⑥ 郑师渠:《中国文化通史·两宋卷》,北京:北京师范大学出版社 2009 年版,第 292 页。
⑦ 郑师渠:《中国文化通史·两宋卷》,北京:北京师范大学出版社 2009 年版,第 350 页。

论史、言情、惩恶扬善等,语言平白易懂,丰富了市民文化生活,深为民众所喜闻乐见。根据罗烨《醉翁谈录》的统计,宋代话本有一百五十种左右,现在保存下来的不过五分之一。但是,宋话本在内容情节上曲折变幻、层层深入,善于刻画典型人物的性格特征,在思想性和艺术性方面有了较大的发展。尽管由于时代的局限,有些宋话本掺入了一些迷信鬼怪等情节,但整体上来说,宋话本奠定了白话小说的发展基础,在文学发展史上具有重要地位,正如鲁迅先生所说:"实在是小说史上的一大变迁。"①

在内容上,宋话本往往反映现实生活,尤其反映城市市民的生活,刻画大众阶层的人物形象。并且与过去的一般文学作品不同,宋话本中的大众阶层人物往往以正面形象出现,从而受到了大众阶层的欢迎。在形式上,与多用文言文的唐传奇不同,宋话本多用接近口语的白话。在艺术表现上,宋话本在描写人物、刻画环境等方面都有了长足的进步。在体制结构上,宋话本一般分为四部分,即题目、入话、正话和结尾。宋话本的"题目"是根据故事内容而确定的概要,最初是以人名、地名、诨名、物名为题,后来采用七言或八言的句子作为题目,从而使故事更加醒目,更具吸引力。宋话本的"入话"则是指说话人在正文开始之前,通常吟诵的几首诗词或做的解释。入话有肃静听众、等候听众、启发听众的作用,篇幅可长可短,具有极大灵活性,对导入正文起着穿针引线的作用。宋话本的"正话"即故事的正文,是话本的主要部分。正话一般由散文和韵文两部分组成,散文用来讲述故事,韵文则包括诗、词、骈文,用来疏通、衬托、描绘、品评故事,也便于渲染场景、描绘人物。宋话本的"结尾"一般是由说话人总结全篇主旨,或进行劝诫,或对故事情节、人物进行品评。从宋话本的特点可以看出,宋话本已是比较成熟的白话小说,从而在我国小说发展史上有着重要的意义。在性质上,正如唐代"变文"是"俗讲"艺术的底本一样,一般可以笼统地认为宋代"话本"就是"说话"艺术的底本,但这只是就其主流概况而言。例如程毅中先生就指出:"话本指说话人的底本,这只是一种比较概括的说法。如果对具体作品作一些分析,至少可以分为两种类型。一种是提纲式的简本,是说话人准备自己使用的资料摘抄,有的非常简略,现代的说书艺人称之为'梁子',

---

① 鲁迅:《中国小说的历史变迁》,见《鲁迅全集》第九册,北京:人民文学出版社 1981 年版,第 319 页。

另一种是语录式的繁本,比较接近场上演出的格式,基本上使用口语,大体上可以说是新型的短篇白话小说。"①不过,与唐代的变文和传奇不同,宋话本由于深受宋代说书业的影响,从而表现出自身的审美特质。从语言特点来看,宋话本的作者主要是民间艺人和书会才人,语言上往往有着口语化的特点,多用白话,这与同样作为口头文学底本的唐变文有着相同之处,而与言辞讲究、多出自士大夫之手,使用文言文的唐传奇有着很大的不同。从反映对象来看,宋话本主要反映世俗生活,这与同样少有宗教色彩的唐传奇有着相同之处,而与体现佛教文化的唐变文有着很大的不同。可以说,与唐代"变文"、"传奇"所处的历史条件不同,由于说书业的繁荣,宋话本体现了不同于"变文"、"传奇"的独特审美趣味,其中口语化与世俗化是宋话本显著的特点。

具体而言,与宋代说话艺术的类别相对应,话本也有相应的类别,与最主要的说书项目——"讲史"和"小说"相对应,宋话本中最具代表性的自然是"平话"话本和"小说"话本。一方面,北宋时有孙宽、高恕、孙十五、霍四究、曾无党、尹常卖、李孝祥等专门讲史的名家,南宋时也仅临安一地就有讲史说话人二三十位,其中不乏女性。为了便于记忆及整理,这些讲史说话人将口头的故事记录下来,这种记录"讲史"故事的底本便主要构成了"平话"话本。据《四库全书总目提要》记载,"《永乐大典》有平话一门,所收至夥,皆优人以前代轶事敷衍成文而说之。"②就现存的"平话"话本而言,据《中国文学史》介绍,"现存宋元讲史话本中,宋人编的有《梁公九谏》、《五代史平话》、《宣和遗事》等。"③但是,根据《醉翁谈录》"小说开辟条"的记载,当时的"平话"话本其实是数量众多、相当丰富的:"也说《黄巢拨乱天下》,也说《赵正激恼京师》。说征战有《刘项争雄》,论机谋有《孙庞斗智》。新话说张、韩、刘、岳;史书讲晋、宋、齐、梁。《三国志》诸葛亮雄材;《收西夏》说狄青大略。"④可见当时"平话"话本数量并不少。另外,虽然从唐代变文《伍子胥变文》中,我们已经看到了长篇历史故事的痕迹,但与唐代变文不同,受到说书业的巨大影响,宋代"平话"话本鲜明地体现了自

---

① 程毅中:《宋元小说家话本集》,济南:齐鲁书社2000年版,前言第3~4页。
② [清]永瑢、纪昀等:《四库全书总目提要》,文渊阁四库全书本。
③ 袁行霈主编:《中国文学史》第三卷,北京:高等教育出版社2003年版,第262~263页。
④ [宋]罗烨:《醉翁谈录》甲集卷一《小说开辟》,上海:古典文学出版社1957年版,第4~5页。

身的审美特质。对此,《中国审美文化史》指出:"到了宋代民间艺人的口中,历史故事的内容越来越丰富,情节越来越复杂,不仅有单个人的历史故事,而且发展出以某个历史阶段为对象,同时讲述若干历史人物的故事。"①一般来说,"平话"话本大多根据各种正史、野史、民间传说,把庞大复杂的历史事件编成情节连贯的长篇故事。语言上浅显文言和白话并用,同时穿插诗词。不过,"平话"话本一般不做细节描写,只交待大概情节,具有提纲性质,以便于说话艺人根据各自的特点才能去发挥或增减。以《大宋宣和遗事·后集》②中的"平话"话本为例,我们可以看到宋代"平话"话本的特点:

> 康王单骑躲避,行路困乏,因憩于崔府庙,不觉困倦,依阶砌假寐。少时,忽有人喝云:"速起上马,追兵将至矣!"康王道:"无马奈何?"其人曰:"已备马矣,幸大王疾速加鞭!"康王豁然环顾,果有匹马立于旁;将身一跳上马,一昼夜行七百余里,但见马僵立不进,下视之,则崔府君泥马也。

这篇"平话"话本以历史事件为反映对象,情节夸张离奇,体现了宋代"平话"话本不同于进行宗教宣传的唐代"变文"的审美特点,同时语言上也摆脱了艰深文言而趋于平易浅显。可见,宋代"平话"话本与唐代"变文"相比有着自身的审美特征。

另一方面,宋代"小说"话本与唐代"传奇"相比也凸显出了自身的审美特征。首先,在内容上,与反映文人士大夫生活的唐代"传奇"不同,大量宋代"小说"话本都鲜明地描绘了市民阶层的生活和情感。虽然唐代"传奇"中已存在一些与官方意识形态相矛盾的作品,但作者往往从文人士大夫的立场出发,更多地沉湎于才子佳人的风流韵事。对宋代"小说"话本而言,由于创作主体已由文人士大夫变为说书业中的"小说"说话人或书会才人,宋代"小说"话本更多地表现出市民阶层的价值标准和情感方式,从而挑战了"革尽人欲,复尽天理"的理学教条,形成了具有反叛色彩的文化景观。其次,在形式上,出于说书业要吸

---

① 陈炎:《中国审美文化史·唐宋卷》,济南:山东画报出版社 2000 年版,第 424 页。
② [宋]佚名:《宣和遗事》,见安平秋等辑:《古本小说集成》第四辑,上海:上海古籍出版社 1994 年版,第 182 页。

引目的受众的需要,宋代"小说"话本的情节一般要比唐代"传奇"更为复杂、更为多样。宋代"小说"话本一般会根据不同的主题采用不同的结构,从而起到了峰回路转、引人入胜的效果。例如《错斩崔宁》中利用一系列巧合来推动故事进程。故事写临安刘贵家境窘迫,从丈人家里得了十五贯钱。回家时借醉意责怪妻子陈二姐开门迟,戏言将她以十五贯钱典给了别人,明日就让她前往别家。陈二姐信以为真,想回娘家告知父母,于是当晚偷偷出门,由于路遇青年商人崔宁而一路同行。不料刘贵当晚在家被杀,十五贯钱被盗。邻居见陈二姐不在,以为是陈二姐与他人合谋杀人,于是就前去追赶,从而遇到陈二姐和崔宁,而崔宁身上恰好有十五贯钱,所以陈二姐和崔宁于是被送入临安府,临安府认为人赃俱获,于是将二人屈打成招、处以极刑。所谓"无巧不成书",正是利用这一系列"出人意料"的巧合,《错斩崔宁》敷衍出一个十分吸引人的故事。最后,在语言上,与采用文言文的唐代"传奇"不同,为了在说书中吸引听众,宋代"小说"话本采用了白话文,从而更加通俗易懂、生动活泼。而且,宋代的许多"小说"话本不仅有独特的叙述风格,而且十分注重人物语言的个性,凸显出人物各自的语言特征。例如《错斩崔宁》中的刘贵在岳父面前说道:"是!泰山在上,道不得个上山擒虎易,开口告人难。如今的时势,再有谁似泰山这般怜念我的。只索守困,若去求人,便是劳而无功。"这段话属于宋代口语,通俗易懂,而且通过语言表达也形象体现了落魄时刘贵在岳父面前的自卑感。

总之,为了适应宋代说书业的需要,主要作为说话底本的话本自然要适应目的受众——以市民为主的大众阶层的审美需要,从而鲜明地体现了自身的审美俗趣,并对后世白话小说的审美趣味产生了深远的影响,甚至为明清时代市民文学的发展开辟了道路。

第三节　宋代说书业对宋话本审美情趣的影响

虽然宋话本的审美俗趣受到了整个宋代娱乐业的影响,但说书业的发展和繁荣直接促进了宋话本的产生。因此,宋话本与说书业有着最为密切的关系,其审美趣味受到了说书业的关键性影响。因此本章将重点论述宋话本的审美俗趣与宋代说书业之间的相互关系。

宋代说书业的繁荣,直接导致了宋话本审美俗趣的凸显。正如有论者所言:宋元话本"偏离了以'雅正'为旨归的诗文创作传统,演述古今故事、市井生活。内容的世俗化,语言的口语化,也促成了白话小说娱乐功能的进一步大众化。"①随着商品经济的发展,宋代出现了文化市场繁荣的时代大背景。在文化市场的影响下,与之前的文学主要是文人创作和上层赏玩不同,宋话本主要作为说话人记录说话的底本,体现着宋代说书业的市场要求,因而远离了文人的审美情趣,呈现出审美俗趣凸显的自身特色,具体来说,宋代说书业天然决定了宋话本思想上的娱乐取向,宋代说书业对大众的迎合导致了宋话本内容上的以俗为美,宋代说书业促进了宋话本语言上的通俗易懂。

一、宋代说书业与宋话本思想上的娱乐取向

随着大众娱乐需求的迅速增长,作为宋代娱乐业之一的说书业获得了飞速的发展,宋话本主要作为说话人的底本,其审美趣味自产生起就天然受到了说书业的决定性影响,因此宋话本自诞生之日起就天然与娱乐有着不可分割的关系。正如有论者评论宋话本的产生时说道:"由于商品经济的繁荣,都市市民对于文化娱乐的要求不断提高,因此话本在宋代大规模产生了。"②正是由于宋话本与说书业的天然联系,从开始之日起其就在思想取向上显示了自身的娱乐取向。无论是"平话"话本中的《五代史平话》、《大宋宣和遗事》等,还是"小说"话本中的《错斩崔宁》、《碾玉观音》等,其写作目的都是为了在说话时吸引目的受众,满足目的受众的娱乐需求,因而使得话本本身天然具有娱乐的特质。虽然宋话本也强调自身的教化意义,尤其往往在篇尾由作者出面总括全文大旨,对听众进行劝诫,一定程度上体现了对生活的教育目的,例如《志诚张主管》的篇尾附了一首七言诗:"谁不贪财不爱淫?始终难染正人心。少年得似张主管,鬼祸人非两不侵",就结合故事情节清楚地表达了劝善之意,但是话本中强调教化

---

① 樊庆彦:《宋元话本小说娱乐功能探析》,《太原理工大学学报(社会科学版)》2008 年第 4 期,第 50 页。
② 郑师渠:《中国文化通史·两宋卷》,北京:北京师范大学出版社 2009 年版,第 350 页。

并不违背话本自身的娱乐取向,教化依附于娱乐,娱乐价值才是宋话本思想上的核心取向。正如浙大版《文化产业概论》所指出的那样:"文化产品的精神性,使人们在文化消费的时候,能得到教育价值、认识价值和娱乐价值,但对于一般大众文化消费而言,娱乐价值是文化产品价值的主要和基础的价值,其他两种价值都是以娱乐价值为基础,并通过娱乐价值起作用的。如果没有娱乐价值,文化产品的教育意义再大,认识作用再深,也难以发挥广泛的影响。因此,人们的喜闻乐见,就成为文化产品的首要要求和价值判断的主要标准。"①据胡士莹先生考证,现存的宋代话本有四十二篇,分别如下②:

	现存的宋人话本	
词文	梁公九谏	
诗话	大唐三藏取经诗话	
小说	碾玉观音	张生彩鸾灯传
	菩萨蛮	赵伯昇茶肆遇仁宗
	西山一窟鬼	史弘肇龙虎君臣会
	志诚张主管	杨思温燕山逢故人
	拗相公	张古老种瓜娶文女
	错斩崔宁	钱舍人题诗燕子楼
	冯玉梅团圆	三现身包龙图断冤
	西湖三塔记	崔衙内白鹞招妖
	合同文字记	计押番金鳗产祸
	风月瑞仙亭	乐小舍拚生觅偶
	蓝桥记	白娘子永镇雷峰塔
	洛阳三怪记	宿香亭张浩遇莺莺
	陈巡检梅岭失妻	金明池吴清逢爱爱
	五戒禅师私红莲记	皂角林大王假形
	刎颈鸳鸯会	万秀娘仇报山亭儿
	杨温拦路虎传	福禄寿三星度世
	花灯轿莲女成佛记	闹樊楼多情周胜仙
	董永遇仙传	郑节使立功神臂弓
	梅杏争春	王魁
	苏长公章台柳传	钱塘梦

---

① 李思屈、李涛:《文化产业概论》,杭州:浙江大学出版社2007年版,第21页。
② 胡士莹:《话本小说概论》,北京:中华书局1980年版。

根据这四十二篇宋话本的内容情节可以看出,虽然其中包含了一定的教化意义,例如《刎颈鸳鸯会》、《计押番金鳗产祸》等,但从思想上看,这些话本从整体上来说都是以娱乐价值为取向,具有鲜明的娱乐特征。可以说,宋话本毕竟是宋代说书业的产物,满足听众的娱乐需求是宋代说书业的最根本的特质,因此宋话本在思想上天然就具有娱乐性。

此后,随着宋代说书业的逐步繁荣,为了在激烈的市场竞争中获得自身的发展,说书艺人和书会才人更是将娱乐性作为自觉的审美追求,从而进一步促使了说话的艺术底本——宋话本凸显出娱乐性的审美特征。同时,宋话本也正是凭借着自身的娱乐性特质,在宋代文化市场中不断开疆扩土,具有了巨大的受众群。正如有论者所言:"随着社会的日益进步,物质生活水平的不断提高和生活节奏的加快,人们的精神需求也在逐步提升,在繁忙的工作劳动之余,更加看重文学作品消闲娱乐的功用价值。与诗歌、散文、戏曲等其他文学样式相比,小说以其自身的特点日益显现出它的娱乐功能而被人们所偏爱。"[1]总之,宋话本是宋代说书业的产物,在思想上天然具有娱乐特质,同时为了在激烈的文化市场竞争中生存与发展,说书艺人和书会才人又进一步强化了宋话本的娱乐性。

二、宋代说书业与宋话本内容上的以俗为美

说话作为一种依附于说书业的大众艺术,说话人为了自身在说书业中的发展,尤其为了自身的经济利益,在说话过程中自然会主动迎合以市民为主的大众消费者的审美趣味,而大众消费者又秉持"以俗为美"的审美趣味,从而决定了说话的艺术底本——宋话本内容上以俗为美的审美特征。正如有观点认为:"就总体而言,话本小说大都以平民百姓、主要是市井细民为主人公,撷取他们生活中的某一片断,着意铺叙渲染,倾注了对他(她)们不幸遭遇的同情,从不同

---

[1] 樊庆彦:《宋元话本小说娱乐功能探析》,《太原理工大学学报(社会科学版)》2008 年第 4 期,第 50 页。

角度展现了当时社会生活的某些层面,反映了市民的思想感情和愿望。"①由于宋代说书业的最主要听众是以市民为主的大众阶层,这一群体所秉持的"以俗为美"的审美趣味便强烈地影响了宋话本的审美取向,从而导致了宋话本内容上的以俗为美。正如有论者指出:"当北宋时期市民阶层兴起之后,这个阶层的思想、意识、价值观念首先在文学里表现出来。书会先生和说话人只有表达了新的社会思潮才可能在文化市场里拥有群众——市民消费者。"②从现存的宋话本我们也可以看出,其中存在着许多描绘宋代市民日常生活、反映宋代市民审美趣味的故事。例如《碾玉观音》通过塑造了一系列体现宋代市民审美观点的人物来推动故事情节发展。其中,璩秀秀聪明美丽、直率泼辣又顽强机敏,崔宁憨厚朴实又怯懦,咸安郡王骄横残忍,郭排军则狡猾奸诈。《碾玉观音》正是通过以宋代市民日常生活为背景,塑造出栩栩如生的人物,并根据人物内在的性格逻辑来推动故事情节不断发展。例如璩秀秀、崔宁在趁火逃出郡王府后有一段表现各自性格特征的对话,就生动地体现了宋代市民的审美情趣,体现了宋话本内容上以俗为美的特征:

> 秀秀道:"你记得当时在月台上赏月,把我许你,你兀自拜谢,你记得也不记得?"崔宁叉着手,只应得"喏"。秀秀道:"当日众人都替你喝采:'好对夫妻!'你怎地到忘了?"崔宁又则应得"喏"。秀秀道:"比似只管等待,何不今夜我和你先做夫妻?不知你意下何如?"崔宁道:"岂敢。"秀秀道:"你知道不敢,我叫将起来,教坏了你,你却如何将我到家中?我明日府里去说。"崔宁道:"告小娘子,要和崔宁做夫妻不妨,只一件,这里住不得了,要好趁这个遗漏人乱时,今夜就走开去,方才使得。"秀秀道:"我既和你做夫妻,凭你行。"

从这段对话中我们可以看到,璩秀秀咄咄逼人,大胆主动,相反崔宁虽是男人却始终处于守势,唯唯诺诺。这些人物的形象、语言、性格正是宋代市民日常生活中所常见的,字词句中体现着宋代市民的审美趣味,表现出以俗为美的审

---

① 黄进德:《论宋代的话本小说》,《扬州大学学报(人文社会科学版)》1990 年第 3 期,第 5 页。
② 谢桃坊:《论宋人话本小说的市民女性群像》,《社会科学研究》1993 年第 2 期,第 93 页。

美特质。正如有观点指出:"以俗为美是文化平民化的进程的必然结果"①。

另外,值得注意的是,宋话本内容上以俗为美的审美特质甚至还在某种程度上打动了社会上层,如《宋代文学审美特征形成刍议》一文指出:"以俗为美不仅仅是平民百姓的审美取向,文人乃至宫廷亦受到这一审美取向的深刻影响。……宋仁宗、徽宗、高宗都很喜欢听说话,南宋宫廷有'御前供话'"。② 可见,随着宋代说书业的发展繁荣,宋话本在内容上的以俗为美打动了方方面面的受众群,甚至也影响到了社会上层的审美趣味,受到了社会上层的欢迎。

总之,由于宋代说书业迎合了以市民为主的大众阶层的审美趣味,从而决定了宋话本在内容上的以俗为美。

三、宋代说书业与宋话本语言上的通俗易懂

"话须通俗方传远,语必关风始动人。"③宋话本主要作为说书的底本,语言自然受制于说书业的语言风格要求。无论是在闾巷街头流动表演,还是在瓦舍勾栏定期演出,说话人都是以招揽目的受众为直接目的。只有采用便于目的受众接受理解的明白晓畅、通俗易懂、口语化的语言风格,说话人才能有顾客,才能有机会受到说书业的主要目的受众——以市民为主的大众消费者的欢迎。因此,语言的通俗与否,就成为市场上说话能否获得成功的一个重要因素,从而也导致了宋话本语言风格上崇尚通俗易懂的审美取向。如有观点认为:"话本小说的语言特点,可用一个'俗'字来概括。所谓'俗',就是通俗。"④以宋话本《快嘴李翠莲记》⑤为例,我们可以真切地感受到这一点:

且说媒人婆拿着一碗饭,叫道:"小娘子,开口接饭。"只见翠莲在轿中大怒,便道:"老泼狗,老泼狗,叫我闭口又开口。正是媒人之口无

---

① 郑传寅:《宋代文学审美特征形成刍议》,《武汉大学学报(哲学社会科学版)》1996 年第 2 期,第 73 页。
② 郑传寅:《宋代文学审美特征形成刍议》,《武汉大学学报(哲学社会科学版)》1996 年第 2 期,第 74 页。
③ 《警世通言》卷十二《范鳅儿双镜团圆》。
④ 张兵:《话本小说的美学特征》,《人文杂志》1990 年第 6 期,第 105 页。
⑤ 《快嘴李翠莲记》,见[明]洪楩编:《清平山堂话本》卷二,北京:中华书局 2001 年版。

量斗,怎当你没的翻做有。你又不曾吃早酒,嚼舌嚼黄胡张口。方才跟着轿子走,分付叫我休开口。甫能住轿到门首,如何又叫我开口?莫怪我今骂得丑,真是白面老母狗!"

先生道:"新娘子息怒。她是个媒人,出言不可太甚。自古新人无有此等道理!"翠莲便道:"先生你是读书人,如何这等不聪明?当言不言谓之讷,信这虔婆弄死人!说我婆家多富贵,有财有宝有金银,杀牛宰马做茶饭,苏木、檀香做大门,绫罗缎匹无算数,猪羊牛马赶成群。当门与我冷饭吃,这等富贵不如贫。可耐伊家忒悭村,冷饭将来与我吞。若不看我公婆面,打得你眼里鬼火生!"

翠莲说罢,恼得那媒婆一点酒也没吃,一道烟先进去了;也不管她下轿,也不管她拜堂。

本宅众亲簇拥新人到了堂前,朝西立定。先生曰:"请新人转身向东,今日福禄喜神在东。"翠莲便道:"才向西来又向东,休将新妇便牵笼。转来转去无定相,恼得心头火气冲。不知哪个是妈妈?不知哪个是公公?诸亲九眷闹丛丛,姑娘小叔乱哄哄。红纸牌儿在当中,点着几对满堂红。我家公婆又未死,如何点盏随身灯?"

由上文中的语言可以看出,由于说书业的天然需要,《快嘴李翠莲记》这一宋代"小说"话本的叙述风格轻松自如、明白晓畅,既符合故事中人物本身的特征,又适应了口头文学的要求,彰显了语言上通俗易懂的特色,从而便于吸引目的受众、扩大影响。正如《中国文化史》所说:"宋朝市民文化的繁荣便是商业发达的结果,而作品的内容便是世态习俗的展现。在这些作品中,平民意识普遍增强,大量的下层民众充当着主要人物并被表现为符合市民理想的新人,许多故事完全取材于市民的日常生活和当时的社会新闻,更重要的是不被官方文言所限而大量使用口语化的民间语言。"[①]同时,宋代说书业的繁荣还促使了具有编写话本功能的专门组织——书会的产生,例如永嘉书会、九山书会、古杭书会、武林书会、玉京书会、元贞书会、敬先书会等。这些书会的参加者大都是有一定文化素质的知识分子,称为书会才人。作为专业创作团体的书会和作为专

[①] 张维青、高毅清:《中国文化史》第三册,济南:山东人民出版社2002年版,第83~84页。

业创作人员的书会才人,在编写话本时自然积极采用俚词俗语,以适应说书业的目的受众对说话的语言要求、保障自身在说书业中的利益,从而更有意识地促使了宋话本语言上的通俗易懂。胡士莹先生曾对此指出:"宋人话本运用口语的描写功能代替了用文言写成的志怪小说与传奇小说的地位,给后来的白话小说开辟了一条新的道路。这笔珍贵的文学遗产,是当时说话人和书会先生努力合作的结晶品。"①总之,为了适应说书业中以市民为主的大众消费者的审美需要,主要作为说话底本的宋话本往往采用目的受众容易接受理解的明白晓畅、通俗易懂、口语化的语言风格,从而凸显了语言上通俗易懂的审美特征。

---

① 胡士莹:《话本小说概论》,北京:中华书局1980年版,第195页。

第六章

宋代文化市场氛围与宋诗文的审美俗趣

宋代审美趣味在总体上呈现出审美俗趣凸显的趋势,甚至连士大夫阶层和高雅艺术也无法置身事外。例如《宋辽夏金文化史》指出:"宋代精神文化的一个重要特点是'俗化'即世俗化倾向。除了民间文化的普及和提高以外,士大夫阶层的文化特色也雅而俗化。礼乐本是庙堂律则典章所系,而宋代成就的第一部系统乐书大典——《乐书》,却'兼陈雅俗',对当时的民间乐器、民间乐器、歌舞等均有记述。"[1]在宋代文化背景下,虽然宋诗文依然被士大夫视为正统的高雅艺术,其审美情趣也并不由文化市场所决定,然而其依然受到宋代文化市场氛围的深刻影响,从而仍然在一定程度上受制于俗趣凸显的审美流变大背景。正如有观点指出:"发达的文化娱乐市场的存在实际上也构成了宋代文学的一个创作背景。离开了这个大的背景与环境,一些文学现象则无法想象。"[2]从这个意义上来说,作为高雅艺术的宋诗文在审美风格上依然与当时文化市场繁荣的大背景有着某种程度的联系,从而也在某些方面凸显了自身的审美俗趣。

具体来说,宋诗文的审美趣味受到了当时弥漫四周的文化市场氛围的影响,而这种文化市场氛围包括宋诗文直接参与的文化市场以及无处不在的市场氛围。一方面,一些宋诗文作者直接参与了宋代文化市场的交易,这些作者将创作诗文当做谋生逐利的手段,将诗文作为牟利的商品在文化市场上销售。同时,宋代书坊业也由于自身的商业特性,在刻印诗歌时侧重于追求经济效应,从

---

[1] 叶坦、蒋松岩:《宋辽夏金文化史》,上海:东方出版中心2007年版,第37页。
[2] 韩田鹿:《宋代文人与文化娱乐市场》,《河北大学学报(哲学社会科学版)》2007年第2期,第49页。

而有意识选择一些反映日常生活、语言浅近平易、甚至幽默诙谐的诗歌,主动适应以市民为主的大众消费者的审美趣味。由于直接参与了文化市场的交易,这些宋诗文在某种程度上更多地呈现出了自身的审美俗趣。另一方面,无论是否参与文化市场的直接交易,无论是否被书坊出版,整个宋代的诗文都不可避免地同宋代经济繁荣的大背景有着千丝万缕的联系,在某种程度上也被宋代的市场氛围所深刻影响,从而更注重对日常事物和生活体验的关注,出现了许多描写日常事物、反映俗世生活的作品,在一定程度上也呈现出了所蕴含的审美俗趣。

第一节　宋诗文所在的文化市场

一、宋文直接交易的文化市场

宋代,随着文化市场的发展与繁荣,一些宋文进入了文化市场,成为了公开销售的文化商品。据文献记载,北宋时一些宋文已成为文化商品,进入了市场流通,尤其是当时文化市场上出现了以出售文章为职业的文人。据《梦粱录》卷十三《夜市》载:"衣市有李济卖酸文。"[1]有评论指出:"将酸文卖出,这反映出了宋代夜市上已有大量的这样供求双方,一方是有知识的人,根据市民口味,编写文章出售;一方是具有一定文化欣赏水平的市民,喜欢听到看到或得到酸文或类似酸文这样的娱情作品。"[2]南宋时期也是如此,有论者就评论道:"南宋时期随着商品经济的发展,诗文字画也逐渐成为商品,形成了一定的消费市场,并初步出现文人职业化的倾向。不少江湖诗人博学多才,具有专长,就以此谋生,作为他们经济收入的又一种来源。"[3]例如陈藻在《赠故乡人》诗中就有"我家已破出他乡,如连如卓方阜昌。岂料囊金随后散,一齐开铺鬻文章"[4]之语。另一位

---

[1] [宋]吴自牧:《梦粱录》卷十三《夜市》,北京:中国商业出版社1982年版。
[2] 伊永文:《行走在宋代的城市:宋代城市风情图记》,北京:中华书局2005年版,第7页。
[3] 费君清:《南宋江湖诗人的谋生方式》,《文学遗产》2005年第6期,第59页。
[4] [宋]陈藻:《赠故乡人》,见《乐轩集》卷二,文渊阁四库全书本。

诗人王炎更是一再说起自己鬻文糊口。其《双溪类稿·二堂先生文集序》自称："年十四五，学作举子文字"，"其后挟琴书鬻文以糊口"。同书的《南窗杂著序》也说"某用先大夫之学侥幸登科，处则鬻文以补伏腊之不给，出则随牒转徙糊其口于四方"。他的同宗友人王至卿也曾卖文糊口，同书的《樗叟诗集序》记载："至卿浮沉里中，挟琴书鬻文以为生。"①另外，括苍的吴斯立也"鬻文以自给"，并赡养老母。当时的真德秀就称赞这种行为："此斯立之所以为贤也"②。宋末的曾子良也在宋亡后"归隐山中，鬻文以自给"。③ 有论者专门对这种行为评论道："这种开铺卖诗文，其销售对象是个体需求者，即针对个体的需求创作诗文以获钱物，这也是另一种形式的润笔。只不过前面所说的诗文润笔，都是请托者主动请求，作者是相对被动的。而卖诗文者，则是主动地公开叫卖。宋代润笔之风的流行和卖文为生现象的出现，表明宋代文学商品化已发展到一定的程度。"④指出了文化市场对包括一些宋文在内的文学商品的影响。

无论是李济、陈藻，还是王炎、王至卿、吴斯立，他们将文章作为商品在文化市场上销售，以赚取生存费用，自然要符合文化市场的自身要求，这就需要满足以市民为主的消费者的审美趣味。如果这些作为商品的宋文无法适应文化市场的需求，未能满足以市民为主的消费者的审美需求，就无法成功售出。正如有论者指出："至于卖酸文者，难度就更大了，他不但要根据随时发生的事情，加以艺术生发，顷刻之时，捏合而成，而且还要有诙谐调侃掺渗其间，使市民心甘情愿掏钱来听、来看、来买，倘不具备这一点，便无法在夜市上生存。"⑤正是由于文化市场的存在，参与市场交易的宋文必须适应以市民为主的消费者的审美趣味，从而自然导致了这些进入文化市场领域的宋文呈现出审美俗趣凸显的特点，因此就有了"酸文"等说法。

---

① ［宋］王炎：《双溪类稿》卷二五，文渊阁四库全书本。
② ［宋］真德秀：《送吴斯立序》，见《西山文集》卷二九，文渊阁四库全书本。
③ ［宋］刘埙：《曾平山序水云邨诗》，见《隐居通议》卷十五，文渊阁四库全书本。
④ 王兆鹏：《宋代的"润笔"与宋代文学的商品化》，《学术月刊》2006年第9期，第98页。
⑤ 伊永文：《行走在宋代的城市：宋代城市风情图记》，北京：中华书局2005年版，第7页。

二、宋诗直接交易的文化市场

和宋文相比，宋诗在宋代文化市场上更是供销两旺，出现了许多以卖诗为生的诗人和诗歌交易的情况，许多文献都对此有所记载。据《夷坚志》载，北宋东京曹道冲就以卖诗为生，通过由消费者出题，自己创作诗歌获利。据记载，一次当消费者要曹道冲以"浪花"为题作绝句，并以红字为韵，曹道冲无法做出，便向消费者推荐南熏门外的王学士。王学士则欣然提笔写道："一江秋水浸寒空，渔笛无端弄晚风。万里波心谁折得？夕阳影里碎残红。"满足了消费者的要求。① 另据朱淑真《杂题》载："幼年闻说，有一人鬻文于京师辟雍之前，多士遂令作一绝句，以'掬水月在手'为题。客不思而书云：'无事江头弄碧波，分明掌上见姮娥。'诸公遂止之，献金以周其行。"②《东南纪闻》则对此事记载得更为详细："昔有诗客朱少游者，在街市间立卓读诗以精敏得名。一日，有士人命以'掬水月在手'一句为题，客应声云：'十指纤纤弄碧波，分明掌上见姮娥。不知李白当年醉，曾向江边捉得么。'又有持芭蕉一茎俾赋之，即书云：'剪得西园一片青，故将来此恼诗情。怪来昨夜窗前雨，减却潇潇数点声。'诚可谓精矣。"③《渑水燕谈录》也记载了北宋都城汴京有一位常年卖诗的专业诗歌销售商——张寿山人，其自称"某乃于都下三十馀年，但生而为十七字诗，鬻钱以糊口"④。宋人洪迈的《夷坚志·乙志》卷十八《张山人诗》也载："张山人，自山东入京师，以十七字作诗，著名于元祐、绍圣间，至今人能道之。其词多颖脱，含讥讽，所至皆畏其口，争以酒食钱帛遗之。"⑤曹道冲、张寿山人等能在京城仅靠卖诗糊口，可见当时诗歌交易一定程度上已经形成了需求比较旺盛的供需市场，具有较大的交易量，否则这些诗人就无法在文化市场立足，张寿山人更是不可能在三十年间都靠卖诗为生。《桐江诗话》也记载了北宋汴梁有一位诗人曹希蕴同样把诗歌销

---

① [宋]洪迈著，何卓校点：《夷坚志》，北京：中华书局1981年版。
② [宋]朱淑真著，张璋、黄畲校注：《朱淑真集》，上海：上海古籍出版社1986年版。
③ 佚名：《东南纪闻》卷二，文渊阁四库全书本。
④ [宋]王辟之：《渑水燕谈录》，见《宋元笔记小说大观》第二册，上海：上海古籍出版社2007年版。
⑤ [宋]洪迈著，何卓校点：《夷坚志》，北京：中华书局1981年版。

售作为职业:"曹希蕴货诗都下,人有以敲梢交为韵,索赋《新月》诗者。曹诗云:'禁鼓初闻第一敲,乍看新月出林梢。谁家宝鉴新磨出,匣小参差盖不交。'"①从这些材料中我们可以看出,诗歌已成了一些都城诗人的衣食之资,诗歌交易已成为宋代都城文化市场的组成部分之一,从而使一些诗歌受到了文化市场的巨大影响。就商业的角度来看,这些都城卖诗为生的诗人需要根据消费者临时出的题目来当场作诗,以获得生活收入并在文化市场上立足。那么,其所作的诗歌就必须满足以市民为主的消费者的审美趣味,只有消费者对诗歌满意,诗歌交易才能成功,从而必然会导致这些诗歌在一定程度上呈现出审美俗趣凸显的特征。

另外,除了都城,其他城市也有诗歌交易存在,消费者同样要求卖诗者才思敏捷,能依据买诗者的特定需求当即写成交货。据《陶朱新录》载,扬州有一位诗人吕川"卖诗于市,句有可采者",吕惠卿知扬州时,常与之唱和。②《吴郡图经续记》也记载宋初苏州人许洞曾卖诗还酒债:"许洞以文辞称于吴,尤邃《左氏春秋》,嗜酒,尝从酒家贷饮。一日,大写壁作歌数百言,乡人竞来观之,售数倍,乃尽捐其所负。"③通过这些材料可以看出,宋代诗歌交易不仅存在于都城,而且也在其他城市的文化市场上出现。同时,这些城市中卖诗为生的诗人同样必须满足消费者的审美需求,从而也导致一些诗作在一定程度上凸显出自身的审美俗趣。

尤其值得注意的是,当时一些知名诗人也曾以现场卖诗或出版诗集获利。例如仇万顷,据胡仔《苕溪渔隐丛话》载,"仇万顷未达时,挈牌卖诗,每首三十文。停笔磨墨,罚钱十五。"④有论者更对仇万顷卖诗场景有着生动的描述⑤:

> 一富家做棺材,要求仇以此作诗,仇疾书道:
> 梓人斫削象纹衫,作就神仙换骨函。
> 储向明窗三百日,这回抽出心也甘。

---

① [宋]胡仔编著,廖德明校点:《苕溪渔隐丛话》,北京:人民文学出版社1962年版,第168页。
② [宋]马纯:《陶朱新录》卷上,文渊阁四库全书本。
③ [宋]朱长文:《吴郡图经续记》卷下,文渊阁四库全书本。
④ [宋]胡仔编著,廖德明校点:《苕溪渔隐丛话》,北京:人民文学出版社1962年版。
⑤ 伊永文:《行走在宋代的城市:宋代城市风情图记》,北京:中华书局2005年版,第7页。

又有一位妇人以白扇为题,仇刚要举笔,妇人要求以红字为韵,仇不假思索写出了:
常在佳人掌握中,静待明月动时风。
有时半掩伴羞面,微露胭脂一点红。
还有一妇人以芦雁笺纸求诗,仇即以纸为题写道:
六七叶芦秋水里,两三个雁夕阳边。
青天万里浑无碍,冲破寒塘一抹烟。
一妇女刚刺绣,以针为题,以羹字为韵,来向仇买诗,仇遂书云:
一寸钢针铁制成,绮罗丛里度平生。
若教稚子敲成钓,钓得鲜鱼便作羹。

以上的这些描述生动地展现了宋代文化市场上知名诗人现场卖诗的情景,也表明了靠卖诗为生的诗人要想在文化市场上立足,必须满足以市民为主的消费者的审美需求,只有这样,进入文化市场的诗歌才能成功售出,实现自身的价值。而要适应以市民为主的消费者的审美需求,就必然导致这些诗歌在审美风格上呈现出俗趣凸显的特征。例如仇万顷所卖之诗,"储向明窗三百日,这回抽出心也甘"、"若教稚子敲成钓,钓得鲜鱼便作羹"等语言,通俗诙谐,幽默生动,就体现了宋代市民的审美趣味,呈现出自身浓浓的审美俗趣。

其他一些知名诗人也参与了文化市场上的诗歌交易,通过现场卖诗或出版诗集获利。例如戴复古就自称:"七十老翁头雪白,落在江湖卖诗册。"[1]值得一提的是,戴复古的诗歌在文化市场上反响良好,诗作售价极高,甚至达到了"篇易百金宁不售"的销售状况。他的诗友邹登龙对此评论道:"诗翁香价满江湖,肯访西郊隐者居。瘦似杜陵常戴笠,狂如贾岛少骑驴。但存一路征行稿,安用诸公介绍书。篇易百金宁不售,全编遗我定交初。"[2]戴表元在《剡源集》卷二四《石屏戴式之孙求刊诗版疏》中也称戴复古:"故其吟篇朝出镂板,暮传咸阳,市

---

[1] [宋]戴复古:《市舶提举管仲登饮于万贡堂有诗》,见《戴复古诗集》卷一,杭州:浙江古籍出版社1992年版。
[2] [宋]邹登龙:《戴式之来访,惠石屏小集》,见[宋]陈起编:《江湖小集》卷六九《梅屋吟》,文渊阁四库全书本。

上之金,呐嗟众口,通鸡林海外之舶,贵重一时。"①可见戴复古的诗作在文化市场上受到了热烈的欢迎,售价一度飙升,备受追捧。

再如徐照和刘克庄。叶适在谈及徐照家人徐师厔出版徐照的诗集时就说:"徐照名齐贾浪仙,未多诗卷少人看。惜钱嫌贵不催买,忽到鸡林要倍难。"②不但说明徐照的诗集参与了文化市场的销售,而且"惜钱嫌贵不催买,忽到鸡林要倍难"两句还生动指出了诗歌在文化市场上的价格波动。邹登龙则在《寄呈后村刘编修》中生动描述了人们竞相购买刘克庄诗作的情况:"众作纷纷等噪蝉,先生中律更钩玄。如开元可二三子,自晚唐来数百年。人竞宝藏南岳稿,商留金易后村编。倘今舐鼎随鸡犬,凡骨从今或可仙。"③可见刘克庄诗作在文化市场上备受欢迎,出现了"人竞宝藏南岳稿"的景象。

又如周弼、徐集孙和薛师石。据载,周弼"声腾名振,江湖人皆争先求市"④。徐集孙"每作一诗,甫脱稿,人即争购,相为传诵"⑤。薛师石则"人士无远近,争致其诗。其子弟手抄不能给,于是相与刻之"⑥。也同样反映了这些知名诗人的诗作热销于文化市场,实现了诗歌的商业价值,从而使得这些诗人名利双收。

总之,与宋文一样,作为文化市场上的商品,这些宋诗必须适应市场的需求,满足以市民为主的消费者的审美需求才能实现自身的价值。正如有论者指出:"卖诗极需敏锐才情,非长期磨炼才能做到,而且较难的是,卖诗者要根据不同职业、不同性别、不同需要的市民作诗,这就需要有广博的知识,熟悉市民阶层生活,才能应付自如。"⑦而由于对以市民为主的消费者的审美趣味的迎合,必然导致了这些诗歌呈现出审美俗趣凸显的特征。

---

① [元]戴表元:《剡源集》,见[清]顾嗣立编:《元诗选·初集》甲集,北京:中华书局1987年版。
② [宋]叶适:《徐师厔广行家集定价三百》,见《水心文集》卷三八,北京:中华书局1961年版。
③ [宋]邹登龙:《寄呈后村刘编修》,见[宋]陈起编:《江湖小集》卷六九《梅屋吟》,文渊阁四库全书本。
④ [宋]李昷:《端平诗隽序》,见[宋]陈起编:《江湖后集》卷一,文渊阁四库全书本。
⑤ [宋]陈思编、[元]陈世隆补:《两宋名贤小集》卷一,文渊阁四库全书本。
⑥ [宋]薛师石:《瓜庐集》,见[宋]陈起编:《江湖小集》卷七三,文渊阁四库全书本。
⑦ 伊永文:《行走在宋代的城市:宋代城市风情图记》,北京:中华书局2005年版,第7页。

三、出版发行宋诗的书坊业

需要专门强调的是,在宋代文化市场中,宋诗尤其受到了宋代书坊业的影响。与官刻和私刻的诗歌分别侧重于公益和个人表达不同,书坊刻印诗歌侧重于追求经济效应,从而深远影响了部分宋诗的审美趣味。有论者指出:"书坊主人则以其敏锐的商业头脑、眼光,发现了新兴市民阶层对于通俗文学作品的精神需求中所蕴含的商机和利益。新兴的市民阶层,他们既不需要为操心国家大事、思想、学术发展而读经典,也不仅仅为准备科举而读书,官刻、家刻的书籍,基本不能够满足他们的实际需求,他们对于文学作品,仅仅是作为日常生活中的精神生活需求的满足,是为精神的娱乐,时光的消遣等而进行精神消费。"①在这种背景下,为了满足以市民为主的消费者的审美需求,宋代书坊业便更多地倾向于刻印描写日常生活、语言平易通俗、适合以市民为主的大众阶层的审美趣味的诗歌,从而对这些诗歌的审美趣味产生了直接的影响,促使了一部分诗歌审美俗趣的凸显。正如有论者说道,书坊刻印的诗歌:"以日常生活的语言书写普通百姓日常生活的酸甜苦辣、生活百态,语言浅近、平易,甚至是幽默、风趣乃至有些油滑,虽然为士大夫所鄙夷,却恰恰是市民百姓所深爱。"②由于自身的商业特性,书坊业为了能在文化市场交易中获利,就会主动适应以市民为主的消费者的审美趣味,从而有意识选择一些反映日常生活、语言浅近平易、甚至幽默诙谐的诗歌,例如江湖诗派的诗歌就常常被结集出版,从而导致了这部分宋诗呈现出自身的审美俗趣。

具体来说,在这些被书坊出版的宋诗中,其审美俗趣表现得十分明显,具有浅显明了、日常化、世俗化等特点。例如下面这些描写日常生活场景的诗句③:

  雨中奔走十来程,风卷云开陡顿晴。

---

① 刘方:《宋代两京都市文化与文学生产》,上海师范大学博士论文,2008年,第220页。
② 刘方:《宋代两京都市文化与文学生产》,上海师范大学博士论文,2008年,第220~221页。
③ 北京大学古文献研究所:《全宋诗》,北京:北京大学出版社1998年版。本文所引宋诗除特别注明外,皆引自该书。

双燕引雏花下教,一鸣唤妇树梢鸣。
烟江远认帆樯影,山舍微闻机杼声。
最爱水边数株柳,翠条浓处两三莺。
——赵汝燧:《途中》

陇首多逢采桑女,荆钗蓬鬓短青裙。
斋钟断寺鸡鸣午,吟杖穿山犬吠云。
避石牛从斜路走,作陂水自半溪分。
农家说县催科急,留我茅檐看引文。
——赵汝燧:《陇首》

野巫竖石为神像,稚子搓泥作药丸。
柳下两妹争晌路,花边一犬吠征鞍。
——乐雷发:《常宁道中怀许介之》

庭草街秋自短长,悲蛩传响答寒螀。
豆花似解通邻好,引蔓殷勤远过墙。
——高翥:《秋日》

儿童篱落带斜阳,豆荚姜牙社肉香。
一路稻花谁是主,红蜻蛉伴绿螳螂。
——乐雷发:《秋日行村路》

  从以上诗歌可以看出,这些书坊选刻的诗歌,不同于士大夫山水诗那样的高蹈出世,也不同于文人田园诗那样的高雅情调,其中出现的意象往往是农夫、樵夫、村娃和采桑女,充满了大众的审美趣味和民间气息。无论是荆钗蓬鬓短青裙的采桑女,还是县催科急这样的俗事,一般情况下不会作为文人士大夫的诗歌素材,更何况两妹争晌路、犬吠征鞍这样的凡俗意象。但这些描绘实实在在的平常生活景象的诗歌却适应了大众的审美趣味,深受欢迎,从而成为书坊选刻诗歌时的首选。有评论就指出:"这种彻底地为市民的审美趣味服务,为大众的精神消费需求而进行文学生产的文学写作,彻底改变了传统诗歌为谁写、谁来读和为什么目的而写诸多重要的方面。其创作的潜在读者群体,发生了根本的变化。"①宋代书坊由于其商业属性,要在文化市场上获利,必须适应目的受众——以市民为主的消费者的审美趣味,从而导致了审美俗趣的凸显,甚至有些书坊出版的诗作充满了口语,更彰显了自身的审美俗趣,例如下面这些诗句:

路从平去好,事到口开难。——释斯植:《自谓》

闲时但觉求人易,险处方知为己深。
——施枢:《书事》

不随不激真吾事,乍佞乍贤皆世情。
——赵汝绩:《道中登岭》

惯经世态知时异,拙为身谋惜岁过。
——陈必复:《江湖》

从以上这些书坊选刻的诗歌可以看出,它们的语言通俗平常,宛若信口而出,体现了以市民为主的消费者的审美趣味。同时,书坊选刻诗歌的这种审美倾向也对一些宋诗的创作产生了直接的微妙影响,促使一些作者在进行诗歌创作时有意地包含更多审美俗趣,以便于今后在文化市场上出版获利,从而导致了一部分宋诗呈现出审美俗趣凸显的特征。

第二节 宋诗文所处的市场氛围

宋代,物质资料生产突破了自给自足的自然经济结构,商品经济迅速发展和繁荣起来,促使市场意识渗透到社会生活的方方面面,从而构成了一种宋诗

---

① 刘方:《宋代两京都市文化与文学生产》,上海师范大学博士论文,2008年,第221页。

文创作的大氛围,在整体上对宋诗文的审美趣味起到了一定程度的影响,在某种程度上导致了许多宋诗文包含了某些审美俗趣。

具体来说,一方面,由于社会商品化程度的提高,市场氛围在宋代社会生活中不断滋生和蔓延,并无孔不入地向每一个角落渗透,甚至形成了"全民经商"的氛围。正如有论者指出:"宋朝继唐末五代将中国古代商品经济推向又一个高峰,其中引人注目的就是在当时市场最活跃的地方,呈现出一种皇室日益靠近和走进市场、官僚吏员迷恋市场、禁军士卒被迫走进市场、小手工业者小商小贩以及中小商人活跃于市场的情况。由于经商群体源自不同的职业和人群,成为经商群体的新的组成部分。其经商势头凶猛,可谓'全民经商'的大潮不可阻挡。"①甚至宋朝政府在制定政策时也秉持市场意识,把商业利益作为重要考量,把追求商业利益作为国家政策的重要内容。例如《宋史·食货志》称:"大国之制用,如巨商之理财。"②高宗赵构从市场交易的角度也对大臣们说:"朝廷拓地,譬如私家买田;倘无所获,徒费成本,得之何益?"③这段话的意思是地主买地要买性价比高的土地,如果赔钱或不赚钱的土地就不买,而中央政府的拓边政策也应如此考虑,如果没有市场收益,何必要开疆拓土呢?宋代连国家开疆扩土的行为都要以市场交易的眼光进行利润分析,十分鲜明地体现了市场意识当时已成为上至中央权贵、下达黎民百姓的一种时代氛围。

另一方面,随着宋代城市的迅速发展和结构功能的变化,作为城市主体的市民阶层更是被激发出旺盛的生活热情和金钱欲望,从而不断推动宋代市场氛围的蔓延,最终导致市场意识在城市精神中占据了主流地位,以至于连元宵、清明、端午、七夕等传统节日都被文化市场所"侵蚀"。当时,市民纷纷利用元宵、清明、端午、七夕等传统节日来销售节日用品和纪念品,通过这种文化商品的市场交易来获取商业利润。例如端午节,据《东京梦华录》卷八《端午》载:北宋汴梁"自五月一日及端午节前一日,卖桃、柳、葵花、蒲叶、佛道艾。次日家家铺陈于门首。"可见市场氛围已渗透到了传统民俗节日中,在相当的程度上改变了人

---

① 吴晓亮:《试论宋代"全民经商"及经商群体构成变化的历史价值》,《思想战线》2003年第2期,第79页。
② [元]脱脱:《宋史·食货志》北京:中华书局1977年版。
③ [宋]李心传:《建炎以来系年要录》卷一〇三,北京:中华书局1988年版。

们的生活方式,将蒲叶、佛道艾等许多本是自产自给的民俗物品都转变成了文化商品,形成了一个节日文化市场。从总体上看,这种市场氛围表现在社会的方方面面,逐渐成为城市精神的主流,以至于宋代商人的社会地位也得到了前所未有的提高。在宋代之前,历朝政府往往奉行"重农抑商"政策,商人在社会上地位上排在士、农、工之后,居"四民"之末,受到了社会的歧视。但在宋代,商业已被视为和农业一样,是创造社会财富的源泉,以市民为主的宋代商人的社会地位得到前所未有的提高。宋代商人地位的提高正是由于市场理念进入社会精神主流的结果,在弥漫整个社会的市场氛围中,经商已经成为当时受到尊重的职业。

可见,无论宋诗文是否参与了文化市场的交易,其都无法摆脱弥漫整个社会的市场氛围,这种市场氛围客观上对宋诗文的审美趣味产生了潜移默化的影响,从而在一定程度上促使一些宋诗文呈现出了自身的审美俗趣。

第三节　文化市场氛围中宋诗审美俗趣的凸显

正如前文所说,虽然文化市场并不能直接决定宋诗的审美趣味,但在文化市场繁荣、市场意识弥漫的时代大背景下,无论是否直接参与市场交易,宋诗都不可避免受到了文化市场氛围的影响,因此许多宋诗在一定程度上凸显了自身的审美俗趣。

一、宋诗对日常事物的描写明显增多

整体上看,宋诗审美俗趣最明显的表现在于宋诗中对笔墨纸砚、蔬菜花鸟等日常事物的描写明显增多。例如磨喝乐。磨喝乐是一种土偶,也是一种畅销的玩具。《东京梦华录》载:"磨喝乐,乃小塑土偶耳。悉以雕木彩装栏座,或用红纱碧笼,或饰以金珠牙翠,有一对直数千者。禁中及贵家与士庶为时物追

陪。"①金盈之《新编醉翁谈录》也载:"京师是日多博泥孩儿,端正细腻,京语谓之摩喝罗。小大甚不一,价亦不廉。或加以男女衣服,有及于华侈者。"②许棐《泥孩儿》即吟咏磨喝乐:

> 牧渎一块泥,装塑恣华侈。
> 所恨肌体微,金珠载不起。
> 双罩红纱厨,娇立瓶花底。

再如茶,宋人对茶十分熟悉,对茶的研究也可谓深入。其中,宋代蔡襄的《茶录》详细介绍了宋人的茶道和制茶过程;宋子安的《东溪试茶录》对蔡襄的《茶录》作了补充;黄儒的《品茶要录》专论茶叶品质;熊蕃熊克父子的《宣和北苑贡茶录》则记载了北宋时的建茶沿革和贡品种类,并附有各种饼茶的图形及尺寸。由于宋代人对茶的熟悉,宋诗中对茶也有专门描述:

> 石碾轻飞瑟瑟尘,乳香烹出建溪春。
> 世间绝品人难识,闲对茶经忆古人。
> ——林逋:《茶》

可以看出一些宋诗对日常物品的关注。又如杨万里笔下的《小池》:

> 泉眼无声惜细流,树阴照水爱晴柔。
> 小荷才露尖尖角,早有蜻蜓立上头。
> ——杨万里:《小池》

默默渗出涓涓细流的泉眼,在晴天柔和气氛里把影子融入水中的绿树,将尖角伸出水面的小荷,以及轻盈地站在上面的蜻蜓,宛然一幅情趣盎然的画面,生动、细致地描摹出初夏小池中生动形象、富于生命和动态感的新景象,充满了浓郁的生活气息。而这种对小池等日常事物的细腻描写,在唐诗中是不多见的。还如宋诗中有一些关于猫的诗句,其中最著名的是梅尧臣的

---

① [宋]孟元老:《东京梦华录》卷八《七夕》,北京:中国商业出版社1982年版。
② [宋]金盈之:《新编醉翁谈录》卷四《京城风俗记》,沈阳:辽宁教育出版社1998年版。

《祭猫》①：

　　自有五白猫，鼠不侵我书。
　　今朝五白死，祭与饭与鱼。
　　送之于中河，咒尔非尔疏。
　　昔尔啮一鼠，衔鸣绕庭除。
　　欲使众鼠惊，意将清我庐。
　　一从登舟来，舟中同屋居。
　　糗粮虽其薄，免食漏窃余。
　　此实尔有勤，有勤胜鸡猪。
　　世人重驱驾，谓不如马驴。
　　已矣莫复论，为尔聊唏嘘。

　　诗中起首说道因为饲养了五白之猫，就没有老鼠咬坏书籍的情况，今天这只猫死了，我用米饭和鱼来做供品祭奠它。接着诗人用饱含深情的笔触追忆了五白猫曾咬着老鼠围庭巡视以吓退老鼠的情景，表现了对五白猫的深切怀念。最后，诗人按祭祀诗的惯例，表达了对五白猫一生功绩的称赞和由衷的纪念。全诗情感深沉真挚，但怀念的却是一只猫，这种情况是唐诗所罕见的。

　　黄庭坚则有一首《乞猫》②诗，写的却饶有情趣：

　　秋来鼠辈欺猫死，窥瓮翻盘搅夜眠。
　　闻道狸奴将数子，买鱼穿柳聘衔蝉。

　　秋天时，老鼠们幸灾乐祸猫死了，于是窥瓮翻盘，搅得诗人晚上无法安眠。于是诗人想起有个人家的猫生了几只小猫，于是打算用柳枝穿鱼去把可爱的小猫请过来。全诗情趣盎然，使人不觉莞尔。

　　曾几步黄庭坚后尘，也有《乞猫》③诗：

　　春来鼠壤有余蔬，乞得猫奴亦已无。

---

① [宋]梅尧臣：《祭猫》，见朱东润：《梅尧臣集编年校注》卷二六，上海：上海古籍出版社1980年版。
② [宋]黄庭坚：《乞猫》，见《山谷外集诗注》，四部丛刊本。
③ [宋]曾几：《乞猫·其一》，见《茶山集》卷八，文渊阁四库全书本。

青蒻裹盐仍裹茗,烦君为致小於菟。

春天老鼠出来了,田地里剩下的蔬菜也已经不多了,于是诗人也想用香蒲叶包着盐和茶作为礼物去请只小猫来。全诗同样是意趣盎然。

陆游则反其道而行之,有《赠猫》①诗:

裹盐迎得小狸奴,尽护山房万卷书。
惭愧家贫策勋薄,寒无毡坐食无鱼。

诗中说道:把盐作为礼物得到小猫,从此小猫就保护我的万卷书籍不受鼠害。但是很惭愧,由于家贫对小猫的奖励却十分微薄,小猫冷了没有毛毡,饿了没有鱼吃,真是可怜啊!

从以上这些诗中,我们可以感受到其充溢着浓浓的生活情趣以及对猫的喜爱之情,体现了宋诗对日常事物的关注。另外,宋诗中关于猫的诗作还有黄庭坚的《谢周文之送猫儿》、曾几的《乞猫·其二》、陈著的《怜猫示内》、罗大经的《猫捕鼠》、蔡肇的《从孙元忠乞猫》以及陆游的《鼠屡败吾书偶得狸奴捕杀无虚日群鼠几空为赋》、《赠粉鼻》、《嘲畜猫》、《得猫於近村以雪儿名之戏为作诗》等,都体现了宋诗着力描摹日常事物这一审美俗趣凸显的特点。

尤其值得注意的是,宋诗中对蔬菜和花卉的描写很多。一方面,宋诗中有许多对蔬菜的专门描写,而这是唐诗几乎不涉及的。例如杨万里对大白菜的描写:

新春云子滑流匙,更嚼永蔬与雪齑。
灵隐山前水晶菜,近来种子到江西。
——杨万里:《水晶菜·其一》

再如苏轼对菠菜的描写:

北方苦寒今未已,雪底菠薐如铁甲。
岂知吾蜀富冬蔬,霜叶露芽寒更茁。
——苏轼:《春菜》

---

① [宋]陆游:《赠猫》,《剑南诗稿》卷十五,文渊阁四库全书本。

又如朱熹对萝卜的描写:

纷敷剪翠丛,津润擢玉本。
寂寞病文园,咏余得深哏。
——朱熹:《萝卜》

据初步统计,宋诗中就有如下诗作专门描写了蔬菜:

蔬菜	作者	诗歌
白菜	陆游	菘
	陆游	蔬圃绝句(其一)
	陆游	蔬圃绝句(其二)
	陆游	蔬圃绝句(其三)
	范成大	四时田园杂兴六十首(选十二)
	杨万里	水晶菜(其一)
	杨万里	水晶菜(其二)
乌塌菜	范成大	四时田园杂兴十一绝(其七)
菠菜	苏轼	春菜
	刘屏山	咏菠薐
决明	黄庭坚	种决明
	苏辙	蜀人旧食决明花耳
荠菜	陆游	荠菜咏
	陆游	食荠(其一)
	陆游	食荠(其二)
	陆游	食荠(其三)
	陆游	东坡羹
	陆游	食荠十韵
菊苣	陆游	初夏

续表

蔬菜	作者	诗歌
苜蓿	梅尧臣	咏苜蓿
枸杞	梅尧臣	舟中行,自采枸杞子
	杨万里	尝枸杞
蕨菜	方岳	采蕨
马齿苋	方岳	羹苋
笋	杨万里	都下食笋,自十一月至四月,戏题
	苏轼	送笋与公择
	黄庭坚	食笋十韵
	朱松	新笋
	朱松	篁竹
	杨万里	初食笋蕨
	杨万里	记张定叟煮笋经
蓴菜	杨万里	蓴菜
芦笋	苏辙	赋园中所有
	苏轼	和子由记园中草木十一首(其五)
	苏轼	和文与可洋川园池寒芦港
姜	刘屏山	姜芽咏
	梅尧臣	谢刘原父糟姜
蕺菜	王十朋	蕺山
芋头	苏轼	山芋羹
	朱熹	芋
大巢菜	苏轼	元修菜
	陆游	巢菜
山药	司马光	山药咏
	司马光	山药
萝卜	苏轼	撷菜
	刘屏山	萝卜
	朱熹	萝卜
芜菁	苏轼	狄韶州,煮蔓菁芦菔羹

续表

蔬菜	作者	诗歌
	张耒	郭圃送芜菁,感成长句
	陆游	芜菁
金针菇	苏轼	与参寥师行园中得黄耳蕈
平菇	朱弁	谢崔致君饷天花
银耳	施枢	玉蕈
木耳	朱熹	木耳
蘑菇	汪藻	蕈
蝉花	宋祁	蝉花赞
发菜	司马光	石发
菱	杨万里	菱沼
	杨万里	食老菱有感
莲菜	苏轼	莲实(之一)
	苏轼	莲实(之二)
	黄庭坚	邹松滋寄莲子汤
	陶弼	藕
	杨万里	藕
芡实	陶弼	鸡头
	苏辙	食鸡头
	杨万里	食鸡头
茭白	刘屏山	茭笋(一)
	刘屏山	茭笋(二)
莼菜	张孝祥	莼菜
	许竹隐	莼菜
荇菜	梅圣俞	荇
黄瓜	陆游	黄瓜(其一)
	陆游	黄瓜(其二)
丝瓜	杜北山	丝瓜咏
瓠瓜	杨万里	瓠瓜

续表

蔬菜	作者	诗歌
茄子	张浮林	茄子颂
	郑安晓	茄
	黄庭坚	谢送银茄（其一）
	黄庭坚	谢送银茄（其二）
	黄庭坚	谢送银茄（其三）
	黄庭坚	谢送银茄（其四）
西瓜	范成大	西瓜园
	文天祥	西瓜诗
甜瓜	杨万里	谢人饷新瓜（其一）
	杨万里	谢人饷新瓜（其二）
	刘屏山	致中惠瓜因成二绝句（其一）
	刘屏山	致中惠瓜因成二绝句（其二）
	刘屏山	送瓜
毛豆	苏轼	又一首答二犹子与王郎见和
韭菜	刘屏山	咏韭
	张耒	秋蔬咏
大葱	陆游	太官葱

另一方面，宋诗中还有许多对花卉的专门描写，这同样是唐诗中所少见的。例如王安石对梅花的描写：

墙角数枝梅，凌寒独自开。遥知不是雪，为有暗香来。
——王安石：《梅花》

再如苏轼对兰花的描写：

春兰如美人，不采羞自献。时闻风露香，蓬艾深不见。
丹青写真色，欲补离骚传。对之如灵均，冠佩不敢燕。
——苏轼：《题杨次公春兰》

又如陆游对山茶花的描写：

雪里开花到春晚,世间耐久孰如君。
凭栏叹息无人会,三十年前宴海云。

——陆游:《山茶》

据初步统计,宋诗中就有如下的诗作专门描写了花卉:

花卉	作者	诗歌
梅花	林逋	山园小梅
	王安石	梅花
兰花	苏轼	题杨次公春兰
	刘克庄	兰
月季	徐积	长春花
	杨万里	腊前月季
杜鹃花	杨万里	晓行道旁杜鹃花
山茶花	陆游	山茶
荷花	杨万里	晓出净慈寺送林子方
桂花	朱熹	咏岩桂
	杨万里	丛桂
水仙花	姜特立	水仙
芭蕉	杨万里	芭蕉
八仙花	洪适	聚八仙
扶桑	蔡襄	耕园驿佛桑花
佛手花	晏殊	佛手
海棠	苏轼	海棠
含笑	杨万里	含笑花
锦带花	杨万里	红锦带花
鸡冠花	赵企	咏鸡冠花
金桔	杨万里	咏蜜金桔
金莲花	洪适	金莲
景天	王十朋	慎火草
金盏菊	梅尧臣	金盏子
腊梅花	王十朋	蜡梅

续表

花卉	作者	诗歌
凌霄花	曾文照	凌霄
麦冬	范成大	麦冬
木芙蓉	王安石	木芙蓉
玫瑰	杨万里	红玫瑰
茉莉花	许梅屋	茉莉
南天竹	杨巽斋	南天竺
牵牛花	林逋	山牵牛
瑞香	陈造	瑞香花
天门冬	朱熹	天门冬
萱草	朱熹	萱草
杏花	叶绍翁	游园不值
向日葵	梅尧臣	葵花
向日葵	苏辙	葵花
雁来红	杨万里	雁来红
银杏	杨万里	银杏
迎春	刘琦中	东厅书迎春
玉簪	王安石	玉簪
紫薇	杨万里	咏紫薇

由以上统计可以看出，宋诗中对日常事物的描写明显增多，正如《中国古代诗歌概论与名篇欣赏》所指出的那样："宋诗与唐诗之别常常不是不能而是不为。宋诗详唐诗之所略，略唐诗之所详，唐人不敢或不屑入诗的内容宋人都拿来入诗，就连苏轼、黄庭坚这样的诗歌大家也有很多咏墨、咏纸、咏砚、咏茶、咏扇、咏饮食的小诗，这在唐人眼中绝对是不屑一顾的。这就形成了宋诗'以俗为雅'的特征。"[①]正是由于宋诗往往对日常事物进行描写，从而使得一些宋诗在审美趣味上呈现出了浓浓的审美俗趣。

---

① 高民：《中国古代诗歌概论与名篇欣赏》，北京：清华大学出版社2004年版，第176页。

二、宋诗对生活场景的描写明显增多

从某种程度上来看,宋诗审美俗趣的凸显还表现在许多诗歌都描写了平凡琐碎的日常生活,以抒发生活感受、表达所思所想,正如《中国古代文学史》所说:"(宋诗)极为广泛地描绘出经济生产、民风民俗等社会生活画面。随着宋代社会的发展,越来越多新的经济、社会、文化现象引起诗人的兴趣,并被他们摄入笔端。如盐酒专卖、漕运、矿业、新式农具、医疗技术、年节风俗、占卜、说书等,几乎无所不包。内容之广,就连经济已很发达的唐代也望尘莫及,为我们保留了很多有益的经济和民俗资料。"①例如陈师道的《春怀示邻里》②:

> 断墙着雨蜗成字,老屋无僧燕作家。
> 剩欲出门追语笑,却嫌归鬓逐尘沙。
> 风翻蛛网开三面,雷动蜂窠趁两衙。
> 屡失南邻春事约,只今容有未开花。

春日雨后、蜗牛断墙、燕子老屋、蛛网蜂窠,这一组平凡春日的乡村意象蕴含着作者绵绵的情思。正是通过对这些平常场景的细腻描写,隐隐透露出诗人的生活感悟和体验。

再如陆游的《游山西村》和《临安春雨初霁》:

> 莫笑农家腊酒浑,丰年留客足鸡豚。
> 山重水复疑无路,柳暗花明又一村。
> 箫鼓追随春社近,衣冠简朴古风存。
> 从今若许闲乘月,拄杖无时夜叩门。
> ——陆游:《游山西村》

这首诗描绘了江南农村的日常生活场景,立意新巧,手法白描,不用辞藻涂抹而自然成趣。腊酒与菜肴、相邀的盛情、农家丰收后的欢乐气氛,都通过对日

---

① 郭预衡主编:《中国古代文学史》第三册,上海:上海古籍出版社1998年版,第25~26页。
② [宋]陈师道:《春怀示邻里》,见[元]方回编:《瀛奎律髓》卷十,文渊阁四库全书本。

常平凡场景的描绘娓娓道来。《临安春雨初霁》也是如此：

> 世味年来薄似纱，谁令骑马客京华。
> 小楼一夜听春雨，深巷明朝卖杏花。
> 矮纸斜行闲作草，晴窗细乳戏分茶。
> 素衣莫起风尘叹，犹及清明可到家。
> ——陆游：《临安春雨初霁》

这首诗描绘了诗人在西湖边客栈里等候召见时的生活场景，例如"矮纸斜行闲作草，晴窗细乳戏分茶"两句描述了诗人有时在短小的纸张上斜着运笔写写草书；有时则在小雨初晴的窗边看着沏茶时的白色小泡沫，并游戏式地分辨茶的等级，细腻地描写了当时的生活场景。尤其"小楼"一联更是名句，语言清新隽永。绵绵春雨，由诗人的听觉写出；明媚春光，则在卖花声里透出。对生活场景的描写细致贴切，形象而有深意。

又如杨万里的《明发房溪二首·其二》：

> 青天白日十分晴，轿上萧萧忽雨声。
> 却是松梢霜水落，雨声哪得此声清？

这首诗首句写天气晴朗，第二句写轿中听雨，第三句则指明晴日雨声乃松梢霜水滴落的声音，从而勾画了一幅清幽澄明的生活场景，表现了诗人舒爽、清朗的心境。

还如杜耒的《寒夜》：

> 寒夜客来茶当酒，竹炉汤沸火初红，
> 寻常一样窗前月，才有梅花便不同。

寒夜来客，只好以茶当酒，竹炉汤沸，客主围着初红的火焰，一幅点炉煮茶、围炉待客的生活情景宛在目前，生动表现了诗人的惊喜、欢迎之情。尤其"寻常一样窗前月，才有梅花便不同"两句新颖别致，立意不俗，进一步凸显了诗人在有客来访时的欢喜之情。全诗生动地描绘了一幅寒夜来客的生活场景，历历宛在目前。

以上这些诗句都是通过描写平凡琐碎的日常生活场景来抒发感受，这在宋代之前的诗歌中是不多见的。同时，宋诗中也往往描写一些日常的商业活动场景,例如关扑。关扑是相传已久的一种娱乐,包括赌戏名,摊钱、赌掷财物等。宋时规定在元旦、冬至、寒食三大节日允许京城居民关扑三天。关扑物品不但有"铺陈冠梳,珠翠、头面、衣著、花朵、领抹、靴鞋、玩好之类"小型物件,① 甚至以歌童、舞女、车马、土地、房宅等关扑。《梦粱录》记载"每岁春月,放人游玩,堂宇内顿放买卖、关扑……数亩之地,观者如市"。② 范成大《灯市行》序云"上元一月前已买灯,谓之灯市。价贵者数人聚博,胜则得之。喧盛不减灯市"。③ 以下这些诗句描绘的就是宋代市场上关扑的情景:

  剪裁贫女机中素,扑买都人担上花。
  ——刘克庄:《训蒙二首》

  王孙公子少年游,醉里樗蒲信采投。
  指点某庄还博直,明朝酒醒到家求。
  ——朱继芳:《城市》

  瓜果跽拳祝,喉罗扑卖声。粤人重乃夕,灯火到天明。
  ——刘克庄:《即事十首之五》

以上这几首诗描绘的就是宋代市场上的关扑。在这些诗中,无论是关扑时的喧哗,还是彻夜不熄的灯火,都生动细致地对当时关扑的场景进行了生动描绘。

尤其是,与前代诗人喜欢描绘自然风景不同,宋诗中描写城市生活场景的现象明显增多。首先,许多宋诗描写了不同城市的生活场景。例如描绘汴梁夜景的繁华:

  车马纷纷白昼同,万家灯火暖春风。
  别开阊阖壶天外,特起蓬莱陆海中。
  尽取繁华供侠少,只分牢落与衰翁。

---

① [宋]孟元老:《东京梦华录》卷六《正月》,北京:中国商业出版社1982年版。
② [宋]吴自牧:《梦粱录》卷一九《园囿》,北京:中国商业出版社1982年版。
③ 范成大:《灯市行》,见《范石湖集》卷三〇。

不知太乙游何处,定把青藜独照公。
——王安石:《上元戏呈贡父》

帝京风景不曾秋,万户千门夜更游。
玓瓅银鞍连锈毂,昌荧珠网挂琼钩。
——徐铉:《观灯玉台体十首》

描写临安夜景的灯火辉煌:

灯火都城夜,风雨湖上秋。
——陆游:《送韩梓秀才十八韵》

忆昔入京都,宝马摇香鬃。酣饮青楼夜,歌声在半空。
——陆游:《寒夜遣怀》

描写成都夜景的喧嚣热闹:

千门灯烛事遨游,车马通宵不暂休。
幸免烟氛遮皓月,任随笳鼓杂鸣驺。
——赵清献:《次韵何若谷都官灯夕》

蚕丛今岁看灯宵,可人只有峡中州。
白帝纶巾隐敌国,胜势蜀尾连吴头。
竹枝歌舞喧城市,春声泛鸥腊浮蚁。
府主山村耕稼心,挈客衔杯聊尔尔。
——阳枋:《和夔州李约斋灯宵》

描写越州夜景的典雅迷人:

歌钟浩浩临香陌,罗绮盈盈簇彩棚。
——赵清献:《次韵程给事越州元夕观灯》

其次,许多诗作描写了城市的市井百态。例如描写汴梁街市上人群的喧闹:

忆昔在京华,醉踏长安市。长安白面郎,快马如流水。
罗襦照暮春,斗草携佳丽。就中五侯家,云幄耀金翠。
九陌过香軿,都人拾遗珥。歌喧乐佳节,日暮多沉醉。
——周紫芝:《寒食杂兴三首》

长安二月东风里,千红陌上香尘起。
都人欢呼去踏青,马如游龙车如水。
两两三三争买花,青楼酒旗三百家
——陈允平:《春游曲》

描写湖光山色中的临安生活状态:

高高下下十五里,白白红红千树花。
总在蔬篱断垣里,背堤临水小人家。
——项安世:《春日堤上》

嗟我客上都,忽已见暮春。骑马出暗门,眯眼吹红尘。
西湖商贾区,山僧多市人;谁令污泉石,只合加冠巾。
——陆游:《夜泛西湖示桑甥世昌》

近坊灯火如昼明,十里东风吹市声;
远坊寂寂门尽闭,只有烟月无人行。
谁家小楼歌恼侬?余响缥缈萦帘栊。
苦心自古乏真赏,此恨略与吾曹同。
归来空斋卧凄冷,灯前病骨巉巉影。
独吟古调遣谁听,聊与梅花分夜永。
——陆游:《夜归砖街巷书事》

描写成都的纵情享受:

放翁五十犹豪纵,锦城一觉繁华梦。
竹叶春醪碧玉壶,桃花骏马青丝鞚。

斗鸡南市各分朋,射雉西郊常命中。
壮士臂立绿绦鹰,佳人袍画金泥凤。
椽烛那知夜漏残,银貂不管晨霜重。
一梢红破海棠回,数蕊香新早梅动。
酒徒诗社朝暮忙,日月匆匆迭宾送。
浮世堪惊老已成,虚名自今笑何用。
归来山舍万事空,卧听糟床酒鸣瓮。
北窗风雨耿青灯,旧游欲说无人共。
——陆游:《怀成都十韵》

描写城市酒店的经营状况,例如叶适的《朱娘曲》:

忆昔剪茅长桥滨,朱娘酒店相为邻。
自言三世充拍户,官抛万斛嗟长贫。
母年七十儿亦老,有孙更与当垆否。
后街新买双白泥,准拟设媒传归好。
由来世事随空花,成家不了翻破家。
城中酒徒犹夜出,惊叹落月西南斜。
桥水东流终到海,百年糟丘一朝改。
无复欢歌撩汝翁,回首尚疑帘影在。

这首《朱娘曲》提及了南宋时期杭州一家三代经营、颇有名气的酒店——朱娘酒店,详细记述了的店主朱娘在上有老母、下有儿孙的情况下辛苦经营的情状。还有描写苏州的市井百态,例如范成大的《自晨至午起居饮食皆以墙外人物之声为节戏书四绝》:

巷南敲板报残更,街北弹丝行诵经。
已被两人惊梦断,谁家风鸽斗鸣铃?

菜市喧时窗透明,饼师叫后药煎成。
闲居日出都无事,惟有开门扫地声。

北砦教回挝鼓远,东禅饭熟打钟频。
　　小童三唤先生起,日满东窗暖似春。

　　起傍东窗手把书,华颠种种不禁梳。
　　朝餐欲到须巾裹,已有重来晚市鱼。

　　以上的《自晨至午起居饮食皆以墙外人物之声为节戏书四绝》①中,一绝写"残更"时分卖鹁鸽铃的叫卖声。二绝写"窗透明"时卖菜卖饼的吆喝声。诗中写道,早市上生意人有卖菜的、卖烧饼和蒸饼的、卖汤药的……各种叫卖声此起彼伏、连绵不断。三绝写"日满东窗"时渐去渐远的鼓声和频频的敲钟声。四绝则暗示夜市连着早市的市场情状,给读者留下广阔的想象空间。另外,宋诗中有一些专门描绘了城市中节日市场的情景。例如描绘北宋汴梁七夕时市场的繁华:

　　织女虽七襄,不能成报章。
　　无巧可乞汝,世人空自狂。
　　帝城秋色新,满市翠帘张。
　　伪物逾百种,烂漫侵数坊。
　　谁家油壁车,金碧照面光。
　　土偶长尺余,买之珠一囊。
　　安知杼轴劳,何物为蚕桑。
　　纷华不足悦,浮侈真可伤。
　　——司马光:《和公达过潘楼观七夕市》

　　诗中描绘了京城的七夕节日市场。当时市场上布满翠绿的帘幕,华丽而漂亮,但同时市场上充盈着多达百种的假冒伪劣商品。"谁家油壁车,金碧照面光。土偶长尺余,买之珠一囊",这四句描写了富人们乘金碧辉煌的油壁车出行,买尺余的土偶玩具竟要花费一袋珠子的情景。这些描绘真实地再现了宋代七夕节日市场的情景。再如宋代节日市场中的酒市。宋代节日期间往往会形成规模不等的酒市,对酒市的描绘也常常见于宋人笔端:

---

① 范成大:《范石湖集》卷二七《自晨至午起居饮食皆以墙外人物之声为节戏书四绝》。

> 酒市歌呼迷客醉，画楼灯火暗更残。
> ——张耒：《都梁夜景》

> 几处青帘沽酒市。
> ——曹组：《寒食辇下》

尤其是宋庠《辇下寒食》细致描写了宋代寒食节的酒市：

> 旧节虽龙忌，中都富物华。
> 有行官户柳，无数苑墙花。
> 饮市喧银客，优场隘幰车。
> 街尘盘马燥，树日斗鸡斜。
> 蹋鞠将军第，吹箫贵主家。
> 金丸随落宿，丝障乱朝霞。
> 水暖船争舮，风长鼓应笳。
> 池边人酩酊，殿里客伊亚。
> 画卵宾盘盛，香糜赐品嘉。
> 只应王泽厚，行乐遍天涯。

"饮市喧银客，优场隘幰车"，酒市上商人弹奏管弦卖酒，市优则纷纷献艺。陆地上有斗鸡、踢球、吹箫，水面上有竞船、击鼓弹笳。诗人对寒食节酒市上的娱乐活动进行了全面详尽的描绘，展现了一派热闹繁华的景象。

最后，许多宋诗描写了具体的市民活动场景，这在前代诗歌中也是罕见的。例如描写商人的经商活动场景：

> 长江浩浩蛟龙渊，浪花正白蹴半天。
> 轲峨大舳望如豆，骇视未定已至前。
> 帆席云垂大堤外，缆索雷响高城边。
> 牛车辚辚载宝货，磊落照市人争传。
> ——陆游：《估客乐》

诗人用"轲峨大舳"、"帆席云垂"、"缆索雷响"等极富表现力的语言，把市民中的巨商富豪在行商时的气势写得虎虎生风。

再如陈藻的《海口吟》:

> 按图自古无人到,二百年来户口添。
> 架屋上山成市井,张官近海课鱼盐。
> 估客趁潮撑米入,汉人忍冻采蚝粘。
> 仲尼有庙尘谁扫,寺观崢嵘香火严。

这首诗提及了米商将大米从产粮区运到缺粮区以调节地区生产差异的经营活动场景。另外,还有许多诗歌描写了城市中的小摊小贩叫卖物品的场景,例如描写卖花:

> 春风扬尘春日白,衡门向城人寂寂。
> 淮阳三月桃李时,街头时有卖花儿。
> ——张耒:《二月十五日》

描写卖饼:

> 城头月落霜如雪,楼头五更声欲绝。
> 捧盘出户歌一声,市楼东西人未行。
> 北风吹衣射我饼,不忧衣单忧饼冷。
> 业无高卑志当坚,男儿有求安得闲。
> ——张耒:《北邻卖饼儿每五鼓未旦即绕街呼卖虽大寒烈风不废而时略不少差也因为作诗且有所警示秬秸》

描写卖炭:

> 昏昏惨惨窗映月,索索飒飒风吹叶。
> 青童开门忽惊笑,昨夜庭心一寸雪。
> 东方日出雪渐融,檐花滴滴皆春风。
> 山村布被正酣卧,愁杀门前卖炭翁。
> ——仇远记:《晓雪》

描写卖帚:

> 霜日倒芒梢,篾筠劳束勒。
> 断送山野村,参陪尘土役。

价卑徒易售,用贵安可得。
　　——吕南公:《买帚翁》

描写卖柴:

何山老翁鬓垂雪?担负樵苏清晓发。
城门在望来路长,樵重身羸如疲鳖。
皮枯亦复汗淋沥,步强遥闻气呜咽。
同行壮俊常后追,体倦心烦未容歇。
街东少年殊傲岸,和袖高扉厉声唤。
低眉索价退听言,移刻才蒙酬与半。
纳樵收值不敢缓,病妇倚门待朝爨。
　　——吕南公:《老樵》

描写卖药:

有翁忧思深,挟药救一世。大声疾其呼,负箧即都市。
凝视彻河汉,觇色见肠胃。巍峨一男子,面泽胜粉腻。
翁前巫与语,腠理中邪沴。再三犹不闻,掉臂若欲避。
涂人竞揶揄,毋乃太逐利。那知此翁心,肝脑作布施。
厌见大官医,十谒九不值。高车索礼貌,疑疾致金币。
侵寻疾已深,针达不可暨。却推主人痴,疾欲胜砭剂。
天寒日以深,衰态日以至。稍觉念翁来,西风政憔悴。
　　——彭龟年:《药翁吟》

老翁如我老,卖药以代耕。得钱付酒家,一毫不自营。
浩歌和邻叟,苦语诲后生。我欲为作传,无人知姓名。
　　——陆游:《卖药翁》

描写城市小贩的生活场景:

君不见城中小儿计不疏,卖浆卖饼活有余,
夜归无事唤侪侣,醉倒往往眠街衢。
　　——陆游:《书生叹》

粤女市无常,所至辄成区。一日三四迁,处处售虾鱼。
青裙脚不袜,臭味猿与狙。孰云风土恶,白州生绿珠。
——秦观:《淮海集》

描写牙侩的中介活动:

开门驵侩哄,辏浦篙帆翕。
——晁补:《送八弟无斁宰宝应》

冗从西班谁比数,牛侩马医犹尔汝。
——贺铸:《留别僧讷辛未正月金陵赋》

诸生厌晚成,躐学要侩驵。
——黄庭坚:《送吴彦归番阳》

六经成市道,驵侩以为师。
——黄庭坚:《以同心之言其臭如兰为韵寄李子先》

是维一都会,驵侩权征输。
——黄庭坚:《癸早禾渡僧舍》

庐陵米价没高低,直下承当已是迟。
多少牙人并贩子,却来升合较毫厘。
——释心月:《石溪心月禅师语录》

插花作牙侩,城市称雄霸。梳头半列肆,笑语皆机诈。
新奇弄浓妆,会合持物价。愚夫与庸奴,低头受凌跨。
吾闽自如此,他方我可睱。福州县十三,余幸穷厓下。
——陈普:《古田女》①

---

① [宋]陈普:《古田女》,见[清]郑方坤《全闽诗话》。

从以上的大量诗作可以看出,与前代诗人倾向于描绘自然风景不同,宋诗对城市生活的场景的表现明显增多。无论是对不同城市的景色的描摹,还是对城市中市井百态的刻画,或者是对市民活动的关注,都透露出这些宋诗具有浓厚的审美俗趣。总体上看,无论是对乡村生活场景的生动描绘,还是对城市生活场景的细致摹画,都反映了宋代诗人对于平凡琐碎日常生活的体验与感悟,而这正是宋诗审美俗趣凸显的又一表现。

三、宋诗表达直白的情形明显增多

与之前的诗歌一般推崇"韵外之致"、"味外之旨"、"言有尽而意无穷"不同,一些宋诗的审美俗趣还表现在表达直白的情形越来越多,日趋散文化,甚至有些诗作直接在诗中发议论。正如有论者所说:"总体而言,宋代的诗歌,散文化、议论化是主要特点。"①这种表达上的直白,是宋诗审美俗趣的另一个表现。例如陈与义的《襄邑道中》②:

飞花两岸照船红,百里榆堤半日风。
卧看满天云不动,不知云与我俱东。

这首诗歌宛若信口而出,表达十分直白。"飞花两岸照船红,百里榆堤半日风"两句没有任何用典和修饰,纯系对眼前景色的描绘。"卧看满天云不动,不知云与我俱东"两句则直接抒发了作者乘船漂流中对相对静止这一奇妙体验的真切感受,没有丝毫的隐晦与掩饰。

再如吕本中的《兵乱后杂诗五首》③:

万事多翻覆,萧兰不辨真。
汝为误国贼,我作破家人。
求鲍羹无糁,浇愁爵有尘。

---

① 郑师渠:《中国文化通史·两宋卷》,北京:北京师范大学出版社 2009 年版,第 326 页。
② [宋]陈与义《襄邑道中》,见[清]吴之振编:《宋诗钞》卷四二,文渊阁四库全书本。
③ [宋]吕本中:《兵乱后杂诗五首》,见[元]方回编:《瀛奎律髓》卷三二,文渊阁四库全书本。

往来梁上燕,相顾却情亲。

从"万事多翻覆"开始,作者句句直抒胸臆,表达直白,对误国者的痛切指责,对世事的万端感慨,酣畅淋漓地见于笔端。

又如陆游的《夜读兵书》①:

孤灯耿霜夕,穷山读兵书。
平生万里心,执戈王前驱。
战死士所有,耻复守妻孥。
成功亦邂逅,逆料政自疏。
陂泽号饥鸿,岁月欺贫儒。
叹息镜中面,安得长肤腴。

这首诗头四句直接抒发了作者秋夜挑灯、苦读兵书的目的是为了报效国家。后八句更是层层递进,将世事难料的感慨、壮志难酬的悲哀直接从笔端倾泻,没有丝毫掩饰、丝毫隐晦、丝毫犹豫,在表达上极为直白。

还如黄庭坚的《跋子瞻和陶诗》:

子瞻谪岭南,时宰欲杀之。
饱吃惠州饭,细和渊明诗。
彭泽千载人,东坡百世士。
出处虽不同,风味乃相似。

这首诗的更是直白坦诚,毫不掩饰对苏轼的欣赏之情。而且,作者在诗中直抒胸臆,将苏轼和陶渊明进行对比,认为二人"出处虽不同,风味乃相似",都有着超凡脱俗的气质。这首诗以议论为诗,鲜明地体现了一些宋诗表达直白的审美俗趣。

由上可见,宋诗中不在意韵味、表达直白的情形明显增多,甚至出现了在诗中直接发议论的情况,从而凸显了与重视韵味的前代诗歌不同的审美趣味,显示了自身的审美俗趣。

---

① [宋]陆游:《夜读兵书》,见[清]爱新觉罗·玄烨:《御选宋金元明四朝诗·御选宋诗》卷十九,文渊阁四库全书本。

四、宋诗采用俗词口语的情形明显增多

宋诗的审美俗趣还表现在许多诗作采用了俗词口语,这一点是以往诗歌中所少见的,而这与宋代文化市场繁荣的时代氛围有着密切的关系。可以说,在诗作中采用俗词口语,实际上体现了文化市场氛围的深远影响,是宋诗审美俗趣的显著表现。例如南宋建炎年间流传的民间诗歌《月子弯弯照几州》①:

月子弯弯照几州?几家欢乐几家愁?
几家夫妻同罗帐?几家飘零在他州?

几乎完全就是口语直白。不仅宋代民间诗歌如此,文人诗中采用俗词口语的情况也很多,例如杨万里的《插秧歌》②:

田夫抛秧田妇接,小儿拔秧大儿插。
笠是兜鍪蓑是甲,雨从头上湿到胛。
唤渠朝餐歇半霎,低头折腰只不答。
秧根未牢莳未匝,照管鹅儿与雏鸭。

这首诗中的俗词口语宛若脱口而出,如"田夫抛秧田妇接,小儿拔秧大儿插","低头折腰只不答","照管鹅儿与雏鸭",都如同家常闲话,却又生动形象地把一幅农业劳动的图景呈现在读者眼前。

再如陆游的《农家叹》③:

有山皆种麦,有水皆种粳。
牛领疮见骨,叱叱犹夜耕。
竭力事本业,所愿乐太平。
门前谁剥啄,县吏征租声。
一身入县庭,日夜穷笞搒。

---

① [宋]佚名:《京本通俗小说·冯玉梅团圆》,北京:中华书局1959年版。
② [宋]杨万里:《插秧歌》,见[清]吴之振编:《宋诗钞》卷七十三,文渊阁四库全书本。
③ [宋]陆游:《农家叹》,见蔡义江:《陆游诗词选评》,上海:上海古籍出版社2002年版,第163页。

人孰不惮死，自计无由生。

还家欲具说，恐伤父母情。

老人倘得食，妻子鸿毛轻。

"叱叱"、"倘得食"、"有山皆种麦"、"有水皆种秫"等俗词口语的运用，透露出浓厚的乡土气，与题目十分贴切契合，弥漫着浓浓的审美俗趣。

又如翁卷的《野望》①：

一天秋色冷晴湾，无数峰峦远近间。

闲上山来看野水，忽于水底见青山。

"闲上山来看野水，忽于水底见青山"，同样是俗语直述，同样宛若信口而出，体现了诗中所蕴含的审美俗趣。

还如谢翱的《书文山卷后》②：

魂飞万里程，天地隔幽明。

死不从公死，生如无此生。

丹心浑未化，碧血已先成。

无处堪挥泪，吾今变姓名。

"死不从公死，生如无此生"，诸如此类，通篇简直如同口语直白，更是俗趣横溢。

另如王禹偁《畲田词五首·其四》③：

北山种了种南山，相助力耕岂有偏？

愿得人间皆似我，也应四海少荒田。

这首诗情深意切，宛如信口而出，又采用了许多俗词口语，例如"北山种了种南山"，体现了通俗化、口语化的特点，表现出浓浓的审美俗趣。

---

① ［宋］翁卷：《野望》，见［清］吴之振编：《宋诗钞》卷八五，文渊阁四库全书本。
② ［宋］谢翱：《书文山卷后》，见［清］吴之振编：《宋诗钞》卷一百，文渊阁四库全书本。
③ ［宋］王禹偁：《畲田词五首·其四》，见［清］吴之振编：《宋诗钞》卷一，文渊阁四库全书本。

尤其是《竹坡诗话》①所载的《食猪肉诗》：

> 黄州好猪肉，价钱等粪土。
> 富者不肯吃，贫者不解煮。
> 慢著火，少著水，火候足时它自美。
> 每日起来打一碗，饱得自家君莫管。
> ——苏轼：《食猪肉诗》

这首《食猪肉诗》更是口语迭出，诙谐幽默，散发着浓烈的审美俗趣。

尤其值得注意的是，在书坊业的影响下，甚至有些宋诗在用词用语上出现了打油诗的倾向，尤其是江湖诗派的一些诗歌更为突出。有观点指出："书坊出版的这些江湖士子的诗集，其定位也并非是社会性或者文化性的经典，而是普及性大众文化的精神消费品。而正是这些不被正统雅文化的士大夫所看重的，甚至是蔑视的文化消费品，孕育着中国历史上第一次出现的新型大众文化。"②由于书坊业追求利润的商业属性，为了在文化市场上顺利销售，其出版的诗歌必须适应以市民为主的消费者的审美口味，从而导致一些诗歌在用词用语方面的俗化特征，以至于一些诗歌在某种程度上具有了"打油诗"的特点。例如下面这些江湖诗派的诗句：

> 老夫眼尚明，细把诸君看。
> 试将草草书，用写区区愿。
> 一愿善调爕，二愿强加饭。
> 三愿保太平，官职日九转。
> ——戴复古：《懒不作书急口令寄朝士》

> 诗胜卢仝酬马异，客无李四与张三。
> ——林希逸：《和后村二首》

> 事变无涯吾老矣，死生有命汝知乎？

---

① [宋]周紫芝：《竹坡诗话》，文渊阁四库全书本。
② 刘方：《宋代两京都市文化与文学生产》，上海师范大学博士论文，2008年，第223页。

——叶茵:《鲈乡道院》

这些诗中俗词口语的运用,与典雅的传统文人诗截然不同,甚至有些油腔滑调,带有"打油诗"的意味,体现了一种适应大众口味的审美俗趣。清代甚至有学者讥讽这些惯用俗词口语的江湖诗派"油腔腐语,编凑成集"。① 然而,这些俗词口语的运用却恰恰体现了宋代文化市场氛围对宋诗审美俗趣的影响,反映了一种新的时代特色。正如有论者所说:"这些作品,其性质、功能、目的,于传统载道、不朽、诗教、言志登完全不同,是一种与传统精英文化、雅文学完全不同类型的适合市民大众文化的俗文学的市场需求的文学的商业生产,而这也恰恰是中国文学史上从未有过的文学现象。"②总之,宋诗中存在着大量俗词口语,甚至一些宋诗出现了"打油诗"的倾向,都在某种程度上体现了一些宋诗所蕴含的审美俗趣。

第四节　文化市场氛围中宋文审美俗趣的凸显

与宋诗相同,无论是否直接参与文化市场的交易,在文化市场繁荣、市场氛围浓厚的大环境影响下,许多宋文在某种程度上也凸显出了自身的审美俗趣。

一、宋文常常表现凡俗生活

在文化市场繁荣和市场氛围浓厚的社会背景下,宋文不可避免地受到文化市场氛围潜移默化的影响,在一定程度上出现了描绘凡俗生活的倾向。如中国文学史》所说:"宋文的风格变化,主要是朝着更加自然、更加贴近生活的方向发展。"③这也在某种程度上体现了宋文审美俗趣的凸显。例如王禹偁《黄州新建小竹楼记》④:

---

① [清]李调元:《雨村诗话》卷下,清诗话续编本。
② 刘方:《宋代两京都市文化与文学生产》,上海师范大学博士论文,2008年,第222页。
③ 袁行霈主编:《中国文学史》第三卷,北京:高等教育出版社2003年版,第15页。
④ [宋]王禹偁:《黄州新建小竹楼记》,见《小畜集》。

> 黄冈之地多竹,大者如椽。竹工破之,刳去其节,用代陶瓦,比屋皆然,以其价廉而工省也。
>
> 子城西北隅,雉堞圮毁,榛莽荒秽,因作小楼二间,与月波楼通。远吞山光,平挹江濑,幽阒辽夐,不可具状。夏宜急雨,有瀑布声;冬宜密雪,有碎玉声。宜鼓琴,琴调虚畅;宜咏诗,诗韵清绝;宜围棋,子声丁丁然;宜投壶,矢声铮铮然:皆竹楼之所助也。
>
> 公退之暇,披鹤氅,戴华阳巾,手执《周易》一卷,焚香默坐,消遣世虑。江山之外,第见风帆沙鸟、烟云竹树而已。待其酒力醒,茶烟歇,送夕阳,迎素月,亦谪居之胜概也。

这篇《黄州新建小竹楼记》先从黄冈用竹瓦建屋说起,接着写登楼远眺以及楼中的"六宜",后又描绘了闲暇时在楼中读书的潇洒惬意,从而把小竹楼里的生活写得情趣盎然。从文中可以看出,作者通过对凡俗生活的表现来渲染豁达自适的谪居之乐,着墨不浓,情韵淡远,朴实感人,在描述的过程中透露出富有生活气息的审美俗趣。

再如欧阳修即兴而作的《秋声赋》[①],通过轻快圆润的文字、真挚动人的情感,表现出凡俗生活中的点滴感悟:

> 欧阳子方夜读书,闻有声自西南来者,悚然而听之,曰:"异哉!"初淅沥以萧飒,忽奔腾而砰湃,如波涛夜惊,风雨骤至。其触于物也,鏦鏦铮铮,金铁皆鸣;又如赴敌之兵,衔枚疾走,不闻号令,但闻人马之行声。予谓童子:"此何声也?汝出视之。"童子曰:"星月皎洁,明河在天,四无人声,声在树间。"
>
> 予曰:"噫嘻悲哉!此秋声也,胡为而来哉?盖夫秋之为状也:其色惨淡,烟霏云敛;其容清明,天高日晶;其气栗冽,砭人肌骨;其意萧条,山川寂寥。故其为声也,凄凄切切,呼号愤发。丰草绿缛而争茂,佳木葱茏而可悦;草拂之而色变,木遭之而叶脱。其所以摧败零落者,乃其一气之余烈。夫秋,刑官也,于时为阴;又兵象也,于行用金,是谓天地之义气,常以肃杀而为心。天之于物,春生秋实,故其在乐也,商

[①] [宋]欧阳修:《秋声赋》,见[宋]吕祖谦编:《宋文鉴》卷三,文渊阁四库全书本。

声主西方之音,夷则为七月之律。商,伤也,物既老而悲伤;夷,戮也,物过盛而当杀。"

"嗟乎!草木无情,有时飘零。人为动物,惟物之灵;百忧感其心,万事劳其形;有动于中,必摇其精。而况思其力之所不及,忧其智之所不能;宜其渥然丹者为槁木,黟然黑者为星星。奈何以非金石之质,欲与草木而争荣?念谁为之戕贼,亦何恨乎秋声!"

童子莫对,垂头而睡。但闻四壁虫声唧唧,如助予之叹息。

这篇《秋声赋》骈散结合,铺陈渲染,词采讲究,是欧阳修散文的代表作,同时也是宋代散文的典范。文章用第一人称来写,描绘了凡俗生活中的日常情景以及所思所感。首先,作者描绘了一幅从静到动、突闻秋夜奇声的生活情景,营造了一种悲凉惊悚的气氛。随之,作者用波涛、风雨、金铁、行军四个联想,从多方面和不同角度,由小到大、由远及近地描绘了夜晚秋声所带来的听觉感受。接着,作者再笔锋一转,引出了与童子的对话,从而又从浮想联翩回到了现实。最后作者寻根溯源,用生动的笔法和细腻的感情,详细地探究了秋声形成的缘由,引出了人生的苦闷与感叹。从审美艺术特色来看,这篇《秋声赋》把写景、抒情、记事、议论熔为一炉,声情并茂,浑然天成,语言圆融流畅,章法曲折变化,情感节制内敛,节奏张弛有度,生动体现了宋文通过描写日常生活来抒发感受的特点,也在一定程度上体现了其自身蕴含的审美俗趣。

再如苏轼的《记承天寺夜游》①:

元丰六年十月十二日夜,解衣欲睡,月色入户,欣然起行。念无与为乐者,遂至承天寺,寻张怀民,怀民未寝,相与步中庭。庭下如积水空明,水中藻荇交横,盖竹柏影也。何夜无月,何处无松柏,但少闲人如吾两人者耳。

这篇文章通篇只有寥寥 84 个字,但通过浅显传神的语句,描绘了一个日常生活中的情景,传达出诗人谪居生活中的真情实感。文中的这些日常的行为无关经世济用,仅是作者自我本心对生活体验的真实流露,蕴含着浓浓的审美

---

① [宋]苏轼:《记承天寺夜游》,见[明]陶宗仪:《说郛》卷二十五上,文渊阁四库全书本。

俗趣。

又如苏轼的《石钟山记》：

> 元丰七年六月丁丑，余自齐安舟行适临汝，而长子迈将赴饶之德兴尉，送之至湖口，因得观所谓石钟者。寺僧使小童持斧，于乱石间择其一二扣之，硿硿焉。余固笑而不信也。至莫夜月明，独与迈乘小舟至绝壁下。大石侧立千尺，如猛兽奇鬼，森然欲搏人；而山上栖鹘，闻人声亦惊起，磔磔云霄间；又有若老人咳且笑于山谷中者，或曰此鹳鹤也。余方心动欲还，而大声发于水上，噌吰如钟鼓不绝。舟人大恐。徐而察之，则山下皆石穴罅，不知其浅深，微波入焉，涵淡澎湃而为此也。舟回至两山间，将入港口，有大石当中流，可坐百人，空中而多窍，与风水相吞吐，有窾坎镗鞳之声，与向之噌吰者相应，如乐作焉。因笑谓迈曰："汝识之乎？噌吰者，周景王之无射也；窾坎镗鞳者，魏庄子之歌钟也。古之人不余欺也！"

《石钟山记》描绘了苏轼等人夜游石钟山的生活情景。在这次实地考察中，苏轼探究出山名的由来，说明凡事不可轻信传说或妄加臆断，而要注重"目见耳闻"，才能了解事物的真相，得出正确结论。文中的写景绘形绘色，形象逼真，使人仿佛亲临其境。风格上既有记叙文写景状物形象生动的特点，又有议论文剖析事理、探讨问题的性质。作者通过旅游探访这样一个日常活动，把记叙和议论有机地结合起来，有时寓论断于叙事之中，有时在叙事的基础上阐发议论，有时则又夹叙夹议，叙议融为一体。总体上看，这篇文章通过描述一次日常旅游来抒发感慨、发表观点，体现了宋文关注凡俗生活的审美特点，表现出自身的审美俗趣。

从总体上看，宋文中有大量描绘凡俗生活的篇章。以曾枣庄、刘琳主编并联合其他专家学者编纂完成的《全宋文》为例，《全宋文》收录了宋人文章9500余家，总字数超过一亿。分辞赋、诏令、奏议、公牍、书启、赠序、序跋、论说、杂记、箴铭、颂赞、传状、碑志、哀祭、祈谢等15个大类，分装360册8345卷，其内容遍及文学、艺术、历史、哲学、政治、宗教、经济、教育、科技、军事、法律制度等各个方面，收录宋文十分完备。其序写道："编纂《全宋文》，其难厥有四端。宋代文章，有别集流传者七百余种，如以无别集而文章零散传世者合而计之，作者将逾万人,作品超出十万。故编纂《全宋文》,自别集、总集之外,史乘方志、类书笔记、碑刻法帖、释道二藏等,均应在网罗之列。既名为《全宋文》,即蕲能无一篇遗漏者。此普查搜采之难也。宋人别集,编辑情况复杂。有自编者,有子孙、亲友、门生所编者,有自编、他编相结合者,有原集已佚,为明清人重辑者。传刻多鲁鱼亥豕之误,编辑有误收伪造之失。澄清浑浊,有赖夫阿胶;剖析毫芒,端资于明镜。此则校勘辨订之难也。纂辑《全宋文》,如取诸家别集,补其佚篇,依时代顺序排列,无别集者增入之,其事较易。然此乃宋人文集汇编,不合于《全宋文》之体例,且诸集编排,情况庞杂,亦不便于检阅。如取每一家之作,皆散为零篇,重新排次,然后依作者年代顺序,汇为一书,则较为得体。然排次之时,编年则难于考订,分体则方式繁杂。若用分体之法,如何斟酌今古,纲举目张,统一体例,以便检索。此则分类编序之难也。至于撰写作者小传,标点作品原文,因群手分任,难免各行其是,互相参差,故又须事先熟虑深思,规定详明之条例,编稿者有所遵循,审稿者更能精确。此又制订条例之难也。"①可见该书编辑时的艰难和所收录宋文的完备。在其所收的10余万篇各种体例文章中,就包含了大量描绘凡俗生活的文章。仅抽取《全宋文》第六册卷一一二为例,该卷所含文章如下:

张咏	升州重修转运司公署记	
张咏	春日宴李氏林亭记	
张咏	三不欺箴	并序
张咏	惧箴	并序
张咏	褊箴	并序
张咏	苏公堰铭	并序
张咏	张氏新小桥铭	并序
张咏	拟富民侯传赞	并序
张咏	耨斧赞	并序

---

① 曾枣庄、刘琳主编:《全宋文·序》,上海:上海辞书出版社2006年版。

续表

张咏	唐衢赞	并序
张咏	异兽图赞	并序
张咏	画像自赞	
张咏	木伯赞	
张咏	大宋赠左监门尉将军上官公神道碑铭	
张咏	谒狄梁公庙文	
张咏	骂青蝇文	
张咏	祈雨文	

在该卷 17 篇文章中,几乎都包含了描绘凡俗生活、体现审美俗趣的文章。其中的《三不欺箴》、《惧箴》、《褊箴》是三篇箴言,虽不是直接描绘凡俗生活,然而也是对凡俗生活中点滴感悟的表现,依然有着自身的审美俗趣,例如《惧箴》①:

余幼荷父母之训,长师圣人之道,必纯必信,用度于心。年甫弱冠,始接人事,事兹与人,解有通者。岂为善之未至耶?将学不知乎变耶?退而省己,作《惧箴》以自勖。

口乃祸府,交为祸媒。交莫浪合,口宜慎开。导我之得兮,纶然而去,丝然而来。谓我之失也,铮若破击,割如惊雷。盖浅狭以自播,岂众民之喧豗?苟非洗虑以内观兮,如乳儿之抵虎,他人何由岂拯衰?不切惧惕,徒飞嫌猜,其败已也,又何尤哉?

这篇《惧箴》强调了慎言慎行的重要性,通过形象的比喻来表现自己在凡俗生活中的思考与感悟,透露出其所蕴含审美俗趣。

除了这三篇箴言,本卷其余文章更为直接地描绘了凡俗生活的情景,例如《张氏新小桥铭》②:

---

① [宋]张咏:《惧箴》并序,见曾枣庄、刘琳主编:《全宋文》卷一一二,上海:上海辞书出版社 2006 年版,第 136 页。
② [宋]张咏:《张氏新小桥铭》,见曾枣庄、刘琳主编:《全宋文》卷一一二,上海:上海辞书出版社 2006 年版,第 138~139 页。

粤若选胜尚奇,见善称难者,与夫创新谋始远矣哉!新小桥,即张氏林泉之所建也。通沟涨白,所以莹林榭之辉;丹槛凌虚,所以喧耳目之用。利有未济,人其捨诸。于是哲士预能,梓匠视力,役夫未疲,飞梁缔构。通竹阴之双隧,导宾阶之四达。苍云夜敛,疑上架于星河;零雨昼晞,讶傍牵于蝃蝀。既萌谋始,得无健称者欤?某谓成功则细,创心是难。执彼量大,昭焉著焉。鄙乎隐鳞之狂,宁谢题柱之作。染翰之末,聊述铭云:设险者水,谋始者贤。飞梁缔构,呀豁林泉。往复攸济,微乎捨旃。谁谓巨川,不能驾焉?

这篇文章对一座小桥的策划、建造以及效用意义娓娓道来,并给予很高的评价,指出由于有了这座小桥,"谁谓巨川,不能驾焉"。文中散发着浓浓的生活气息,生动体现了文章内在的审美俗趣。

再如《耨斧赞》①:

里人命斨劚为耨斧,余观而义之,曰:耨,所以逐恶也;斧,所以利用也。力驽心怠者,无执是柄。恶乱我苗,将饥我族。故圣人之化人也,有心哉!诘诛暴慢,斯近仁矣。是以尧剪四凶,蓬蒿断芽;周锄二叔,蓁莽绝本。呜呼!既竭其力,又称其用,复何患者!乃为赞曰:

大田芃芃,耨斧钁钁。蓬贼莠奸,我斧是芟,玉食匪难,礼义是前。鲐背黄髮,鼓腹便便。周庙之诗颂以劝,汉侯之歌闵以哀。赏今诛今,正由是哉!

在这篇《耨斧赞》中,作者从邻居制作斧子这一日常生活场景引申出自己点滴的生活感悟。文中作者把斧子作为一种美好德行的象征,称其"既竭其力,又称其用,复何患者!"体现了宋文对凡俗生活的表现,也可以看出其具有的内在的审美俗趣。

值得注意的是,宋代一些著名文学家的一些文章中也体现出了审美俗趣。例如欧阳修的《醉翁亭记》②:

---

① [宋]张咏:《耨斧赞》,见曾枣庄、刘琳主编:《全宋文》卷一一二,上海:上海辞书出版社2006年版,第141页。
② [宋]欧阳修:《醉翁亭记》,见[宋]吕祖谦编:《宋文鉴》卷七十八,文渊阁四库全书本。

> 至于负者歌于滁，行者休于树，前者呼，后者应，伛偻提携，往来而不绝者，滁人游也。临溪而渔，溪深而鱼肥；酿泉为酒，泉香而酒洌；山肴野蔌，杂然而前陈者，太守宴也。宴酣之乐，非丝非竹，射者中，弈者胜，觥筹交错，坐起而喧哗者，众宾欢也。苍然白发，颓乎其中者，太守醉也。
>
> 已而夕阳在山，人影散乱，太守归而宾客从也。树林阴翳，鸣声上下，游人去而禽鸟乐也。然而禽鸟知山林之乐，而不知人之乐；人知从太守游而乐，而不知太守之乐其乐也。醉能同其乐，醒能述其文者，太守也。太守谓谁？庐陵欧阳修也。

《醉翁亭记》描写的不是轰轰烈烈的社会巨大事件，也不是不同凡响的英雄行为，而是平凡的、没有矛盾、没有冲突的生活场景，一次太平祥和的游乐。其中有"负者"、有"行者"、有老人、有小孩，前呼后应，往来不绝，呈现出一派闲适快活、安详和平的景象，作者则沉醉其中，心旷神怡，宠辱皆忘。通过对日常情景的描写，作者抒发了自己的内心感慨，将真挚的情感融化在对生活情景的描绘之中，使文章显得情意盎然，透露出浓浓的审美俗趣。

苏轼的许多文章更是如此，透露出浓厚的审美俗趣。以中华书局版的《苏轼文集》①为例，仅从中抽取第七十一卷，其中就有许多文章描写了凡俗生活，例如《记游松风亭》：

> 余尝寓居惠州嘉祐寺，纵步松风亭下，足力疲乏，思欲就床止息。仰望亭宇，尚在木末。意谓如何得到。良久忽曰："此间有甚么歇不得处？"由是心若挂钩之鱼，忽得解脱。若人悟此，虽两阵相接，鼓声如雷霆，进则死敌，退则死法，当恁么时，也不妨熟歇。

这篇文章描写了作者信步游览，突觉困乏，欲思上床休息，可转念一想，又觉得有何处不可以休息，何必拘泥于床榻。文章短小生动，通过描写一个日常生活场景的所思所想，引人感悟，发人深省，同时也体现了作者乐于描写凡俗生活的审美趣味，蕴含着使人会心一笑的审美俗趣。

---

① [宋]苏轼著、孔凡礼点校：《苏轼文集》，北京：中华书局1986年版。

再如《书海南风土》：

> 岭南天气卑湿，地气蒸溽，而海南为甚。夏秋之交，物无不腐坏者。人非金石，其何能久。然儋耳颇有老人，年百余岁者，往往而是，八九十者不论也。乃知寿夭无定，习而安之，则冰蚕火鼠，皆可以生。吾尝湛然无思，寓此觉于物表，使折胶之寒，无所施其冽，流金之暑，无所措其毒，百余岁岂足道哉！彼愚老人者，初不知此特如蚕鼠生于其中，兀然受之而已。一呼之温，一吸之凉，相续无有间断，虽长生可也。庄子曰："天之穿之，日夜无隙，人则顾塞其窦。"岂不然哉。九月二十六日，秋霖雨不止，顾视帏帐，有白蚁升余，皆已腐烂，感叹不已。信手书。时戊寅岁也。

这篇《书海南风土》描写了苏轼谪居海南儋州时的生活情景。儋州的天气十分卑湿，地气十分蒸溽，甚至秋雨之后"顾视帏帐，有白蚁升余，皆已腐烂"。但即使是在这种情况下，苏轼依然抒发了他旷达的襟怀。从这篇短文中我们可以看出苏轼对凡俗生活有着不同于前代文人的关注，从而使文章散发出富含生活气息的审美俗趣。

整体上看，就所抽取的《苏轼文集》第七十一卷而言，初步统计该卷中涉及描写凡俗生活的文章就有近 60 篇，具体如下：

题云安下岩	题万松岭惠明院壁
书游灵化洞	书赠张临溪
记公择天柱分桃	书赠杨子微
书游垂虹亭	题虔州祥符宫乞签
记樊山	题广州清远峡山寺
记赤壁	题寿圣寺
记汉讲堂	书卓锡泉
书刘梦得诗记罗浮半夜见日事	书天庆观壁
记罗浮异境	题罗浮
记与安节饮	记游白水昆
记游定惠院	记与舟师夜坐
题连公壁	题白水山

续表

书赠何圣可	题嘉佑寺壁
书雪	记游松风亭
书田	记朝斗
书蜀公约邻	题栖禅院
书浮玉买田	题合江楼
记承天夜游	名容安亭
赠别王文甫	书海南风土
再书赠王文甫	书上元夜游
跋太虚辩才庐山题名	书城北放鱼
泗岸喜题	书赠游浙僧
书遗蔡允元	书合浦舟行
蓬莱阁记所见	题廉州清乐轩
书鲁直浴室题名后	书临皋亭
书请郡	梦南轩
书赠柳仲矩	天叶宫
杭州题名二首	名西阁
题损之故居	书赠古氏
书赠王元直三首	

在这些文章中，苏轼或记述日常游玩，或描写日常场景，或刻画日常事物，都反映出宋文善于表现凡俗生活的审美趋向，显示了这些宋文在一定程度上审美俗趣凸显的特点。

总之，与前代文章有着明显不同，宋文中包含了许多表现凡俗生活的文章。在这些文章中，无论是对小桥竹屋等生活事物的描绘，还是对游山玩水、月夜感怀等生活情境的刻画，都体现了在某种程度上宋文审美俗趣凸显的特点。

二、宋文语言表达趋于直白

宋文审美俗趣的凸显还表现在一些宋文的语言表达趋于直白。与前代文章往往强调含蓄蕴藉、铺排用典不同,不少宋文承袭了唐代古文运动的余风,在语言表达上往往干净利落、直截了当,而这种语言表达上的直白在某种程度上正体现了宋文的审美俗趣。例如欧阳修的《新五代史·伶官传序》①通过五代后唐李存勖兴亡变化的历史往事,直接抒发了作者对国家"盛衰之理"在人事而不在天命的看法,语言表达直白,没有任何遮遮掩掩:

> 方其系燕父子以组,函梁君臣之首,入于太庙,还矢先王,而告以成功,其意气之盛,可谓壮哉!及仇雠已灭,天下已定,一夫夜呼,乱者四应,仓皇东出,未及见贼而士卒离散,君臣相顾,不知所归,至于誓天断发,泣下沾襟,何其衰也!岂得之难而失之易欤?抑本其成败之迹,而皆自于人欤?《书》曰:"满招损,谦得益。"忧劳可以兴国,逸豫可以亡身,自然之理也。故方其盛也,举天下豪杰莫能与之争;及其衰也,数十伶人困之,而身死国灭,为天下笑。
>
> 夫祸患常积于忽微,而智勇多困于所溺,岂独伶人也哉?作《伶官传》。

在这篇文章中,作者直抒胸臆,通过对后唐庄宗得天下、失天下的典型事例,阐述了国家盛衰主要是由人事决定的道理。在语言表达中,欧阳修直截了当地告诫当时的北宋政府领导人要吸取历史教训,居安思危,防微杜渐,不应满足表面的虚荣,彰显了宋文直白坦率的表达风格,这在一定程度上也体现了宋文的审美俗趣。

再如苏轼的《答李端叔书》②:

> 轼少年时,读书作文,专为应举而已。既及进士第,贪得不已,又举制策,其实何所有。而其科号为直言极谏,故每纷然诵说古今,考论是非,以应其名耳,人苦不自知,既以此得,因以为实能之,故说谎至今,坐此得罪几死,所谓齐虏以口舌得官,真可笑也。然世人遂以轼为欲立异同,则过矣。妄论利害,搀说得失,此正制科人习气。譬之候虫时鸟,自鸣自已,何足为损益。轼每怪时人待轼过重,而足下又复称说

---

① [宋]欧阳修:《伶官传序》,见《新五代史》卷三十七,文渊阁四库全书本。
② [宋]苏轼:《答李端叔书》,见[明]唐顺之编:《文编》卷四十八,文渊阁四库全书本。

> 如此,愈非其实。得罪以来,深自闭塞,扁舟草屦,放浪山水间,与樵渔杂处,往往为醉人所推骂。辄自喜渐不为人识,平生亲友,无一字见及,有书与之亦不答,自幸庶几免矣。足下又复创相推与,甚非所望。木有瘿,石有晕,犀有通,以取妍于人;皆物之病也。谪居无事,默自观省,回视三十年以来,所为,多其病者。足下所见,皆故我,非今我也。无乃闻其声不考其情,取其华而遗其实乎?抑将又有取于此也?此事非相见不能尽。自得罪后,不敢作文字。此书虽非文,然信笔书意,不觉累幅,亦不须示人。必喻此意。

这篇《答李端叔书》中,苏轼毫无隐晦地抒发了谪居时的真情实感。愤激之情自笔端倾泻而出,一吐胸中块垒。文末更是明言:"此书虽非文,然信笔书意,不觉累幅,亦不须示人。必喻此意",表达了苏轼不掩饰真情实感、直白告人的审美理念。同时,语言表达上的直白坦诚也体现了文章自身的审美俗趣。

又如王安石《读孟尝君传》:

> 世皆称孟尝君能得士,士以故归之;而卒赖其力以脱于虎豹之秦。嗟乎!孟尝君特鸡鸣狗盗之雄耳,岂足以言得士?不然,擅齐之强,得一士焉,宜可以南面而制秦,尚何取鸡鸣狗盗之力哉?夫鸡鸣狗盗之出其门,此士之所以不至也。

这篇文章直抒胸臆、词气凌厉,势如破竹。性情文字,发自肺腑,语言直白,毫无文饰铺排之语,生动体现了其所蕴含的审美俗趣。

总之,在文化市场氛围弥漫的大背景下,许多宋文为了更好地写心中情、眼中人、世间事,语言表达上往往直白干脆,在某种程度上呈现出了一种内在的审美俗趣。

三、宋文中存在着许多俗赋

宋文审美俗趣的凸显还表现在类型上其存在着大量的俗赋,这些俗赋或描写日常事物,或表现日常生活,或评述日常事件,在审美趣味上与之前往往将文章看作"经国之大业,不朽之盛事"①的高雅艺术、强调语言要文雅高贵的审美态度不同,而是更多地呈现出一种内在的审美俗趣。

首先,是描绘日常事物的俗赋。仅抽取《全宋文》第六册卷一一三、卷一一四、卷一一五、卷一一六、卷一一七、卷一一八为例,该六卷所包含的文章如下:

全宋文卷一一三	吴淑	天赋
全宋文卷一一三	吴淑	日赋
全宋文卷一一三	吴淑	月赋
全宋文卷一一三	吴淑	星赋
全宋文卷一一三	吴淑	风赋
全宋文卷一一三	吴淑	云赋
全宋文卷一一三	吴淑	雨赋
全宋文卷一一三	吴淑	雾赋
全宋文卷一一三	吴淑	露赋
全宋文卷一一三	吴淑	霜赋
全宋文卷一一三	吴淑	雪赋
全宋文卷一一三	吴淑	雷赋
全宋文卷一一三	吴淑	春赋
全宋文卷一一三	吴淑	夏赋
全宋文卷一一三	吴淑	秋赋
全宋文卷一一三	吴淑	冬赋
全宋文卷一一四	吴淑	地赋
全宋文卷一一四	吴淑	海赋
全宋文卷一一四	吴淑	江赋
全宋文卷一一四	吴淑	河赋
全宋文卷一一四	吴淑	山赋
全宋文卷一一四	吴淑	水赋
全宋文卷一一四	吴淑	石赋
全宋文卷一一四	吴淑	井赋

---

① [三国]曹丕:《典论·论文》,见[南朝梁]萧统:《文选》卷五二,文渊阁四库全书本。

续表

全宋文卷一一四	吴淑	冰赋
全宋文卷一一四	吴淑	火赋
全宋文卷一一四	吴淑	金赋
全宋文卷一一四	吴淑	玉赋
全宋文卷一一四	吴淑	珠赋
全宋文卷一一四	吴淑	锦赋
全宋文卷一一四	吴淑	丝赋
全宋文卷一一四	吴淑	钱赋
全宋文卷一一五	吴淑	歌赋
全宋文卷一一五	吴淑	舞赋
全宋文卷一一五	吴淑	琴赋
全宋文卷一一五	吴淑	笛赋
全宋文卷一一五	吴淑	鼓赋
全宋文卷一一五	吴淑	衣赋
全宋文卷一一五	吴淑	冠赋
全宋文卷一一五	吴淑	弓赋
全宋文卷一一五	吴淑	箭赋
全宋文卷一一五	吴淑	剑赋
全宋文卷一一五	吴淑	几赋
全宋文卷一一五	吴淑	杖赋
全宋文卷一一五	吴淑	扇赋
全宋文卷一一五	吴淑	笔赋
全宋文卷一一五	吴淑	砚赋
全宋文卷一一五	吴淑	纸赋
全宋文卷一一五	吴淑	墨赋
全宋文卷一一六	吴淑	舟赋
全宋文卷一一六	吴淑	车赋
全宋文卷一一六	吴淑	鼎赋
全宋文卷一一六	吴淑	茶赋
全宋文卷一一六	吴淑	酒赋

续表

全宋文卷一一六	吴淑	凤赋
全宋文卷一一六	吴淑	鹤赋
全宋文卷一一六	吴淑	鹰赋
全宋文卷一一六	吴淑	鸡赋
全宋文卷一一六	吴淑	雁赋
全宋文卷一一六	吴淑	鸟赋
全宋文卷一一六	吴淑	鹊赋
全宋文卷一一六	吴淑	燕赋
全宋文卷一一六	吴淑	雀赋
全宋文卷一一六	吴淑	麟赋
全宋文卷一一六	吴淑	象赋
全宋文卷一一六	吴淑	虎赋
全宋文卷一一七	吴淑	马赋
全宋文卷一一七	吴淑	牛赋
全宋文卷一一七	吴淑	羊赋
全宋文卷一一七	吴淑	狗赋
全宋文卷一一七	吴淑	鹿赋
全宋文卷一一七	吴淑	兔赋
全宋文卷一一七	吴淑	草赋
全宋文卷一一七	吴淑	竹赋
全宋文卷一一七	吴淑	木赋
全宋文卷一一七	吴淑	松赋
全宋文卷一一七	吴淑	柏赋
全宋文卷一一七	吴淑	槐赋
全宋文卷一一七	吴淑	柳赋
全宋文卷一一七	吴淑	桐赋
全宋文卷一一七	吴淑	桑赋
全宋文卷一一八	吴淑	桃赋
全宋文卷一一八	吴淑	李赋
全宋文卷一一八	吴淑	梅赋

续表

全宋文卷一一八	吴淑	杏赋
全宋文卷一一八	吴淑	柰赋
全宋文卷一一八	吴淑	枣赋
全宋文卷一一八	吴淑	梨赋
全宋文卷一一八	吴淑	粟赋
全宋文卷一一八	吴淑	甘赋
全宋文卷一一八	吴淑	橘赋
全宋文卷一一八	吴淑	瓜赋
全宋文卷一一八	吴淑	龙赋
全宋文卷一一八	吴淑	蛇赋
全宋文卷一一八	吴淑	龟赋
全宋文卷一一八	吴淑	鱼赋
全宋文卷一一八	吴淑	虫赋
全宋文卷一一八	吴淑	蝉赋
全宋文卷一一八	吴淑	蜂赋
全宋文卷一一八	吴淑	蚁赋
全宋文卷一一八	吴淑	进注事类赋
全宋文卷一一八	吴淑	差除祠祭行事官奏
全宋文卷一一八	吴淑	乞以闰年图上职方奏
全宋文卷一一八	吴淑	御边策
全宋文卷一一八	吴淑	请升贤妃李氏居同配之位议
全宋文卷一一八	吴淑	左思庙记
全宋文卷一一八	释源清	法华十妙不二门示珠指序
全宋文卷一一八	释源清	法华十妙不二门示珠指跋
全宋文卷一一八	吕祐之	答上问饶阳主簿张上达判祠荒谬事奏

  这六卷共包括 109 篇文章,其中赋就达到了 100 篇,而且这些赋都是描绘日常事物的俗赋,它们的特点是较为短小,不求用词华丽,尤其是把日常事物作为描绘的对象,例如井赋、冰赋、火赋、金赋、玉赋、珠赋、锦赋、丝赋、钱赋、歌赋、舞赋、琴赋、笛赋、鼓赋、衣赋、冠赋、弓赋、箭赋、剑赋、几赋、杖赋、扇赋、笔赋、砚

赋、纸赋、墨赋、舟赋、车赋、鼎赋、茶赋、酒赋、凤赋等,从而和前代赋往往注重描摹大场景的审美趣味有着很大不同,例如《钱赋》①:

> 若夫布货之用,钱刀之制,夏商之前,其详靡诏。尔乃太公九府,上林三官。子母相权,单穆之谏周景;轻重为制,管仲之辅齐桓。则有严道之赐邓通,豫章之资吴濞。五分、半两之名,契刀、错刀之制。二品、十品之差,三铢、四铢之具。索辅凉州之说,秀之汉川之利。黄牛白腹,知汉祚之复兴;青绮文襦,骇神童之遽至。玩兹赤仄,集此青凫。考肉好之制,辨么幼之殊。使赵勤而不拜,劳仙翁之见呼。至于积彼水衡,藏于少府,实此函方,薄兹阿堵。庞俭凿井,邴原系树。嘉宾施之而并尽,孔祜遇之而不顾。蒙阖敞之见远,使五伦而督铸。发此鹿台,销其钟虞。或以挂杖头而游酒肆,或以贮壶中而通泉路。别有聚令贯朽,散若泉流。铲山不竭,掘地斯求。辅国铸钟而表异,子廉饮焉而见投。或见生尘,或闻使鬼,少则坐之堂下,多则藏之都内。塘因华信,埒闻王济,魏文家事之占,淮隐亭长之赐。或以敌戴硕之儿,或以买王导之子。若其安息王面之象,罽宾骑马之形,嘲崔烈之铜臭,笑江禄之钟鸣。送谢澹而称愧,践刘宠而逾清。或闻成公之著论,或以沈郎而得名。复闻应彼白水,玩兹紫石,《周官》外府,汉灵四出。或细甚浮水,或奸闻摩质。故道穆之论尤精,贾谊之言斯极。彼鸿都之聚,西园之积,咸卖官而鬻爵,斯为政之大失。若乃和峤之癖,鲁褒之神。三斗嗤元诞之滥,一囊矜赵壹之贫。始与之戏袁淑,季雅之贺僧珍。利则如刀,气或如云。诞贯兮鹅眼,榆荚兮鲸文。当千兮直百,厚郭兮大轮。总金银龟贝之异,诚难为而具陈也。

这篇宋赋从"钱"这个日常事物入手,通过对日常生活中钱的种类和使用方式的描述,表现所思所感,抒发了关于财富的感悟,散发出浓厚的审美俗趣。如果与《全唐文》②中收录的两篇赋相对比,更可以看出其蕴涵的审美俗趣。

---

① 吴淑:《钱赋》,见曾枣庄、刘琳主编:《全宋文》卷一一四,上海:上海辞书出版社2006年版,第186~187页。
② [清]董诰等编:《全唐文》,北京:中华书局1982年版。

秦东之门,天地一空。直见晓日,生于海中,赤光射浪,如沸如铄。惊涛连山,前拒后却。圆规上下,隐见寥廓。煌天垂,若吞世漫翕纳,将吞六合。冲融青冥,遥浸大莹。羲和首驭,夸父上征。眩转心目,苍黄性情。倾地舆而通水府,吸天盖而骇长鲸。

——熊耀:《琅琊台观日赋》,《全唐文》卷三五一

巨浸不极,太阴无私。裹积水之游气,睹圆魄之殊姿。皓皓天步,苍茫地维。泱漾崩腾,助金波玉浪之势。晶荧激射,当三五二八之期。盖进必以道,岂出非其时。继倾曦以对越,擅浮光而在兹。嗟乎!空阔之容若彼,清明之状如此。蜃楼旁起,疑庾亮之可从;珠蚌潜开,异隋侯之所委。鼍次虽游,风涛讵弭。出霞岸而不迟,过鳌山而孔迩。

——徐晦:《海上生明月赋》,《全唐文》卷六一一

这两篇唐赋虽然体制不长,然而通过铺辞排比,所描绘的海洋意象都十分细致逼真,历历宛若目前。从语言上看则华贵雍容、锤炼精美。通过与吴淑的《钱赋》进行对比,可明显看出《钱赋》对日常事物进行直白描绘的特点,显示了其内在的审美俗趣。

其次,是表现日常情景的俗赋。例如苏轼的《黠鼠赋》:

苏子夜坐,有鼠方啮,拊床而止之。既止,复作,使童子烛之。有橐中空,嘐嘐聱聱,声在橐中。曰:"嘻!此鼠之见闭而不得去者也。"发而视之,寂无所有。举烛而索,中有死鼠。童子惊曰:"是方啮也,而遽死耶?向为何声?岂其鬼耶?"覆而出之,堕地乃走,虽有敏者,莫措其手。

苏子叹曰:"异哉!是鼠之黠也。闭于橐中,橐坚而不可穴也,故不啮而啮,以声致人;不死而死,以形求脱也。吾闻有生莫智于人,扰龙、伐蛟、登龟、狩,役物而君之。卒见使于一鼠,堕此虫之计中,惊脱兔于处女,乌在其为智也?"坐而假寐,私念其故,若有告余者曰:"汝为多学而识之,望道而未之见也。不一于汝,而二于物,故一鼠之啮,而为之变也。人能碎千金之璧,而不能无失声于破斧;能搏猛虎,不能无变色于蜂虿:此不一之患也。言出于汝,而忘之耶?"余俯而笑,仰而

觉。使童子执笔记余之作。

这篇赋以风趣的话语描述了一只狡黠的老鼠装死逃脱,而人反被老鼠愚弄的故事,文章通俗诙谐,妙趣横生,是一篇描写日常情景的典型俗赋。用这篇赋和同样表现日常情景的王粲《登楼赋》进行对比,更可以看出其所蕴含的审美俗趣:

> 登兹楼以四望兮,聊暇日以销忧。览斯宇之所处兮,实显敞而寡仇。挟清漳之通浦兮,倚曲沮之长洲。背坟衍之广陆兮,临皋隰之沃流。北弥陶牧,西接昭邱。华实蔽野,黍稷盈畴。虽信美而非吾土兮,曾何足以少留!
>
> 遭纷浊而迁逝兮,漫逾纪以迄今。情眷眷而怀归兮,孰忧思之可任?凭轩槛以遥望兮,向北风而开襟。平原远而极目兮,蔽荆山之高岑。路逶迤而修迥兮,川既漾而济深。悲旧乡之壅隔兮,涕横坠而弗禁。昔尼父之在陈兮,有归欤之叹。钟仪幽而楚奏兮,庄舄显而越吟。人情同于怀土兮,岂穷达而异心!
>
> 惟日月之逾迈兮,俟河清其未极。冀王道之一平兮,假高衢而骋力。惧匏瓜之徒悬兮,畏井渫之莫食。步栖迟以徙倚兮,白日忽其将匿。风萧瑟而并兴兮,天惨惨而无色。兽狂顾以求群兮,鸟相鸣而举翼,原野阒其无人兮,征夫行而未息。心凄怆以感发兮,意忉怛而惨恻。循阶除而下降兮,气交愤于胸臆。夜参半而不寐兮,怅盘桓以反侧。

王粲这篇《登楼赋》结构段落分明,大体说来,第一段开头两句说明登楼的动机,开启全文,以"四望"引出以下写景的十句,并暗示其怀乡之情。第二段是明写怀乡之情,用三种不同的手法,先正面写情,然后以情景交融的手法,寓情于景,再以历史典故,说明人情同于怀土,古今一致。第三段以天气变化,抒发感慨,寄寓情志,承上段所谓"穷达",写自己的怀才不遇以及"假高衢而骋力"的愿望。在赋中,作者通过描述登楼这一日常情景,来表现宏大的叙事和深远的思考。可以看出,其在审美趣味上与注重描写微观生活的《黠鼠赋》有着很大的不同,两相对照,更可以看出宋代俗赋有着自身的审美俗趣。

最后，是评述日常事件的俗赋。这些俗赋通过评论日常生活中所遇到的事情，来抒发感情，表达观点。例如欧阳修的《憎苍蝇赋》：

> 苍蝇，苍蝇，吾嗟尔之为生！既无蜂虿之毒尾，又无蚊虻之利嘴。幸不为人之畏，胡不为人之喜？尔形至眇，尔欲易盈，杯盂残沥，砧几余腥，所希秒忽，过则难胜。苦何求而不足，乃终日而营营？逐气寻香，无处不到，顷刻而集，谁相告报？其在物也虽微，其为害也至要。
>
> 若乃华榱广厦，珍簟方床，炎风之燠，夏日之长，神昏气懑，流汗成浆，委四支而莫举，眊两目其茫洋。惟高枕之一觉，冀烦歊之暂忘。念于吾而见殃？寻头扑面，入袖穿裳，或集眉端，或沿眼眶，目欲瞑而复警，臂已痹而犹攘。于此之时，孔子何由见周公于仿佛，庄生安得与蝴蝶而飞扬？徒使苍头丫髻，巨扇挥飏，咸头垂而腕脱，每立寐而颠僵。此其为害者一也。
>
> 又如峻宇高堂，嘉宾上客，沽酒市脯，铺筵设席。聊娱一日之余闲，奈尔众多之莫敌！或集器皿，或屯几格。或醉醇酎，因之没溺；或投热羹，遂丧其魄。谅虽死而不悔，亦可戒夫贪得。尤忌赤头，号为景迹，一有沾污，人皆不食。奈何引类呼朋，摇头鼓翼，聚散倏忽，往来络绎。方其宾主献酬，衣冠俨饰，使吾挥手顿足，改容失色。于此之时，王衍何暇于清谈，贾谊堪为之太息！此其为害者二也。
>
> 又如醯醢之品，酱肉之制，及时月而收藏，谨瓶罂之固济，乃众力以攻钻，极百端而窥觊。至于大脔肥牲，嘉肴美味，盖藏稍露于罅隙，守者或时而假寐，才稍怠于防严，已辄遗其种类。莫不养息蕃滋，淋漓败坏。使亲朋卒至，索尔以无欢；臧获怀忧，因之而得罪。此其为害者三也。
>
> 是皆大者，余悉难名。呜呼！《止棘》之诗，垂之六经，于此见诗人之博物，比兴之为精。宜乎以尔刺谗人之乱国，诚可嫉而可憎！

在这篇《憎苍蝇赋》中，欧阳修先写出在睡觉时苍蝇恼人的烦扰。接着写宴会之时，苍蝇"引类呼朋，摇头鼓翼。聚散倏忽，往来络绎"、"或集器皿，或屯几格。或醉醇酎，因之没溺。或投热羹，遂丧其魄"的恼人景象。然后写苍蝇在贮藏的食物中侵蚀繁衍，败坏食物的恶行。最后，这篇赋把苍蝇比喻成误国奸佞进行痛斥:"于此见诗人之博物,比兴之为精。乎以尔刺谗人之乱国,诚可嫉而可憎!"整体上看,这篇评述日常事件的俗赋匠心独运,结构工巧,气势连贯,语言诙谐,使人读后忍俊不禁、会心一笑,生动体现了宋代俗赋中所蕴含的审美俗趣。

总之,以上可以看出,随着宋代文化市场的繁荣,宋文也在一定程度上呈现出审美俗趣凸显的状况,反映了宋代文化市场对宋文的深远影响。当然,由于宋文在更大程度上是一种文人创作和精英文学,文化市场并非其审美趣味的决定性因素。但是,如果从宋文整体风格上把握,我们也会发现许多宋文在某种程度上表现出了自身的审美俗趣,而这一点正与文化市场氛围有着千丝万缕的联系。可以说,宋代文化市场氛围对其审美俗趣的凸显产生了关键性影响。

结　语

第一节　本论题的主要内容和观点

本论题从文化市场的视角,结合宋代诗、词、文、话本、戏曲等主要文学形式,系统研究了宋代文学审美俗趣凸显的原因,即宋代商品经济的繁荣为文化市场的繁荣提供了时代基础,而宋代文化市场的繁荣对宋代文学审美俗趣的凸显产生了关键性的影响,是宋代文学审美俗趣凸显的直接原因。同时,本文将与宋代文化市场有关的主要文学形式分为宋代商品词、宋戏曲、宋话本、宋诗文四个方面,具体分析了宋代文化市场对文学审美俗趣的影响,并对文化市场影响下的文学审美俗趣现象进行了初步梳理。本文的主要内容和观点包括以下六个方面:

第一,宋代商品经济的繁荣为文化市场的繁荣提供了时代基础。

宋代是一个社会经济发达的时代,商品经济的繁荣是宋代社会经济发展的最鲜明时代特色,同时又对社会的精神层面产生了深远影响。正是在商品经济繁荣的刺激下,大众的审美娱乐需求随之不断高涨,文学审美才由社会上层走向了大众,才由少数精英的特权变为了大众日常生活的需要,从而在根本上为宋代文学审美俗趣的凸显提供了可能。同时,宋代商品经济发达的时代特色也为宋代文化市场的繁荣提供了历史基础。正是由于宋代商品经济的发达,宋代才有了形成繁荣文化市场的可能,而文化市场的繁荣又对宋代的文学审美俗趣起到了关键性影响,是宋代文学审美俗趣凸显的直接原因。宋代商品经济的繁荣主要体现在城市的崛起和市民阶层的壮大、城市格局的巨变、经商群体的壮大、市场的繁荣四个方面。其中,宋代商品经济的繁荣直接带来了城市的崛起,全国出现了由都市、大城市、中小城市和市镇构成的城市群,而城市的崛起又带来了一个庞大的市民阶层。城市格局则打破了坊市分离的制度,有力地推动了城市经济的发展,成为宋代商品经济繁荣的重要特征。同时,经商群体迅速壮大,甚至出现了"全民经商"的态势,并且行业分工日趋精细、专业细化不断加强并有了固定的商业流程。另外,宋代市场上商品极为丰富,市场数量众多并拥有广大的海外市场,时间上也突破了前代的限制,出现了早市、夜市和鬼市。可以说,随着商品经济的发展,宋代城市大量崛起,市民阶层不断壮大,城市格局发生巨变,经商群体迅速扩大,市场繁荣发达,这些都为宋代文化市场的繁荣提供了时代基础。正是在这种时代基础之上,宋代文化市场才能繁荣发达,从而对宋代文学审美俗趣的凸显产生了关键性的影响。

第二,在商品经济发达的时代基础上,宋代文化市场取得了长足的发展。

从宋代的图书市场和民间工艺市场就可以看出宋代文化市场的繁荣。一方面,宋代图书市场已经初具规模,分为官刻图书市场、私刻图书市场和坊刻图书市场。三者都十分繁荣,其中占市场主流的是坊刻图书市场,无论是经营方式、品牌战略、市场定位、还是宣传营销,其都有着一整套成熟的运营模式。同时,宋代流动售书模式的大量存在对宋代图书市场起到了有益的补充作用。另外,图书销售也是宋代集市贸易的重要组成部分。另一方面,宋代工艺品市场也异常活跃,尤其是剪纸、灯彩、刺绣、泥塑、面塑、瓷器等逐渐形成了专业的工艺品市场。从宋代图书市场和民间工艺市场可以看出,宋代商品经济的发达为宋代文化市场的繁荣提供了时代基础,随着宋代商品经济的空前繁荣,宋代文化市场呈现出了欣欣向荣的时代风貌。

第三,宋代娱乐业对商品词审美俗趣的凸显产生了关键性影响。

宋代娱乐业趋于成熟,主要表现在各种商业性服务业、消费业和文艺演出业的繁荣。按类型来分,宋代娱乐业主要表现为以瓦肆为代表的专业演出业、以节庆庙会为代表的集市娱乐业、以茶馆酒肆妓院为代表的日常娱乐业三种类型。宋词是词艺术的发展高峰,但一般文人词由于不适合商业演出、不具备商品属性被排斥在文化市场之外,而不讲究措辞精妙和结构完美,俚俗风趣,贴近大众生活,追求柔美听觉效果的词作反而能够在文化市场上广泛流行。不过,并非所有宋代文人词都不参与文化市场消费,以柳永词为代表的许多文人词同样具有商品属性。这部分文人词和众多民间词主要用于文化市场上的消费,具有商品属性,因此本文姑且将这部分体现了大众审美趣味、具有商品属性、在文化市场上用于商业活动的词作称之为"商品词"。商品词是宋词的重要组成部分,与文化市场密切相关,从而呈现出审美俗趣凸显的美学特征。首先,商品词产业链对推崇通俗的审美趣味的产生了关键性影响。宋代娱乐业的发展促使商品词形成了创作、传播、消费的完整产业链。其中,以作词为生的知识分子和书会才人在商品词产业链中充当了生产者的角色。唱词艺人则充当了商品词最主要的传播者。娱乐场所的听众则是商品词的主要消费者,是商品词的销售终端。这一产业链对宋代商品词的审美趣味产生了巨大影响,确立了宋代商品词推崇通俗的审美趣味。具体来讲,词作者为了市场需要,会尽量满足市民为主的商品词消费者的口味,内容往往以女性口吻写成,并尽可能地日常生活化、通俗化;唱词艺人作为商品词的传播者,为了吸引观众、满足娱乐市场需求,自然也要求词作要通俗、具有表现力;以市民为主的商品词消费者则更要求词作要适应他们的口味,方便传唱和流行,从而促使宋代商品词形成了推崇通俗的审美趣味。其次,商品词格调的市场取向对推崇柔美的审美趣味产生了关键性影响。随着娱乐业的繁荣,鉴于柔美的词作更受市场的追捧,为了适应市场的需要,招徕和吸引更多的消费者,宋代商品词的格调便必然向市场靠拢,尽可能地满足当时社会潮流对柔美词作的审美需求。具体来讲,为了满足出于休闲娱乐目的的市民口味,活跃在城市茶坊酒楼、勾栏瓦肆等娱乐场所的唱词艺人广泛传播了格调柔美的商品词。同时,很多商家都借助柔美的唱词来招徕顾客,这种商业活动的现实需要进一步强化了柔美词作的主流地位。最终,在市场取向的影响下,宋代商品词形成了推崇柔美的审美趣味。最后,商品词演唱的娱乐性对推崇真情的审美趣味产生了关键性影响。在娱乐业繁荣的背景下,宋词演唱主要被当做一种娱乐表演形式。而且娱乐业中存在着激烈的竞争,也促使商品词更强调自身的娱乐性,不断推陈出新来满足消费者的娱乐审美需求。正由于商品词演唱的娱乐性,词作者和歌者敢于不掩饰自我、打开心扉、更多地描绘日常真实的场景,抒发真感受、表露真性情,从而逐渐形成了推崇真情的审美趣味。

第四,宋代演艺业对宋戏曲审美俗趣的凸显产生了关键性影响。

宋戏曲是中国戏曲成熟的标志,其自身发展与宋代文化市场有着密切的关系。与宋代商品词一样,宋戏曲的审美趣味也受到了整个宋代娱乐业的影响,不过具体来说宋戏曲主要与宋代文化市场中的演艺业有着密切关系,演艺业的繁荣对宋戏曲审美俗趣的凸显产生了关键性影响。宋代演艺业的繁荣主要表现在宋代演艺业具有了专业演出团体和创作团体、具有了固定的演出场地、具有了广泛的观众群、受到了官方的支持四个方面。具体来说,宋代专业演出团体大量涌现,专业创作团体"书会"也应运而生。固定演出场地则主要包括勾栏瓦肆和神庙。同时,具有了以市民为主体的庞大城乡观众群,为演艺业的发展繁荣打下了良好的观众基础。另外,宋代演艺业尤其是宋戏曲的发展还受到了官方的喜爱和支持,进一步获得了发展的空间。随着宋代演艺业的发展和繁荣,宋戏曲成为宋代演艺业最主要的演出内容,涵盖了滑稽戏、参军戏、乐曲、歌舞、杂戏、傀儡、影戏等百戏,其中主要是杂剧和南戏。宋代演艺业对宋戏曲审美俗趣的凸显起着关键性的影响。首先,演出的市场机制对宋戏曲的民间性产生了关键性影响。宋戏曲的演出市场主要由城市市场、乡村市场和流动市场构成。宋代演艺业以这三种市场为基础构建了宋戏曲的演出市场机制,这种演出市场机制对宋戏曲的审美趣味产生了重要影响,导致了宋戏曲在审美趣味上的民间性。其中,城市中的演出市场机制决定了宋戏曲要符合市民的审美要求,上演的剧目及其审美趣味要更多地满足市民的口味。乡村中的宋戏曲演出则主要是农闲时的庙会演出,演出的市场机制也促使其需要照顾乡民的审美趣味。流动市场是城市市场、乡村市场的有益补充,无论是堂会还是流浪卖艺,市场机制决定了这些流动市场中的宋戏曲演出必须适应民间受众的审美趣味。总之,由于演出市场机制的限制,无论是在城市市场、乡村市场,还是在流动市场,宋戏曲必然反映出民间的审美趣味,从而体现出审美趣味上的民间性。其次,创作演出的功利追求对宋戏曲的娱乐性产生了关键性影响。宋戏曲的创作者由民间艺人、书会才人和士大夫构成。其中士大夫为宫廷教坊写剧本主要是出于兴趣,对宋戏曲的创作影响很小。宋戏曲的创作者主体实际上是由民间艺人和书会才人所构成。其中书会才人是宋代的职业写手,以编写话本、戏曲等为生。对这些宋戏曲的创作者而言,只有所写的戏曲满足了消费者的娱乐审美需求,演出后受到大众欢迎,他们才能得到经济利益,其个人生存与事业发展才能得到保障。对宋戏曲的职业演出者而言,他们之所以投身宋戏曲演艺业,也主要是为了个人生存发展的功利目的。而随着宋代演出市场的发展,宋戏曲职业演出者之间的竞争也不断加剧,因此必然促使其努力迎合大众的娱乐审美需求,从而进一步加强了宋戏曲的娱乐性。无论是宋戏曲的创作者还是宋戏曲的演出者,由于功利目的的驱使,他们主动适应市场要求,满足消费者的娱乐需要,从而促使了宋戏曲的娱乐性。最后,目的受众的审美趣味对宋戏曲的通俗性产生了关键性影响。宋代以市民为主的大众阶层是宋戏曲最主要目的受众,其审美趣味直接影响、甚至某种程度上决定了宋戏曲的审美趣味,而所造成的最明显的审美特征便是通俗性。在宋戏曲的演出市场上,为了更好地适应目的受众的审美趣味,宋戏曲从语言到题材、从形式到内容都必须迎合以市民为主的大众阶层的审美趣味和欣赏水平,而这一群体的最主要的审美趣味便是"通俗",于是宋戏曲便体现出了审美趣味上的通俗性。一方面,为了贴合以市民为主的大众消费者的审美需要,宋戏曲中的主人公主要是活跃于民间的手工业者、商人、小贩、下层妇女、游民等。另一方面,宋戏曲的题材也几乎都为爱情、伦理、人生的悲欢离合,与以市民为主的大众阶层的生活息息相关。总之,为了满足宋戏曲的主要目的受众——以市民为主的大众阶层的审美要求,无论是杂剧还是南戏,宋戏曲在整体上呈现出了极为明显的通俗特征。

第五,宋代说书业对宋话本审美俗趣的凸显产生了关键性影响。

随着宋代商品经济的发展和文化市场的繁荣,大众阶层对精神生活的需求日益增长,而以大众阶层为目的受众的宋代说书业便应运而生并逐渐繁荣起来,并体现出鲜明的审美倾向。宋代说书业最主要的说话是讲史和小说,它们说话的底本构成了宋话本的主体部分。宋话本的出现是白话小说成熟的重要标志,在文学发展史上具有重要地位。宋话本与说书业有着最为密切的关系,其审美趣味受到了说书业的关键性影响。为了适应宋代说书业的需要,主要作为说话底本的话本自然要适应目的受众——以市民为主的大众阶层的审美需要,从而鲜明地体现了自身的审美俗趣。首先,宋代说书业对宋话本思想上的娱乐取向产生了关键性影响。随着大众娱乐需求的迅速增长，作为宋代娱乐业之一的说书业获得了飞速的发展，宋话本主要作为说话人的底本，其审美趣味自产生起就受到了说书业的决定性影响，因此天然具有娱乐特质。同时，为了在激烈的文化市场竞争中生存与发展，宋代说书业又进一步强化了宋话本的娱乐性。其次，宋代说书业对宋话本内容上的以俗为美产生了关键性影响。说话作为一种依附于说书业的大众艺术，说话人为了自身在说书业中的发展，尤其为了自身的经济利益，在说话过程中自然会主动迎合以市民为主的大众阶层的审美趣味。因此大众阶层所秉持的"以俗为美"的审美趣味便强烈地影响了宋话本的审美取向，从而导致了宋话本内容上的以俗为美。最后，宋代说书业对宋话本语言上的通俗易懂产生了关键性影响。主要作为说话艺术的底本，话本的语言自然受制于说书业的语言风格。无论是在闾巷街头流动表演，还是在勾栏瓦肆定期演出，说话人都是以招揽受众为直接目的。只有采用便于受众接受理解的明白晓畅、通俗易懂、口语化的语言风格，说话人才能有顾客。因此，语言的通俗与否，就成为说话能否成功的一个重要标志，从而也导致了宋话本语言风格上崇尚通俗易懂的审美取向。同时，专业创作团体书会和书会才人，在编写话本时也自然会积极采用俚词俗语，以适应说书业的目的受众对说话的语言要求，从而更为有意识地保证了宋话本语言上的通俗易懂。

第六，文化市场氛围对宋诗文审美俗趣的凸显产生了关键性影响。

在宋代，诗文依然被士大夫视为正统的高雅艺术，其审美情趣也并不由文化市场所决定，然而其依然受到宋代文化市场氛围的深刻影响，从而仍然在一定程度上受制于俗趣凸显的审美流变大背景，在某些方面也凸显了自身的审美俗趣。具体来说，宋诗文的审美趣味受到了当时文化市场氛围的影响，而这种文化市场氛围包括宋诗文直接参与交易的文化市场以及无处不在的市场氛围。其中，一些宋诗文作者直接参与了文化市场的交易，这些人将创作诗文当做谋生逐利的手段，把诗文作为牟利的商品在文化市场上销售。同时，宋代书坊业也由于自身的商业特性，在刻印诗歌时侧重于追求经济效应，从而有意识选择一些反映日常生活、语言浅近平易、甚至幽默诙谐的诗歌，主动适应以市民为主的大众阶层的审美趣味。由于直接参与了文化市场的交易，这些宋诗文在某种程度上更多地呈现出了自身的审美俗趣。同时，无论是否参与文化市场的直接交易,也无论是否被书坊出版,整个宋代的诗文都不可避免地同宋代经济繁荣的大背景有着千丝万缕的联系,在某种程度上也被宋代的市场氛围所深刻影响,从而更注重对日常事物和生活体验的关注,出现了许多描写日常事物、反映俗世生活的作品,在一定程度上也呈现出了所蕴含的审美俗趣。一方面,文化市场氛围对宋诗审美俗趣的凸显产生了关键性影响。虽然文化市场并不能直接决定宋诗的审美趣味,但在文化市场繁荣、市场氛围弥漫的时代大背景下,无论是否直接参与文化市场的交易,宋诗都不可避免受到了文化市场氛围的影响,因而许多宋诗在一定程度上凸显了自身的审美俗趣。首先,宋诗中对笔墨纸砚、蔬菜花鸟等日常事物的描写明显增多。其次,宋诗中对生活场景的描写明显增多,无论是对乡村生活场景的生动描绘,还是对城市生活场景的细致摹画,都透露出浓厚的审美俗趣。再次,与之前的诗歌一般推崇"韵外之致"、"味外之旨"、"言有尽而意无穷"不同,宋诗中表达直白的情形明显增多,在某种程度上显示了自身的审美俗趣。最后,宋诗中采用俗词口语的情形明显增多,甚至一些宋诗出现了"打油诗"倾向,也在某种程度上体现了其所蕴含的审美俗趣。另一方面,文化市场氛围对宋文审美俗趣的凸显也产生了关键性影响。与宋诗相同,无论是否直接参与文化市场的交易,在文化市场繁荣、市场氛围浓厚的大环境影响下,文化市场氛围对宋文审美俗趣的凸显也产生了关键性影响。首先,宋文受到了文化市场氛围潜移默化的影响,在一定程度上出现了表现凡俗生活的倾向。其次,在文化市场氛围弥漫的大背景下,许多宋文为了更好地写心中情、眼中人、世间事,语言表达上往往直白干脆,在某种程度上呈现出了一种内在的审美俗趣。最后,宋文中存在着许多俗赋。这些俗赋或描写日常事物,或表现日常生活,或评述日常事件,呈现出自身的审美俗趣。总体上看,虽然宋诗文在更大程度上依然是一种文人创作和精英文学,文化市场的繁荣并非是其审美趣味的决定性因素。但许多宋诗文仍然在某种程度上表现出了内在的审美俗趣,而这正与文化市场氛围有着千丝万缕的联系。可以说,宋代文化市场氛围对宋诗文审美俗趣的凸显产生了关键性影响。

第二节　本论题的思考与展望

　　考量一个社会的审美风貌,只有从社会的经济发展状况和民众的经济社会生活着眼,才能真正找出这个社会审美风貌发生嬗变的原因。意大利艺术批评家里奥奈罗·文杜里在其《艺术批评史》中说道:"固然,历史不仅是英雄业绩的历史,而且也是日常生活的历史,没有普通生活,英雄的业绩不会出现也不可理解。而艺术的历史则向来是,并且在可以预见到的将来也总会是审美趣味的历史。由于审美观有转化为艺术的倾向,而且要求自己尽可能地体现于艺术,因此,在艺术史中分析和论述审美观的目的,正是为了把握住由于天才力量使审美趣味与艺术相统一的机遇。在这时,艺术史才可能与批评的原则契合一致。"[1]因此,以文化市场为视角,通过对宋代诗、词、文、话本、戏曲等日常生活中广为流行的典型文学形式进行审美分析,我们才能理清宋代文化市场的繁荣对宋代文学审美俗趣凸显的关键性影响,才能看出其是宋代文学审美俗趣凸显的直接原因。

　　通过对宋代文化市场与宋代文学审美俗趣进行研究,我们可以获得有益的借鉴,从而可以在今后进一步对后世文化市场与审美趣味的关系做出相关延伸研究。例如一般认为,与宋代类似,明代的文化市场也十分繁荣。明代时弋阳腔等地方戏曲相继产生,庙会集市、茶馆酒肆、私人戏台等娱乐演出场所进一步完备,各类商业性演出也比前代更为盛行。那么,明代文化市场的繁荣对当时文学审美趣味产生了什么样的影响?是否也促使了当时审美俗趣的凸显?

　　首先,明代说书业有了进一步发展。据《西湖游览志余》载,明代"杭州男女瞽者,多学琵琶,唱古今小说、平话,以觅衣食,谓之'陶真'。"[2]所谓"陶真"就是一种说唱艺术,可见明代已有许多依靠在文化市场上说书来谋生的职业群体,体现了说书业的繁荣。那么,明代说书业是否对明代白话小说的审美俗趣产生

---

[1]　[意]里奥奈罗·文杜里著,迟轲译:《西方艺术批评史》,南京:江苏教育出版社2005年版,第236页。
[2]　[明]田汝成:《西湖游览志余》卷二十《熙朝乐事》,上海:上海古籍出版社1998年版。

了关键性影响?

其次,随着明代演艺业的发展,明戏曲十分繁荣,演唱和音乐伴奏有了很大发展,形成了众多的声腔剧种,尤其是弋阳腔流传较广、影响较大。从特点上看,弋阳腔粗犷豪迈,流行于中小城镇和广大乡村,常在寺庙广场、露天戏台等处表演,深受大众阶层尤其是乡村观众的喜爱。同时,就戏曲的剧本而言,明代也有杂剧和发源于宋元南戏的明传奇。那么,明代演艺业是否对明戏曲的审美俗趣产生了关键性影响?

最后,在散文方面,明代出现了特有的小品文。所谓小品文,并非指某一特定文体,尺牍、游记、传记、日记、序跋、铭、赞等都被包括在内。小品文体制短小、轻盈灵巧、情感真挚,和以往庄重古板的许多"高文大册"有着鲜明的对比。例如晚明小品文作家张岱,他的《湖心亭看雪》、《柳敬亭说书》、《西湖香市》、《西湖七月半》等小品文都是脍炙人口、广为传诵的名篇,生动体现了所蕴含的审美俗趣。再如被黄宗羲《明文综序》誉为"明文第一"的归有光的小品文,他记叙生活往事、哀悼亲人的小品文最为著名,如《项脊轩志》、《先妣事略》、《寒花葬志》等。这些小品文往往从日常生活琐事中选取素材,用简洁平淡的写法传神地写出人物的音容笑貌,表现自己内心的真挚情感。例如《项脊轩志》通过描述有关项脊轩书斋的几件琐事,写出亲人对自己的关怀和自己对亲人的深情,名为写轩,实是怀人。作者睹物思人,借项脊轩来追叙祖母、母亲和妻子的往昔点滴,笔触清淡却又感情真挚,体现了深厚的审美俗趣。那么,明代文化市场的氛围是否对明代小品文的审美俗趣产生了关键性影响?

总之,今后可以对以上问题进行延伸研究,同时也可以对相关问题进行深化研究,例如明代文化市场影响下的文学形式是否与宋代有着继承关系?明代文化市场与宋代文化市场有何异同?明代文化市场与文学审美俗趣的关系与宋代有何异同?

不过,无论是宋代还是明代,研究古代文化市场及审美趣味主要是希望能对当下社会提供有益借鉴,正如《审美趣味的变迁》一书所说:"克罗齐说过,一切历史都是当代史。研究趣味发展史的目的,主要还是要为当代所用,坚持'有益于人类'的宗旨,不搞'纯学术'研究。"①当前,文化市场在当代的表现形式——文化产业已经成为各国政府越来越重视的领域,对各国社会经济、文化审美都有着重要的意义。例如在西方发达国家,文化产业在GDP中的比重都普遍高于10%,美国则高达25%以上,在其国内产业结构中仅次于军事工业,位居第二。自1996年以来,美国的文化产品出口就超过航空航天工业成为第一大出口创汇产业。日本文化产业的规模比电子业和汽车业还要大。截至2005年底,日本与动漫有关的市场规模已超过2万亿日元,动漫产业成为日本第三大产业,广义的动漫产业占日本GDP十几个百分点,占世界市场的62%。据统计,美国、澳大利亚等国文化产业就业人员占全部就业人员比例分别达到20%和10%。② 文化产业同样对我国的社会经济、文化审美有着重要的意义。《文化的力量》一书对此有着精辟的论述:"推进文化体制改革,大力发展文化事业、文化产业,对于促进经济增长,增强综合国力,提高人的素质,推动社会全面进步具有十分重要的作用。从政治层面来看,文化是党执政的重要资源。……只有推进文化体制改革,大力发展文化事业、文化产业,才能最大限度地在全社会形成共识,最大限度地统一不同行业、不同阶层人们的思想和行动,不断巩固马克思主义的指导地位,维护我国的文化安全。从经济层面来看,经济文化一体化成为当今时代的明显特征。……只有推进文化体制改革,大力发展文化事业、文化产业,才能丰富文化产品和文化服务,才能提高文化产品和文化服务的质量,不断满足人民群众的精神文化需求。"③那么,如何借鉴古代文化市场的发展经验,来促进当代文化及文化产业的发展呢?这也需要今后做进一步的研究。同时,正如陈望衡先生所言:"一个幸福的社会,不仅是一个法制的社会,道德的社会,也应是审美的社会。"④因此,从文化市场的视角探寻宋代审美趣味的转变,也应对当下我们建设文化产业、打造和谐审美的社会提供有益的借鉴。那么宋代文化市场与文学审美俗趣的关系究竟对当代文化产业与文学审美趣味的关系有哪些启示呢?鉴于宋代文化市场对文学审美俗趣的凸显产生了关

---

① 范玉吉:《审美趣味的变迁》,北京:北京大学出版社2006年版,第3页。
② 张廷兴、岳晓华:《中国文化产业概论》,北京:中国广播电视出版社2008年版,第6页。
③ 徐光春:《文化的力量》,郑州:河南人民出版社2009年版,第166~167页。
④ 陈望衡:《当代美学原理》,北京:人民出版社2003年版,第337页。

键性影响,那么在当代文化产业繁荣的背景下,文学审美趣味的发展应汲取哪些经验呢? 我们如何从古代文化市场得到启发,以文化产业来更好地塑造当代文学的审美趣味呢? 这些问题也都需要做进一步的深入研究。

当然,对于宋代文化市场与文学审美俗趣的论题,虽然本文做了初步的系统梳理,但由于缺少相关研究成果的借鉴,有些问题还需要今后做进一步的深入探讨。我相信,通过更为细致的探寻和更为深入的研究,有关宋代文化市场与审美趣味及其延伸的一系列问题会得到进一步明晰,从而会进一步促进宋代美学史乃至整个中国美学史的研究,同时也为当下文化产业、和谐社会的建设提供更多的借鉴。

主要参考文献

中文著作

[1] [南朝梁]萧统. 文选[M]. 文渊阁四库全书本.

[2] [宋]孟元老. 东京梦华录[M]. 北京:中国商业出版社,1982.

[3] [宋]吴自牧. 梦粱录[M]. 北京:中国商业出版社,1982.

[4] [宋]西湖老人. 西湖老人繁胜录[M]. 北京:中国商业出版社,1982.

[5] [宋]耐得翁. 都城纪胜[M]. 北京:中国商业出版社,1982.

[6] [宋]周密. 武林旧事[M]. 北京:中华书局,1982.

[7] [宋]周密. 齐东野语[M]. 北京:中华书局,1983.

[8] [宋]张舜民. 画墁录[M]. 文渊阁四库全书本.

[9] [宋]罗大经. 鹤林玉露[M]. 北京:中华书局,1983.

[10] [宋]罗烨. 醉翁谈录[M]. 上海:古典文学出版社,1957.

[11] [宋]范公偁. 过庭录[M]. 文渊阁四库全书本.

[12] [宋]沈括. 梦溪笔谈[M]. 长春:吉林人民出版社,1999.

[13] [宋]叶梦得. 避暑录话[M]. 文渊阁四库全书本.

[14] [宋]朱熹. 晦庵集[M]. 文渊阁四库全书本.

[15] [宋]施宿等. 会稽志[M]. 文渊阁四库全书本.

[16] [宋]周密. 志雅堂杂钞[M]. 扬州:江苏广陵古籍刻印社,1983.

[17] [宋]赵汝适. 诸蕃志校释[M]. 北京:中华书局,2000.

[18] [宋]刘过. 龙洲集[M]. 上海:上海古籍出版社,1978.

[19] [宋]欧阳修. 归田录[M]. 北京:中华书局,1981.

[20] [宋]吴曾. 能改斋漫录[M]. 上海:上海古籍出版社,1979.

[21] [宋]吕祖谦. 宋文鉴[M]. 文渊阁四库全书本.

[22][宋]蔡绦.铁围山丛谈[M].文渊阁四库全书本.
[23][宋]张知甫.可书[M].北京:中华书局,2002.
[24][宋]祝穆.方舆胜览[M].北京:中华书局,2003.
[25][宋]刘宰.漫塘集[M].文渊阁四库全书本.
[26][宋]赵蕃.淳熙稿[M].文渊阁四库全书本.
[27][宋]董嗣杲.庐山集[M].文渊阁四库全书本.
[28][宋]陆游.剑南诗稿[M].文渊阁四库全书本.
[29][宋]李焘.续资治通鉴长编[M].文渊阁四库全书本.
[30][宋]周密.癸辛杂识[M].北京:中华书局,1988.
[31][宋]谈钥.嘉泰吴兴志[M].北京:中华书局,1990.
[32][宋]沈作宾等.嘉泰会稽志[M].北京:中华书局,1990.
[33][宋]陈旉.陈旉农书校注[M].北京:农业出版社,1965.
[34][宋]王得臣.麈史[M].文渊阁四库全书本.
[35][宋]王栐.燕翼诒谋录[M].文渊阁四库全书本.
[36][宋]范成大.吴船录[M].文渊阁四库全书本.
[37][宋]庄绰.鸡肋篇[M].中华书局,1983.
[38][宋]苏轼.苏轼文集[M].北京:中华书局,1986.
[39][宋]苏轼.东坡全集[M].文渊阁四库全书本.
[40][宋]周紫芝.竹坡诗话[M].文渊阁四库全书本.
[41][宋]黄庭坚.山谷外集诗注[M].四部丛刊本.
[42][宋]曾几.茶山集[M].文渊阁四库全书本.
[43][宋]王安石.临川文集[M].文渊阁四库全书本.
[44][宋]陈藻.乐轩集[M].文渊阁四库全书本.
[45][宋]王炎.双溪类稿[M].文渊阁四库全书本.
[46][宋]真德秀.西山文集[M].文渊阁四库全书本.
[47][宋]刘埙.隐居通议[M].文渊阁四库全书本.
[48][宋]洪迈.夷坚志[M].北京:中华书局,1981.
[49][宋]朱淑真.朱淑真集[M].上海:上海古籍出版社,1986.
[50][宋]马纯.陶朱新录[M].文渊阁四库全书本.
[51][宋]朱长文.吴郡图经续记[M].文渊阁四库全书本.
[52][宋]胡仔.苕溪渔隐丛话[M].北京:人民文学出版社,1962.
[53][宋]戴复古.戴复古诗集[M].杭州:浙江古籍出版社,1992.

[54][宋]陈起.江湖小集[M].文渊阁四库全书本.

[55][宋]陈思.两宋名贤小集[M].文渊阁四库全书本.

[56][宋]赵明诚.金石录[M].济南:齐鲁书社,2009.

[57][宋]金盈之.新编醉翁谈录[M].沈阳:辽宁教育出版社,1998.

[58][元]方回.瀛奎律髓[M].文渊阁四库全书本.

[59][明]陶宗仪.说郛[M].文渊阁四库全书本.

[60][明]徐渭.南词叙录[M].北京:中国戏剧出版社,1989.

[61][明]唐顺之.文编[M].文渊阁四库全书本.

[62][明]洪楩.清平山堂话本[M].北京:中华书局,2001.

[63][明]田汝成.西湖游览志余[M].上海:上海古籍出版社,1998.

[64][清]董诰等.全唐文[M].北京:中华书局,1982.

[65][清]吴之振.宋诗钞[M].文渊阁四库全书本.

[66][清]黄以周.续资治通鉴长编拾补[M].北京:中华书局,2004.

[67][清]徐松.宋会要辑稿[M].北京:中华书局,1957.

[68][清]顾嗣立.元诗选[M].北京:中华书局,1987.

[69]袁行霈.中国文学史[M].北京:高等教育出版社,2003.

[70]郭预衡.中国古代文学史[M].上海:上海古籍出版社,1998.

[71]余从,周育德,金水.中国戏曲史略[M].北京:人民音乐出版社,2003.

[72]北京大学中文系.中国小说史[M].北京:人民文学出版社,1978.

[73]许宗元.中国词史[M].合肥:黄山书社,1990.

[74]程毅中.宋元小说家话本集[M].济南:齐鲁书社,2000.

[75]鲁迅.鲁迅全集[M].北京:人民文学出版社,1981.

[76]傅才武,宋丹娜.文化市场演进与文化产业发展[M].武汉:湖北人民出版社,2008.

[77]张胜冰,马树华,徐向昱,尚光一.文化产业经营管理案例[M].青岛:中国海洋大学出版社,2007.

[78]宋学清.文化产业研究[M].北京:大众文艺出版社,2003.

[79]胡惠林,李康化.文化经济学[M].上海:书海出版社,2006.

[80]胡惠林.文化产业与管理[M].天津:南开大学出版社,2007.

[81]陈国灿.南宋城镇史[M].北京:人民出版社,2009.

[82]宋秋敏.唐宋词与流行歌曲[M].北京:中国社会科学出版社,2009.

[83]郑劭荣.中国影戏特征及其姊妹艺术[M].郑州:大象出版社,2010.

[84] 北京大学古文献研究所. 全宋诗[M]. 北京大学出版社,1998.
[85] 朱德才. 增订注释全宋词[M]. 北京:文化艺术出版社,1997.
[86] 曾枣庄,刘琳. 全宋文[M]. 上海:上海辞书出版社,2006.
[87] 中国大百科全书编辑委员会. 中国大百科全书[M]. 北京:中国大百科全书出版社,1993.
[88] 蔡义江. 陆游诗词选评[M]. 上海:上海古籍出版社,2002.
[89] 漆侠. 宋代经济史[M]. 北京:中华书局,2009.
[90] 王起. 元明清散曲选[M]. 人民文学出版社,1998.
[91] 钱仲联. 剑南诗稿校注[M]. 上海:上海古籍出版社,1985.
[92] 朱东润. 梅尧臣集编年校注[M]. 上海:上海古籍出版社,1980.
[93] 刘方. 宋型文化与宋代美学精神[M]. 成都:巴蜀书社,2004.
[94] 杜道明. 中国古代审美文化考论[M]. 北京:学苑出版社,2003.
[95] 杨渭生. 两宋文化史研究[M]. 杭州:杭州大学出版社,1998.
[96] 阎丽杰. 文学的审美文化论[M]. 沈阳:辽宁大学出版社,2006.
[97] 王仲尧. 文化市场与管理[M]. 哈尔滨:黑龙江人民出版社,2002.
[98] 王育济. 文化市场与营销[M]. 天津:南开大学出版社,2007.
[99] 张元忠等. 文化市场管理[M]. 武汉:华中理工大学出版社,1992.
[100] 李康化. 文化市场营销学[M]. 上海:上海文艺出版社,2005.
[101] 朱淑君等. 文化市场:结构·功能·管理[M]. 沈阳:辽宁人民出版社,1990.
[102] 焦勇夫. 文化市场学[M]. 上海交通大学出版社,1992.
[103] 杨运泰. 文化市场的培育与管理[M]. 银川:宁夏人民出版社,1999.
[104] 孙明山. 文化市场指南[M]. 沈阳:沈阳出版社,1989.
[105] 赵玉忠. 文化市场概论[M]. 北京:中国时代经济出版社,2004.
[106] 朱瑞熙. 宋代社会研究[M]. 郑州:中州书画社,1983.
[107] 鲁亦冬. 中国宋辽金夏经济史[M]. 北京:人民出版社,1994.
[108] 韩经太. 徜徉两端[M]. 郑州:河南人民出版社,2000.
[109] 方建新. 南宋临安大事记[M]. 杭州:杭州出版社,2008.
[110] 陈炎. 中国审美文化史[M]. 济南:山东画报出版社,2000.
[111] 蔡美彪等. 中国通史[M]. 北京:人民出版社,1994.
[112] 叶坦,蒋松岩. 宋辽夏金文化史[M]. 上海:东方出版中心,2007.
[113] 王育民. 中国人口史[M]. 南京:江苏人民出版社,1995.
[114] 张维青,高毅清. 中国文化史[M]. 济南:山东人民出版社,2002.

[115]周宝珠.宋代东京研究[M].开封:河南大学出版社,1992.
[116]何忠礼.南宋史及南宋都城临安研究[M].北京:人民出版社,2009.
[117]胡太春.中外文化交流[M].长沙:湖南科学技术出版社,2009.
[118]宋德金,张希清.中华文明史[M].石家庄:河北教育出版社,1994.
[119]陈高华.宋元时期的海外贸易[M].天津:天津人民出版社,1981.
[120]关履权.宋代广州的海外贸易[M].广州:广东人民出版社,1987.
[121]伊永文.宋代城市风情[M].哈尔滨:黑龙江人民出版社,1987.
[122]袁行霈.中华文明史[M].北京:北京大学出版社,2006.
[123]袁行霈.中国诗歌艺术研究[M].北京:北京大学出版社,1996.
[124]杨海明.唐宋词美学[M].南京:江苏教育出版社,1998.
[125]傅合远.中华审美文化通史·宋元卷[M].合肥:安徽教育出版社,2007.
[126]俞文豹.吹剑录全编·吹剑续录[M].上海:古典文学出版社,1958.
[127]李泽厚.美学三书[M].合肥:安徽文艺出版社,1999.
[128]郑师渠.中国文化通史·两宋卷[M].北京:北京师范大学出版社,2009.
[129]孙文辉.戏剧哲学——人类的群体艺术[M].长沙:湖南大学出版社,1998.
[130]钱南扬.永乐大典戏文三种校注[M].北京:中华书局,1979.
[131]胡士莹.话本小说概论[M].北京:中华书局,1980.
[132]张庚.戏曲艺术论[M].北京:中国戏剧出版社,1980.
[133]周贻白.中国戏曲发展史纲要[M].上海:上海古籍出版社,1979.
[134]吴国钦.中国戏曲史漫话[M].上海:上海文艺出版社,1980.
[135]谢柏梁.中国戏曲文化学[M].南京:南京大学出版社,2004.
[136]王国维.宋元戏曲史[M].上海:商务印书馆,1915.
[137]山西师范大学戏曲文物研究所.宋金元戏曲文物图论[M].太原:山西人民出版社,1987.
[138]周华斌.中国戏剧史新论[M].北京:北京广播学院出版社,2003.
[139]温天,黎瑞刚.梦·象·易:智慧之门[M].杭州:浙江人民出版社,1992.
[140]安平秋等.古本小说集成[M].上海:上海古籍出版社,1994.
[141]李思屈,李涛.文化产业概论[M].杭州:浙江大学出版社,2007.
[142]伊永文.行走在宋代的城市:宋代城市风情图记[M].北京:中华书局,2005.
[143]高民.中国古代诗歌概论与名篇欣赏[M].北京:清华大学出版社,2004.
[144]范玉吉.审美趣味的变迁[M].北京:北京大学出版社,2006.
[145]张廷兴,岳晓华.中国文化产业概论[M].北京:中国广播电视出版社,2008.

[146]徐光春.文化的力量[M].郑州:河南人民出版社,2009.
[147]陈望衡.当代美学原理[M].北京:人民出版社,2003.
[148]姚瀛艇.宋代文化史[M].开封:河南大学出版社,1992.
[149]杨渭生等.两宋文化史[M].杭州:浙江大学出版社,2008.

中文译著

[1][德]马克思,恩格斯.马克思恩格斯选集[M].北京:人民出版社,1972.
[2][德]贡德·弗兰克.白银资本[M].北京:中央编译出版社,2005.
[3][意]里奥奈罗·文杜里.西方艺术批评史[M].南京:江苏教育出版社,2005.
[4][日]浅见洋二.距离与想象:中国诗学的唐宋转型[M].上海:上海古籍出版社,2005.
[5][日]内山精也.传媒与真相:苏轼及其周围士大夫的文学[M].上海:上海古籍出版社,2005.
[6][日]保苅佳昭.新兴与传统:苏轼词论述[M].上海:上海古籍出版社,2005.
[7][日]斯波义信.宋代江南经济史研究[M].南京:江苏人民出版社,2001.
[8][日]加藤繁.中国经济史考证[M].台北:华世出版社,1981.
[9][法]谢和耐.中国社会史[M].南京:江苏人民出版社,1995.
[10][法]谢和耐.南宋社会生活史[M].台北:中国文化大学出版部,1982.
[11][美]包弼德.斯文:唐宋思想的转型[M].南京:江苏人民出版社,2001.
[12][美]伊佩霞.内闱:宋代的婚姻和妇女生活[M].南京:江苏人民出版社,2004.

中文期刊论文

[1]王毅.宋代经济与宋代文学家庭[J].湖南文理学院学报(社会科学版),2006(5).
[2]葛金芳.宋代经济:从传统向现代转变的首次启动[J].中国经济史研究,2005(1).
[3]徐志新.宋代经济的历史地位评价辨析——与葛金芳教授商榷[J].现代财经,2005(11).
[4]邓广铭.谈谈有关宋史研究的几个问题[J].社会科学战线,1986(2).
[5]吴晟.宋代瓦舍的创设及其文化意义[J].广州大学学报(社会科学版),2003(2).
[6]郑传寅.宋代文学审美特征形成刍议[J].武汉大学学报(哲学社会科学版),1996(2).
[7]郭学信.宋代俗文化发展探源[J].西北师大学报(社会科学版),2005(3).
[8]徐清泉.文化享乐:宋代审美文化的社会动因[J].上海大学学报(社会科学版),

1997(5).

[9]黄佳.宋代经济文化与杂(戏)剧的关系[J].四川戏剧,2008(3).

[10]韩田鹿.宋代文人与文化娱乐市场[J].河北大学学报(哲学社会科学版),2007(2).

[11]黄斌,许秋群.略论宋代文化娱乐市场与南戏的发展[J].江苏工业学院学报(社会科学版),2006(3).

[12]张楠.从宋代"瓦肆"市场看我国古代商业音乐文化[J].中国音乐,2006(4).

[13]姚海英.略论南宋临安的市民生活文化[J].许昌学院学报,2005(3).

[14]王仲尧.南宋临安文化市场初探[J].商业经济与管理,2002(12).

[15]吴晓亮.试论宋代"全民经商"及经商群体构成变化的历史价值[J].思想战线,2003(2).

[16]谢彦卯.宋代图书市场初探[J].河南图书馆学刊,2003(4).

[17]王晓骊.论宋代民间词的曲化倾向[J].学术研究,2002(2).

[18]木斋.论柳永体对民间词的回归[J].东方论坛,2005(4).

[19]谢桃坊.宋代民间词论略[J].贵州社会科学,1981(3).

[20]谢桃坊.再论宋代民间词[J].贵州社会科学,1987(4).

[21]谭帆.论宋代神庙剧场[J].华东师范大学学报(哲学社会科学版),1996(6).

[22]李占稳.梨园经济两不分——宋代戏曲及其商业特征,河北大学学报(哲学社会科学版),2007(2).

[23]伊永文.宋代状元文化背景下的市民观照[J].哈尔滨工业大学学报(社科版),2005(1).

[24]徐大军.谈昆剧《张协状元》的戏乐精神[J].戏文,2002(1).

[25]程千帆,吴新雷.关于宋代的话本小说[J].社会科学战线,1981(3).

[26]樊庆彦.宋元话本小说娱乐功能探析[J].太原理工大学学报(社会科学版),2008(4).

[27]黄进德.论宋代的话本小说[J].扬州大学学报(人文社会科学版),1990(3).

[28]谢桃坊.论宋人话本小说的市民女性群像[J].社会科学研究,1993(2).

[29]张兵.话本小说的美学特征[J].人文杂志,1990(6).

[30]费君清.南宋江湖诗人的谋生方式[J].文学遗产,2005(6).

[31]王兆鹏.宋代的"润笔"与宋代文学的商品化[J].学术月刊,2006(9).

[32]谢桃坊.宋代瓦市伎艺与市民文学的兴起[J].社会科学研究,1991(3).

[33][日]宫崎市定.宋代における石炭と铁[J].东方学,1957(13).

中文学位论文

[1]刘方. 宋代两京都市文化与文学生产[D]. 上海师范大学,2008.

[2]张金花. 宋诗与宋代商业[D]. 河北大学,2005.

[3]王晓骊. 文化冲突与词的演进——唐宋词与商业文化关系研究[D]. 苏州大学,2001.

[4]刘元声. 文物物语——论宋代戏曲文物与宋代演出[D]. 上海戏剧学院,2009.

英文著作

[1]John W Chaffee, *The Thorny Gate of Learning in Sung China*[M]. Cambridge : Cambridge University Press,1985.

[2]Robert P Hymes, *Statesmen and Gentlemen: The Elite of Fu – Chou, Chiang – Hu in Northern and Southern Sung*[M]. Cambridge : Cambridge University Press,1986.

后 记

桃李春风一杯酒，江湖夜雨十年灯。十年寒窗，恍如一梦。十年之前，大学扩招才刚刚发轫，十年之后，精英教育已被时代的车轮碾碎。但是，在这个2011年的盛夏，我依然满怀欣喜地站上了最高学位的台阶，见证着最初梦想的实现。挥手告别往昔的校园岁月，曾经的苦痛都随风而去。青春、梦想、诗意、希望，未来的大门终于缓缓开启。从现在起，我将周游世界，而不仅仅是喂马劈柴；从现在起，我将面朝大海，而不仅仅是春暖花开；曾经的我像蒲公英一样浪迹天涯，从现在起我将扎根大地，迎接阳光雨露的滋养，努力成长为参天大树！

感谢北京！攻读博士三年来，这座令无数人又爱又恨的都市给了我许许多多的欢笑、泪水、希望、彷徨、激动、迷茫、荣耀、梦想……在我的青春纪念册中，能有一段在京华的读书岁月，我感到十分幸运，这段首都经历将使我受益终生。真诚感谢北京赐予我美梦，我一定会回来的！

感谢我的导师杜道明教授！攻读博士三年来，他开放的学术思维和宽容的学术理念，使我的学术能力有了质的飞跃。同时，他在生活上的关心与帮助，也使我由衷地感激。师恩难忘，衷心祝福导师晚景安康、顺心畅意！

感谢袁济喜老师、左东岭老师、张晶老师、段江丽老师、韩德民老师在开题和答辩中的指导，祝福五位老师工作顺利、桃李满天下！

感谢耿淑梅老师！攻读博士三年来，无论是在学生处还是在校友办担任助理，作为我的主管领导，她严谨的要求与和蔼的态度，使我养成了谦虚踏实的工作作风，让我的行政能力有了很大的提高，为我今后的事业发展打下了良好的基础。衷心祝福她生活幸福、心情愉快！

感谢继续教育学院、网络教育学院的领导和同事们！攻读博士三年来，我能获聘任教，倍感荣幸。他们在工作上的关心与指导，对我今后的教学有着巨大的帮助。衷心祝福继续教育学院、网络教育学院越办越好、蒸蒸日上！

感谢其他所有关心、帮助过我的老师和同学们！攻读博士三年来，他们的陪伴与同行，让我的最后一段校园旅程走得踏实而坚定、勇敢而无惧。衷心祝福他们快乐健康！

感谢我的爸爸、妈妈和妹妹光馨！攻读博士三年来，他们对我的理解和支持，帮我圆了曾经的博士梦，衷心祝福他们幸福美满！

最后，感谢所有我爱的和爱我的人，他们的相伴让我不再感到孤单，衷心祝福他们一生平安！

攻读博士期间的主要学术成果

学术期刊论文：

[1]《唐人的海洋心态与唐诗的海洋意象》,《南阳师范学院学报》2011年第2期。

[2]《我国民俗学教材的回顾与思考——以五部代表性民俗学教材为例》,《贵州师范大学学报(社会科学版)》2010年第5期。

[3]《当孔夫子"遭遇"西方——当前汉语国际推广的现状、问题及思考》,《北京大学研究生学志》2010年第3期。

[4]《学术产业与当代和谐社会的构建》,《传奇·传记文学选刊》2010年第1期。

[5]《北欧视角下的中国形象》,《中国文化研究》2010年春之卷。

[6]《北欧视角下的中国形象》(转载),《文史知识》2010年第5期。

[7]《论唐诗中海洋意象的抒情价值》,《华夏文化》2010年第3期。

[8]《论唐诗中的海洋意象》,《重庆科技学院学报(社会科学版)》2009年第11期。

[9]《高等教育大众化背景下的高校"毕业后"就业指导》,《贵州师范大学学报(社会科学版)》2009年第5期。

[10]《后现代视野中的学术产业》,《社会科学论坛(学术评论卷)》2009年第9期。

[11]《宋代娱乐产业与宋词审美情趣》,《青岛大学师范学院学报》2009年第4期。

学术会议论文：

[1]2010年6月,论文《唐人的海洋心态与唐诗的海洋意象》应邀参加北京第二外国语学院"软实力与世界城市学术论坛"并获优秀论文三等奖,并被收入《软实力与世界城市学术论坛优秀论文集》。

[2]2010年6月,论文《学术产业与低碳社会的构建》应邀在清华大学"低碳经济专题博

士生学术论坛"上宣讲。

[3]2010年5月,论文《文化传播是对外汉语教学的核心价值》应邀在北京大学"第三届北京地区对外汉语教学研究生学术论坛"上宣讲并获"优秀论文奖"。

[4]2009年10月,论文《唐诗海洋意象的浪漫主义抒情特质》应邀在北京第二外国语学院"跨文化视野下的浪漫主义"研究生学术研讨会上宣讲。

[5]2009年10月,论文《高等教育大众化背景下的高校"毕业后"就业指导》获北京语言大学"学术之星"大赛三等奖。

学术课题：

担任北京语言大学2009~2010年度课题《校友文化建设与社会主义核心价值体系宣传——以我校校友会筹建工程为例》的主要成员。